Rudolf Steiner Taschenbücher
aus dem Gesamtwerk

Übersicht über die Vorträge für die Arbeiter am Goetheanumbau

Band I. – *Die Erkenntnis des Menschenwesens nach Leib, Seele und Geist. Über frühe Erdzustände* – 10 Vorträge, Dornach 2. August bis 30. September 1922, GA 347 (TB 7210)

Band II. – *Über Gesundheit und Krankheit – Grundlagen einer geisteswissenschaftlichen Sinneslehre* – 18 Vorträge, Dornach 19. Oktober 1922 bis 10. Februar 1923, GA 348 (TB 7220)

Band III. – *Vom Leben des Menschen und der Erde. Über das Wesen des Christentums* – 13 Vorträge, Dornach 17. Februar bis 9. Mai 1923, GA 349 (TB 7230)

Band IV. – *Rhythmen im Kosmos und im Menschenwesen. Wie kommt man zum Schauen der geistigen Welt?* – 16 Vorträge, Dornach 30. Mai bis 22. September 1923, GA 350 (TB 7240)

Band V. – *Mensch und Welt. Das Wirken des Geistes in der Natur. Über das Wesen der Bienen* – 15 Vorträge, Dornach 8. Oktober bis 22. Dezember 1923, GA 351 (TB 7250)

Band VI. – *Natur und Mensch in geisteswissenschaftlicher Betrachtung* – 10 Vorträge, Dornach 7. Januar bis 27. Februar 1924, GA 352 (TB 7260)

Band VII. – *Die Geschichte der Menschheit und die Weltanschauungen der Kulturvölker* – 17 Vorträge, Dornach 1. März bis 25. Juni 1924, GA 353 (TB 7270)

Band VIII. – *Die Schöpfung der Welt und des Menschen. Erdenleben und Sternenwirken* – 14 Vorträge, Dornach 30. Juni bis 24. September 1924, GA 354 (TB 7280)

Das Werk Rudolf Steiners, wie es in der «Rudolf Steiner Gesamtausgabe» vorliegt, ist gegliedert in die Abteilungen: *Schriften – Vorträge – Künstlerisches Werk*. Seine stets frei gehaltenen Vorträge, insgesamt mehrere tausend, waren ursprünglich als «mündliche, nicht zum Druck bestimmte Mitteilungen» gedacht. Die anfänglich ohne, später mit seinem Einverständnis entstandenen Nachschriften, vor allem von den für Mitglieder der Anthroposophischen Gesellschaft gehaltenen Vorträgen, waren zunächst nur als interne Manuskriptdrucke zugänglich, da Rudolf Steiner aus Zeitmangel die Texte, mit wenigen Ausnahmen, nicht selbst korrigieren konnte. Kurz vor seinem Tod hat er die Einschränkung «Nur für Mitglieder» aufgehoben; die von ihm gemachten *Urteils-Voraussetzungen* bleiben weiterhin gültig. – Heute sind die Vortragstexte nach den vorhandenen Unterlagen geprüft und weitgehend veröffentlicht. Dennoch können Hör- und Übertragungsfehler nicht völlig ausgeschlossen werden.

Rudolf Steiner

Natur und Mensch in geisteswissenschaftlicher Betrachtung

Zehn Vorträge
gehalten vor den Arbeitern am Goetheanumbau in Dornach
vom 7. Januar bis 27. Februar 1924

RUDOLF STEINER VERLAG
DORNACH / SCHWEIZ

Nach vom Vortragenden nicht durchgesehenen Nachschriften
herausgegeben von der Rudolf Steiner-Nachlaßverwaltung

Ungekürzte Ausgabe nach dem gleichnamigen Band
der Rudolf Steiner Gesamtausgabe
(herausgegeben von Paul G. Bellmann)
Bibliographie-Nr. 352, ISBN 3-7274-3520-8
3. Auflage, Dornach 1981

Taschenbuchausgabe
1.–7. Tsd. Dornach 1995

Bestell-Nr. tb 7260

Zeichen auf dem Umschlag und Titelblatt von Rudolf Steiner

Printed in Germany by Clausen & Bosse, Leck

ISBN 3-7274-7260-X

ZU DIESER AUSGABE

Eine Besonderheit im Werk Rudolf Steiners (1861–1925) sind die mehr als hundertvierzig Vorträge, die er in Dornach für die am Bau des ersten Goetheanum beteiligten Arbeiter während seiner letzten Lebensjahre gehalten hat (siehe die Übersicht auf Seite 2).

Er geht in ihnen spontan auf die Fragen und Themen ein, die ihm aus dem Teilnehmerkreis entgegengebracht wurden. Sie umfassen ein breites Spektrum, das von den persönlichen Lebensfragen wie z. B. der Ernährung und der Hygiene, von den Naturvorgängen bis hin zu den großen Themen der kosmischen und menschlichen Evolution, zu geistes- und kulturgeschichtlichen Betrachtungen sich erstreckt.

Durch die Art der Darstellung, die ganz den Bedürfnissen und dem Verständnis des Teilnehmerkreises Rechnung trägt, sind die Ausführungen von einer besonderen Frische und Unmittelbarkeit. Diese sogenannten «Arbeiter-Vorträge» dürfen deshalb berechtigterweise als eine – im besten Sinne des Wortes – «populäre» Einführung in die Anschauungsweise und die Forschungsergebnisse der Anthroposophie bezeichnet werden. Durch eine die eingefahrenen Denkgewohnheiten verlassende und damit oftmals überraschende Betrachtungsweise werden auch die heutigen Leser entscheidende Anregungen und Denkanstöße darin finden.

Die Wiedergaben der Original-Wandtafelzeichnungen
Rudolf Steiners zu den Vorträgen in diesem Band
(vgl. die Randvermerke und den Text am Beginn der Hinweise)
sind innerhalb der Gesamtausgabe erschienen in der Reihe:
«Rudolf Steiner – Wandtafelzeichnungen zum Vortragswerk»
Band XXVII

INHALT

GELEITWORT

zum Erscheinen von Veröffentlichungen
aus den Vorträgen Rudolf Steiners für die Arbeiter am Goetheanumbau
vom August 1922 bis September 1924

Marie Steiner

Man kann diese Vorträge auch Zwiegespräche nennen, denn ihr Inhalt wurde immer, auf Rudolf Steiners Aufforderung hin, von den Arbeitern selbst bestimmt. Sie durften ihre Themen selber wählen; er regte sie zu Fragen und Mitteilungen an, munterte sie auf, sich zu äußern, ihre Einwendungen zu machen. Fern- und Naheliegendes wurde berührt. Ein besonderes Interesse zeigte sich für die therapeutische und hygienische Seite des Lebens; man sah daraus, wie stark diese Dinge zu den täglichen Sorgen des Arbeiters gehören. Aber auch alle Erscheinungen der Natur, des mineralischen, pflanzlichen und tierischen Daseins wurden berührt, und dieses führte wieder in den Kosmos hinaus, zum Ursprung der Dinge und Wesen. Zuletzt erbaten sich die Arbeiter eine Einführung in die Geisteswissenschaft und Erkenntnisgrundlagen für das Verständnis der Mysterien des Christentums.

Diese gemeinsame geistige Arbeit hatte sich herausgebildet aus einigen Kursen, die zunächst Dr. Roman Boos für die an solchen Fragen Interessierten, nach absolvierter Arbeit auf dem Bauplatz, gehalten hat; sie wurden später auch von andern Mitgliedern der Anthroposophischen Gesellschaft weitergeführt. Doch erging nun die Bitte von seiten der Arbeiter an Rudolf Steiner, ob er nicht selbst sich ihrer annehmen und ihren Wissensdurst stillen würde – und ob es möglich wäre, eine Stunde der üblichen Arbeitszeit dazu zu verwenden, in der sie noch frischer und aufnahmefähiger wären. Das geschah dann in der Morgenstunde nach der Vesperpause. Auch einige Angestellte des Baubüros hatten Zutritt und zwei bis drei aus dem engeren Mitarbeiterkreise Dr. Steiners. Es wurden auch praktische Dinge besprochen, so zum Beispiel die Bienenzucht, für die sich Imker interessierten. Die Nachschrift jener Vorträge über Bienen wurde später, als Dr. Steiner nicht mehr unter uns weilte, vom Landwirtschaftlichen Versuchsring am Goetheanum als Broschüre für seine Mitglieder herausgebracht.

Nun regte sich bei manchen andern immer mehr der Wunsch, diese Vorträge kennenzulernen. Sie waren aber für ein besonderes Publikum gedacht gewesen und in einer besonderen Situation ganz aus dem Stegreif gesprochen, wie es die Umstände und die Stimmung der zuhörenden Arbeiter eingaben – durchaus nicht im Hinblick auf Veröffentlichung und Druck. Aber gerade die Art, wie sie gesprochen wurden, hat einen Ton der Frische und Unmittelbarkeit, den man nicht vermissen möchte. Man würde ihnen die besondere Atmosphäre nehmen, die auf dem Zusammenwirken dessen beruht, was in den Seelen der Fragenden und des Antwortenden lebte. Die Farbe, das Kolorit möchte man nicht durch pedantische Umstellung der Satzbildung wegwischen. Es wird deshalb der Versuch gewagt, sie möglichst wenig anzutasten. Wenn auch nicht alles darin den Gepflogenheiten literarischer Stilbildung entspricht, so hat es dafür das unmittelbare Leben.

ERSTER VORTRAG

Dornach, 7. Januar 1924

Guten Morgen, meine Herren! Wir waren ja jetzt längere Zeit nicht beieinander; vielleicht ist inzwischen jemandem etwas Besonderes eingefallen, das wir heute besprechen sollen?

Fragesteller: Bei den großen Ameisen, die in den Wäldern umher sind, hat es zuunterst in dem Stock eine Art Honig oder Harz; das nimmt man zu kultischen Zwecken, die katholischen Pfarrer haben es gern zu Weihrauch. Ich möchte fragen, aus was das stammt und aus was das zusammengesetzt ist.

Dr. Steiner: In den Harzen, die sich da bilden, ist ja derselbe Stoff drinnen, der im Weihrauch enthalten ist, und es hat also eigentlich keinen anderen Wert, als daß man auf diese Weise billig das Räucherwerk bekommt. Der Ameisenhaufen entsteht ja dadurch, daß die Ameisen mit der Ameisensäure eben auch allerlei, was sie mitbringen aus den harzigen Bestandteilen der Bäume, an denen sie ihre Säfte sammeln, mit absondern. Es ist also nicht eine Art Honig, sondern es ist ein mit Ameisensäure durchmischtes Harz.

Herr Müller: Ich möchte noch einmal auf die Bienen zurückkommen, auf die Holzbienen, die sich in die Bäume einnisten. Ich habe in jungen Jahren einen Fall erlebt in einer Waldung, einem Distrikt, wo das ganze Holz verfault ist, nicht verwertet wurde. Dann ist ein Zimmermeister hergekommen und hat dieses Holz, welches man früher immer nur als Kistenholz verwendet hat, in großen Massen aufgekauft. Er hat dieses Holz für Zimmerarbeiten für Neubauten verwendet, verbaut. Nach einem Jahr hat man innerhalb der Wohnungen eben überall Bienen gefunden. Diese Bienen waren so gefährlich für den Bau, daß nach zwei Jahren der Zimmermeister ihn wieder an sich nehmen mußte. Sämtliches Gebälk bis auf das Dach mußte herunter. Er mußte es vollständig wieder übernehmen, mußte es kaufen.

Dr. Steiner: Das kann ja natürlich einmal passieren, selbstverständlich. Ist das Holz erst auf dem Lagerplatz von den Holzbienen durchsetzt worden oder noch im Wald?

Herr Müller: Es wurde im Herbst versteigert, dann im Frühjahr verbraucht, und im Sommer kamen die Bienen heraus.

Dr. Steiner: Alles das, was auf der einen Seite sehr nützlich werden kann, kann auf der andern Seite auch wieder furchtbar schädlich werden. Das widerspricht aber nicht dem, was ich gesagt habe, daß diese Bienen am Holz durchaus notwendig sind. Wie gesagt, alles, was auf der einen Seite außerordentlich nützlich werden kann, kann auf der andern Seite außerordentlich schädlich werden. Ich will Ihnen ein Beispiel sagen: Denken Sie, wenn ein kleiner Junge kurzsichtig ist und man gibt ihm eine Brille, so ist das notwendig und unter Umständen sehr nützlich. Wenn nun aber die anderen Jungen das als etwas besonders Vornehmes ansehen und sich auch Brillen aufsetzen wollten, so wäre das nicht nützlich, sondern schädlich. Und so ist es auch: das, was in einem Falle außerordentlich nützlich ist, kann auf der andern Seite außerordentlich schädlich werden. Das ist schon so.

Herr Müller: Möchte noch einmal zurückkommen auf die Bienen und was mit unserem Leben und Treiben zusammenhängt als Bienenzüchter: Es ist mir in letzter Zeit verschiedene Male von meinen Kollegen vorgehalten worden, es wäre schöner gewesen, wenn ich nicht ablesen würde, sondern aus dem Stegreif sprechen würde. Ich muß aber da meinen Kollegen erwidern: Ich habe auch nur die Volksschule besucht und habe nicht ein besonderes Rednertalent. Ich bin also nicht in der Lage, aus dem Stegreif zu reden. So will ich auch heute ablesen und nicht aus dem Stegreif reden: Über die Bienen, die Königin. (Er kommt vom Bienenstock zu Reklamationen über die Arbeiter und Arbeitgeber; greift zurück bis 1914, äußert sich etwas unzufrieden. Vergleicht: da sind wir auch ein Bienenstock, und so weiter.)

Dr. Steiner: Nun, meine Herren, über solche Sachen ist es schwer, aus dem Stegreif gleich zu verhandeln, und da haben wir ja wahrscheinlich alle die Erfahrung: wenn dergleichen Dinge auf die Tagesordnung gebracht werden und man unmittelbar darnach verhandelt, dann geht die Verhandlung in einem anderen Ton, als wenn die Sache gründlich überlegt ist. Daher wollen wir, wenn überhaupt über die Sache weiter verhandelt werden soll, uns die Sache gründlich überlegen. Wir haben ja am Mittwoch wieder eine Stunde zur Verfügung, und ich werde die Herren, die etwas zu sagen haben über diese Sache, dann bitten, daß wir dazu die Mittwochstunde ausersehen.

Es ist ja mit Recht von den Temperamenten geredet worden. Die Temperamente wirken anders, wenn man zwischenhinein einmal geschlafen hat! Ich möchte natürlich die Sache damit durchaus nicht von der Tagesordnung absetzen, denn damit will ich nicht sagen, daß ich nicht selber auch schon etwas zu der Sache am Mittwoch sagen werde. Aber ich denke, wir werden es so machen, daß wir die Sache nicht jetzt gleich, wo sie brühwarm bei manchem aufkochen könnte, verhandeln, sondern daß wir uns bis Mittwoch dazu Zeit lassen. Da werde ich dann bitten, daß die Herren, wenn sie wollen, am Mittwoch dazu das Wort ergreifen.

Wollen wir also heute einmal mehr bei dem bleiben, was uns sonst beschäftigte, bei den Erkenntnisfragen. Und wie gesagt, es soll durchaus die Anregung des Herrn Müller berücksichtigt werden, daß wir am Mittwoch dann uns über die Sache äußern. Und was ich selber zu sagen habe, werde ich dann auch sagen.

Sehen Sie, über Wissenschaftliches ist es für jemanden, der ganz drinnensteht, verhältnismäßig gut, ganz gut möglich, auch ohne Vorbereitung manches zu sagen; aber die ganze Sache, die hier vorgebracht worden ist, möchte ich auch noch einmal durchdenken. Es ist Ihnen doch so recht? (Zustimmung.) Hat jemand noch eine Frage?

Herr Dollinger: Es ist in letzter Zeit viel die Frage aufgeworfen worden, in sämtlichen Zeitungen hat man davon geredet, daß man nie weiß, wo die toten Elefanten bleiben, weil man nie die Überreste von ihnen findet. Ich möchte Herrn Doktor fragen, ob es vielleicht interessant wäre, darüber zu reden?

Dr. Steiner: Beim Elefanten ist das eine interessante Sache! Es ist ja so, daß man Überreste von Elefanten der Vorwelt, der alten Zeiten, in manchmal ganz ausgezeichnetem Zustande findet. Und die Art und Weise, wie man diese Elefanten der Vorzeit findet, bezeugt, daß gerade diese Tiere, die man ja in der Naturgeschichte Dickhäuter nennt, immer da, wo man sie als vorweltliche Tiere findet, so umgekommen sein müssen – das heißt, sie müssen so erhalten geblieben sein –, daß sie auf einmal eingehüllt worden sind von dem umliegenden Erdreich. Also ich meine damit: so gut erhalten konnten diese Dickhäuter nur dadurch bleiben, daß sie nicht etwa nach und nach, sagen wir von Wasser und Erdreich und Schlamm durchsickert worden sind, sondern es mußte so sein, daß sie in einer Höhle gelegen haben und durch einen Erdrutsch ganz plötzlich vom Erdreich eingehüllt worden sind. Dadurch ist es gekommen, daß, wenn das fremde Erdreich um das Knochengerüste herum das Fleisch aufgelöst hat, die an sich feste Hülle das Knochengerüste außerordentlich gut erhalten hat. Überall in den Museen finden Sie gerade von diesen mächtigen Tieren der Vorwelt die schönsterhaltenen Exemplare.

Das aber beweist Ihnen, daß diese Tiere die Eigentümlichkeit haben, wenn es ans Sterben geht, sich in Höhlen zurückzuziehen. Nicht wahr, so ganz strikte, wie Sie es vorhin gesagt haben, ist ja die Sache nicht zu nehmen, sondern man kann nur sagen: in sehr häufigen Fällen – man findet natürlich schon auch tote Elefanten – fehlt vom Elefanten, der vorher noch ganz gut gesehen werden konnte, jede Spur. Diese Tiere haben nämlich die Eigentümlichkeit, wenn sie den Tod heranrücken sehen, sich in Höhlen zurückzuziehen und in Höhlen zu enden. Sehen Sie, meine Herren, das hängt aber damit zusammen, daß diese Tiere – und das, was Sie gesagt haben, bezieht sich im wesentlichen nur gerade auf Dickhäuter – eben diese außerordentlich dicke Haut haben. Und was bedeutet denn diese dicke Haut? Sehen Sie, die harten Teile eines Tieres sind ja dasjenige, was am meisten mit der Erde verwandt ist. Auch Ihre Nägel an Ihnen selber sind am meisten mit der Erde verwandt. Und die Elefantenhaut, die ist so, daß sie tatsächlich außerordentlich erdverwandt ist. Dadurch fühlt sich der Elefant sein ganzes Leben eigentlich von der Erde umgeben, nämlich von der Erde in seiner Haut, fühlt sich nur wohl, wenn er umgeben ist von seiner Haut. Nun, in der Haut stirbt der Elefant eigentlich fortwährend. Wenn nun der Tod heranrückt – das ist das Eigentümliche bei diesen Dickhäutern –, so fühlen das diese Tiere gerade bei ihrer dicken Haut ganz außerordentlich stark. Dann wollen sie mehr von der Erde in ihrer Haut drinnen haben; das ist ihr Instinkt, daß sie sich dann in Erdhöhlen aufhalten. In diesen Erdhöhlen sucht man sie eben nicht. Würde man sie in Erdhöhlen suchen, würde man schon mehr dort, wo Elefanten sind, tote Elefanten finden. Man findet sie nicht auf freiem Feld.

Aber diese Tatsache beweist eben, wie die Tiere überhaupt viel mehr als der Mensch eine Ahnung haben von ihrem Tode, und zwar gerade diejenigen Tiere am meisten, welche von dicken Häuten umgeben sind; aber auch wiederum am meisten jene Tiere, welche niedere Tiere sind, klein sind, also zum Beispiel Insekten, die ja auch von hornartigen Häuten umgeben sind. Und sehen Sie, bei diesen kleinen Tieren muß man schon sagen: Es ist so, daß sie nicht nur ihren Tod fühlen, sondern daß sie ja auch, wenn sie an den Tod kommen, alle möglichen Vorkehrungen treffen, daß der Tod da erfolgt, wo er am besten erfolgen kann. Gewisse Insekten ziehen sich zurück in die Erde, um dort ihren Tod zu erleben.

Nicht wahr, beim Menschen ist es eben so, daß er seine Freiheit damit erkauft, daß er eigentlich möglichst wenig Ahnungsvermögen hat. Die Tiere haben keine Freiheit, alles ist bei ihnen unfrei. Aber sie haben dafür ein starkes Ahnungsvermögen, und Sie wissen ja, daß wenn zum Beispiel Gefahren, erdbebenartige Gefahren drohen, die Tiere auswandern, während der Mensch richtig überrascht wird von solchen Dingen.

Wir können sagen: Es ist für den Menschen außerordentlich schwer, sich in die Seele der Tiere hineinzuversetzen. Aber wer wirklich Tiere beobachten kann, wer einen Sinn dafür hat, Tiere zu beobachten, der wird durchaus finden, daß die Tiere für ihr Leben überall außerordentlich prophetisch handeln. Und die besprochene Eigentümlichkeit hängt eben schon mit dem prophetischen Leben in diesen Tieren zusammen. Man muß aber auch nicht wiederum die Tiere, wenn sie so etwas tun, ganz mit dem Menschen vergleichen!

Da wollen wir etwas anderes noch besprechen, was sich auf Elefanten bezieht, und gerade aus dem wird uns das, was Sie gefragt haben, noch weiter verständlich sein. Sehen Sie, es ist wiederholt beobachtet worden, daß, sagen wir irgendeine kleine Elefantenherde zur Schwemme geführt wird, wie wir hier sagen würden: zum Saufen. Nun, da könnte irgendein nichtsnutziger Bube dastehen, wenn die Elefanten hingehen, und er bewirft einen Elefanten. Der Elefant scheint zunächst ein geduldiges Tier zu sein und tut nichts dergleichen, verhält sich ziemlich gleichgültig dagegen. Der nichtsnutzige Junge wartet und will den Elefanten wieder beschmeißen, wenn er zurückkommt. Aber siehe da, wie der Elefant zurückgeht, hat er sich in seinem Rüssel eine richtige Ladung Wasser zurückbehalten. Und wie er zurückkommt und den Buben wieder sieht, spritzt er, bevor der Bube ihn beschmeißen kann, den Buben mit dieser Ladung Wasser ganz von oben bis unten voll. Diese Dinge sind wiederholt beobachtet worden. Da könnte man nun sagen: Donnerwetter, der Elefant ist ja viel gescheiter als ein Mensch, denn der Elefant muß eine ungeheure Weisheit haben, wenn er so etwas wie diese Beleidigung, die ihm der Junge zugefügt hat, im Gedächtnis behält und jetzt diese Ladung Wasser in seinem Rüssel zurückbehält und nachher sich rächt!

Ja, meine Herren, der Gedanke, den man dabei hat für den Elefanten, der ist nicht ganz richtig. Sie müssen das nicht mit der Gescheitheit des Menschen vergleichen, sondern Sie müssen das mit etwas anderem beim Menschen vergleichen. Wenn sich Ihnen eine Fliege hier auf das Auge setzt, so machen Sie so: Sie wischen die Fliege ab, ohne daß Sie viel dabei nachdenken. Man nennt das in der Wissenschaft, wo man viele Ausdrücke für die Dinge hat, die man manchmal viel weniger versteht, Reflexbewegung. Also man wischt einfach aus einer Art Instinkt heraus, aus einer Art Abwehrbewegung heraus dasjenige fort, was einem unter Umständen schädlich werden könnte. Solche Dinge kommen ja am Menschen immer wieder vor. Bei einer solchen Handlung, wo der Mensch einfach eine Fliege wegwischt, da ist es so, daß sein Gehirn gar nicht tätig ist; da sind nur diejenigen Nerven tätig, die zum Rückgrat gehen. Nicht wahr, wenn der Mensch sich etwas überlegt, dann ist das so: Hier oben hat er sein Gehirn, dann geht zum Beispiel, wenn er das oder jenes gesehen hat, sein Augennerv zum Gehirn, vom Gehirn aus geht dann durch den übrigen Organismus der Wille, der irgend etwas tut. Aber wischt der Mensch einfach ab, wenn eine Fliege dasitzt, dann geht der Nerv gar nicht ins Gehirn – selbst wenn es am Kopfe ist –, sondern er geht direkt ins Rückgrat, und ohne daß man mit dem Gehirn sich das überlegt, wird die Fliege weggewischt. Also da ist es das Rückenmark, das eigentlich in uns diese Tatsache bewirkt, daß wir als Menschen instinktiv uns wehren, wenn irgend etwas in dieser Weise an uns herantritt.

Wir Menschen, wir haben ja wenigstens im Physischen keine dicke Haut, sondern eine sehr dünne Haut. Unsere Haut ist ja so dünn, daß sie sogar durchsichtig ist, denn die Haut des Menschen besteht aus drei Lagen: die innere ist die sogenannte Lederhaut, dann kommt eine Schichte, das ist die sogenannte Malpighische Schichte, und dann ist die äußere Haut da, die ist schon ganz durchsichtig. Wir haben auch eine Haut, wie der Elefant, nur ist sie ganz winzig dünn. Die äußere Haut ist ganz durchsichtig. Dadurch, daß wir eine Haut haben, die durchsichtig ist, stehen wir mit unseren ganzen Gefühlssinnen auch mit der Umgebung in einem Kontakt, und dadurch, daß wir mit der Umgebung in Kontakt sind, sind wir innerlich denkende Menschen und überlegen uns die Dinge. Der Elefant ist eben ein Dickhäuter auch im physischen Sinne, Menschen sind es oftmals im moralischen Sinne. Was bewirkt das aber? Sie können sich jetzt leicht vorstellen nach dem, was ich Ihnen gesagt habe, daß der Elefant außerordentlich unempfindlich ist für seine Umgebung. So ein Elefant, der fühlt eigentlich im Grunde genommen gar nichts, und alles, was er von seiner Umgebung wahrnimmt, das muß er sehen; er ist wie eine in sich abgeschlossene Welt. Das Gemüt eines Elefanten eingehend zu studieren, ist ja für manche Menschen etwas außerordentlich Interessantes. Manchmal müßte sich der Mensch geradezu außerordentlich wünschen, um in der Erkenntnis weiterzukommen, ein Elefant zu sein. Denn sehen Sie, wenn der Mensch seine Überlegung noch dazu hätte – dazu, daß er Elefantengemüt hätte –, dann würde er allerdings so gescheit werden, daß man es gar nicht aussprechen könnte, wie gescheit! Aber der Elefant hat nicht das Gehirn dazu, so gescheit zu werden. Dadurch, daß er in sich ganz abgeschlossen ist, verlängern sich seine Reflexbewegungen, seine Abwehrbewegungen. Das dauert lange. Wenn Sie eine Fliege auf sich sitzen hätten und nicht den Instinkt so schnell hätten, daß Sie sie gleich wegstreichen würden, so würde ja die Fliege von selber zuerst wegfliegen. Beim Elefanten ist es nun so: Eine Fliege würde er sitzen lassen, weil die Geschichte, daß er sie wegstreifen würde, bei ihm vielleicht erst nach einer Stunde kommen würde, so langsam wirkt die Reflexbewegung, die Abwehrbewegung. Und das, was der Elefant tut mit dem Rüssel, das ist nichts anderes als eine solche Reflexbewegung, die nur längere Zeit dauert. Und es ist nicht so, daß er sich überlegt: Der Bube, der hat mich beleidigt, ich muß ihm eine Ladung voll Wasser über den Kopf spritzen –, das überlegt sich der Elefant nicht. Aber er will, indem der Bube dasteht, ihm eigentlich mit seinem Rüssel eine herunterhauen; doch das dauert lange beim Elefanten. Wenn Sie ein Bube mit Dreck beschmeißt, so hauen Sie ihm gleich eine herunter, ohne daß Sie viel nachdenken. Der Elefant aber, der ist ein langsames Tier, gerade weil er ein Dickhäuter ist, und deshalb dauert es lange, das Hingehen und Hergehen, bis er seinen Rüssel ausgestreckt hat und dem Buben eine herunterhauen will. Aber indem er nun in der Zwischenzeit säuft, merkt er: Wenn das Wasser in seinem Rüssel ist, dann ist sein Rüssel stärker, das verstärkt seinen Rüssel; er will seinen Rüssel stärker machen dadurch, daß er Wasser da drinnen zurückbehält. Und er fühlt, der Rüssel wird länger. Es ist einfach der verlängerte Rüssel, mit dem er ihm eine herunterhauen will, wenn er die Wasserladung herausspritzt. Das ist dasjenige, was man sich überlegen muß. Man darf nicht einfach dem Elefanten menschliche Weisheit zuschreiben, sondern man muß auf das ganze Gemüt des Elefanten eingehen, und dann findet man so etwas. Und so ist es ja beim Elefanten, daß er innerlich eine abgeschlossene Wesenheit ist und alles merkt, und gerade das am meisten merkt, was in seinem Innern vorgeht. Dadurch merkt er auch das Herankommen des Todes und kann sich zurückziehen.

Es ist so, daß es ja eine tierische Seelenkunde eigentlich heute überhaupt sehr wenig gibt. Nicht wahr, man beobachtet ja schon die Tiere und findet, wie ich Ihnen ja auch schon erzählt habe, allerlei interessante Tatsachen. Doch das eigentliche Hineinschauen in die tierische Seele, das ist etwas, was heute eben außerordentlich selten ist. Aber man muß, wenn man auf diese Dinge kommen will, seine Sinne stärken, um das Leben überhaupt zu betrachten.

Tafel 1*

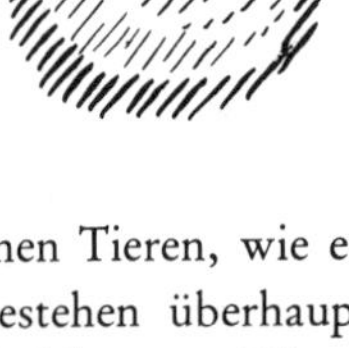

Gehen Sie zu ganz kleinen Tieren, wie es solche auch gibt. Es gibt ganz kleine Tiere, die bestehen überhaupt nur aus einer weichen, schleimigen Masse (siehe Zeichnung). Diese weiche, schleimige Masse,

* Zu den Tafeln siehe S. 193

die kann, wenn in der Nähe irgendein Körnchen ist, aus der Masse so etwas wie einen Fühlfaden herausstrecken. Da wird ein Arm erst aus der Masse herausgebildet. Der kann wiederum zurückgenommen werden. Aber sehen Sie, solche Tiere sondern von sich Kalk- oder Kieselschalen ab, so daß sie mit Kalk- oder Kieselschalen umgeben sind. Nun, an so einem kleinen Tiere, das eine Kalk- oder Kieselschale absondert, kann man noch nicht viel bemerken. Aber es gibt dann etwas vollkommenere Tiere, und da kann man schon mehr bemerken. Es gibt Tiere, die bestehen auch aus einer solchen schleimigen Masse, aber da drinnen ist etwas, was, wenn man genau hinschaut, sich wie kleine Strahlen ausnimmt; und dann haben sie ringsherum wiederum eine Schale, und an der Schale sind Stacheln. Alles dasjenige, was sich dann zu den Korallen auswächst, schaut ja so aus.

Nehmen Sie solch ein Tier, das eine Schale hat mit Stacheln und innerlich in seiner weichen Masse solche strahligen Gebilde. Was ist das? Wenn man nun wirklich nachforscht, so findet man, daß diese Strahlen im Innern nicht von der Erde bewirkt sind, sondern von der Umgebung der Erde, von den Sternen bewirkt sind. Diese weiche Masse, die ist aus dem Himmel herein bewirkt, und die harte Masse, oder die Masse mit den Stacheln, die ist vom Innern der Erde bewirkt. Wie kommt so etwas zustande? Nun, meine Herren, wenn Sie wissen wollen, wie so etwas zustandekommt, so denken Sie sich: Da hier ist ein Stückchen – ich zeichne es recht vergrößert – von einem solchen

Tafel 1

schleimigen Tierchen. Jetzt bildet sich hier durch eine von weit her kommende Sterneneinwirkung innerlich ein Stückchen von einem solchen Strahl. Dadurch, daß sich das bildet, drückt die Sterneneinwirkung die übrige Masse hier ziemlich stark. Die aber drückt noch stärker hier an die Wand. Dadurch bildet sich an der Schale da drinnen, weil das stärker drückt, eine stärkere Ausbuchtung, ein Stachel von der umgebenden Kalk- oder Kieselmasse. So daß von außen, von der Erde dieser Stachel bewirkt wird, von innen dieser Strahl aber durch die Einwirkung des Sternes. Kann man das verstehen?

Das da drinnen, was sich hier bildet, ist der Anfang einer Nervenmasse; das, was sich da draußen bildet, ist der Anfang einer Knochenmasse. So daß man bei diesen niederen Tieren sieht: Nerven bilden sich unter dem Einfluß der äußeren Weltumgebung, des Außerirdischen. Alles das, was knochig, schalig ist – nur einen Außenknochen haben ja die niederen Tiere –, bildet sich unter der Einwirkung der Erde.

Je mehr man nun vollkommenere Tiere betrachtet, desto mehr ist es so, daß die Schalenbildung aufhört und die Skelettbildung eintritt, die dann am vollkommensten beim Menschen vorhanden ist. Aber sehen Sie doch das menschliche Skelett an. Wenn Sie das menschliche Skelett ansehen, dann kommen Sie dazu, eigentlich den Kopf vergleichen zu können mit einem niederen Tier, denn der hat eine Art Schale. Innerlich ist er weich. Das ist ein großer Unterschied gegenüber dem übrigen Knochenbau des Menschen. Ihre Beinknochen, die tragen Sie innerlich, und das Fleisch bedeckt sie. Da ist die weiche Masse äußerlich. Da hat der Mensch das Knochenskelett in sich hineingenommen. Nun, dieses, daß das äußerliche Knochenskelett nicht wie beim Kopf, sondern wie beim übrigen Menschen in sich hineingenommen wird, das hängt damit zusammen, daß sich das Blut bei diesen höheren Tieren und auch beim Menschen in einer gewissen Weise ausbildet. Wenn Sie solche niederen Tiere betrachten, so ist alles eine weiße Masse. Auch dasjenige, was in ihnen als Blut rinnt, ist weiß. Diese niederen Tiere haben also eigentlich weißes und gar nicht warmes Blut. Je höher die Tiere werden und je mehr wir uns von der tierischen Organisation herauf dem Menschen nähern, desto mehr wird der Mensch, der ja hell bleibt, durchsetzt von der Blutmasse. Und je mehr der Nerv von der Blutmasse durchsetzt wird, desto mehr zieht sich das Skelett, das vorher nur eine äußere Schale ist, auch in das Innere des Organismus hinein zurück.

So daß man sagen kann: Warum hat der Mensch innerlich gestaltete Knochen wie an seinen Armen und an seinen Beinen? Weil er seine Nervenmasse durchsetzt hat von der Blutmasse. So daß man sagen kann: Innerlich brauchen die höheren Tiere und der Mensch das Blut, damit sie äußerlich die Schale in sich hereinnehmen können. Kann man das verstehen?

Damit kann man aber ja auch sagen: Solch ein niederes Tier, das weiß ja nichts von sich. Der Mensch aber und die höheren Tiere, die wissen von sich. Wodurch weiß man von sich? Dadurch, daß man in sich das Knochengerüst hat, dadurch weiß man von sich. Wenn man

Tafel 1

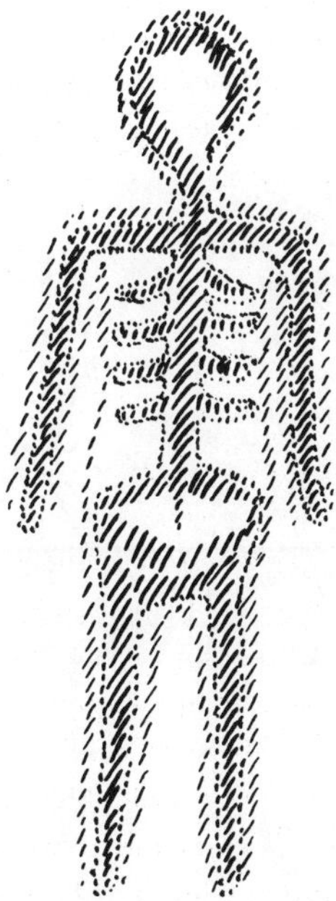

also frägt: Ja, wodurch hat denn der Mensch eigentlich sein Selbstbewußtsein, wodurch weiß er von sich? – dann muß man nicht auf die Muskeln, dann muß man nicht auf Weichteile hinweisen, sondern da muß man gerade auf sein festes Knochengerüst hinweisen. Durch das feste Knochengerüste weiß der Mensch von sich. Und die Sache ist diese, daß es außerordentlich interessant ist, gerade das Knochengerüst des Menschen zu betrachten.

Nehmen Sie einmal an, Sie haben hier den Menschen und ich zeichne Tafel 1 ganz roh wiederum sein Knochensystem ein (siehe Zeichnung S. 25). Nun ist es außerordentlich interessant: Wenn Sie ein Skelett anschauen, so müssen Sie sich denken, dieses Skelett war im Menschen drinnen; aber dieses Skelett des Menschen, das ist ganz überzogen von einer Haut. Wenn ich diese Haut hier zeichnen soll, so müßte ich sie so zeichnen. Wenn der Mensch nämlich lebt, so ist sein gesamtes Knochensystem wie in einem Sack, der ihm nur sehr angepaßt ist, in einer Haut drinnen, der sogenannten Beinhaut. Also denken Sie sich hier ein Gelenk, hier hat ein Knochen einen Schenkelkopf, und der greift, sagen wir,

Tafel 1

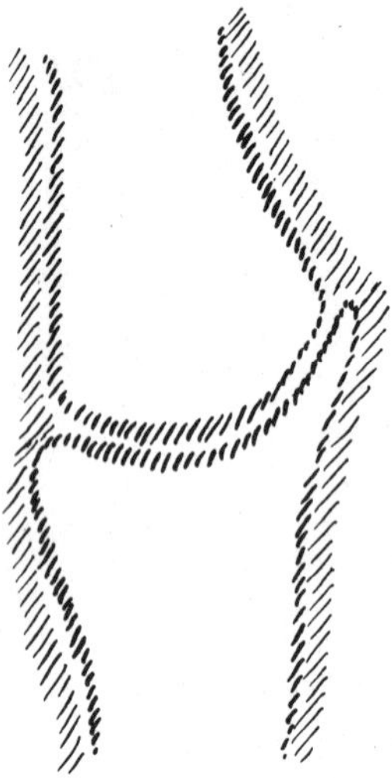

in eine Gelenkpfanne ein. Mit der Knochenhaut ist das so: Da ist die Knochenhaut; der ganze äußere Knochen ist von der Knochenhaut umgeben, und da geht die Knochenhaut *so* weiter, da kommt sie wieder an, geht über das Skelett drüber. Also wenn Sie sich einfach das Skelett im Menschen drinnen vorstellen, so ist ja das Skelett ganz abgesondert im Menschen. Zwischen allen übrigen Teilen des Menschen und dem Skelett ist eine sackartige Haut. Es ist wirklich so, wie wenn Sie am lebenden Menschen das Skelett nehmen und Sie sich denken würden, Sie breiteten über das ganze Skelett einen Sack und paßten das überall an, so daß außen der Sack überall das Skelett bedecken würde. Sie brauchen das aber gar nicht zu machen, denn das ist schon von der Natur gemacht; das ganze steckt in einem Sack drinnen, in der Beinhaut. Und das Interessante ist: Die Blutgefäße, die gehen nur bis zu der Beinhaut – die Beinhaut ist davon durchzogen –, dieses Blut ernährt, soweit ernährt werden soll, den Knochen, aber innerhalb des Sackes ist der Knochen ganz Erde: kohlensaurer Kalk, phosphorsaurer Kalk, Asche, Salze und so weiter. So daß Sie die merkwürdige Tatsache haben: Sie sind also Muskeln, Leber und so weiter und haben Ihre Blutgefäße in sich, und das Blut bildet nun zunächst einen Sack. Der Sack schließt Sie nach innen ab. Innerhalb dieses Sackes ist ein Hohlraum, aber in diesem Hohlraum ist erst das Knochengerüste drinnen. Es ist also wirklich so, wie wenn Ihre Knochen in Ihnen stecken würden, und Sie Ihre Knochen durch einen Sack, die Beinhaut, abgeschlossen hätten. Und diese Knochen sind ganz erdig, sie sind innerlich Erde. Sie können sie nicht spüren innerlich. Sie spüren Ihre Knochen durch das, was die Knochen sind, ebensowenig, wie wenn Sie ein Stück Kreide nehmen. Wenn Sie ein Stück Kreide nehmen, spüren Sie es auch nicht, das ist außer Ihnen. So ist der Knochen außer Ihnen, und Sie sind durch einen Sack von ihm getrennt. Sie haben alle in Ihrem Skelett etwas in sich, was Sie selber gar nicht sind, was in Knochenform gebildete Erde ist, phosphorsaurer Kalk, Salze, kohlensaurer Kalk; das tragen Sie in sich, nur daß Sie es umgeben haben von einem Sack, der Beinhaut.

Tafel 2

Sehen Sie, meine Herren, da ist nicht der Platz für irgend etwas Ungeistiges; denn wenn Sie in sich irgendeinen Splitter Erde bringen, so muß der herausschwären. Der Knochen schwärt nicht heraus. Warum? Weil an der Stelle, wo Sie tot sind in sich, wo der Knochen innerhalb der Beinhaut tot wirkt, durch und durch Geist sitzt. Sehen Sie, das ist der wunderbare Instinkt, warum die einfachen Leute, die oftmals mehr gewußt haben als die Gelehrten, sich unter dem Skelett den Tod vorgestellt haben, weil sie gewußt haben, im Skelett sitzt der Geist. Und daher haben sie sich vorgestellt, wenn ein Geist herumwandelt, so müßte der auch in Skelettform erscheinen. Das ist eine richtige bildliche Vorstellung. Denn solange der Mensch lebt, macht er sich Platz für den Geist durch seine Knochen.

Das ist etwas, was wir dann in der allernächsten Zeit weiter besprechen wollen. Aber Sie sehen daraus auch, der Mensch verwendet viel darauf, in seine Knochen hinein den Geist zu bringen. Der Elefant läßt für den Geist noch Platz in seiner dicken Haut. Und dadurch, daß der Elefant für den Geist noch Platz läßt in seiner dicken Haut, kann der Geist, den der Elefant dann fühlt, wahrnehmen, wenn ihn die Außenwelt zerstört. Der Mensch weiß von seinem Tode deshalb nichts, weil seine Haut zu dünn ist. Wäre er auch physisch ein Dickhäuter, so würde er sich auch in eine Höhle zurückziehen und in einer Höhle sterben. Und man würde durchaus auch sagen: Wo kommen die Menschen hin? Sie fahren zum Himmel, wenn sie sterben! – Ja, meine Herren, von denjenigen Menschen, die in gewissen Volkskreisen sehr stark verehrt worden sind, hat man nämlich dasselbe gesagt wie vom Elefanten. So zum Beispiel von Moses, von dem man gesagt hat, man habe seinen Leichnam nicht gefunden. Er ist verschwunden, weil man sich vorgestellt hat, daß das bei ihm wirklich eingetreten ist. Er ist so weise geworden, haben sich die Leute vorgestellt, wie ich es Ihnen vorhin gesagt habe. Wenn der Mensch physisch ein Dickhäuter wäre und sein Gehirn hätte, dann wäre er so gescheit, daß man gar nicht aussprechen kann, wie gescheit er ist! Und solche Zusammenhänge haben die Leute gewußt. Denken Sie, man erstaunt ja, was die Leute gewußt haben! Von Moses sagen die Leute, er war schon so gescheit, wie er geworden wäre, wenn er eine dicke Haut gehabt hätte; daher hat er sich auch zurückgezogen, und sein Leichnam ward nicht gefunden. Es ist ein sehr interessanter Zusammenhang. Erscheint Ihnen das nicht so? Alte Sagen stehen vielfach im Zusammenhange mit der reinen schönen Tierverehrung.

Nun, davon wollen wir das nächste Mal weiter reden, wenn uns die Verhandlung, die man uns heute aufgeladen hat, Zeit dazu läßt.

Also am nächsten Mittwoch, meine Herren.

ZWEITER VORTRAG

Dornach, 19. Januar 1924

Ich will nun, meine Herren, einiges Ergänzende zu den Vorträgen, die wir bisher gehabt haben, beifügen. Das nächste Mal will ich Sie dann wieder bitten, die eine oder andere wissenschaftliche Frage zu stellen.

Nun, ich habe Ihnen ja gesagt, man muß den Menschen ansehen als bestehend aus seinem physischen Leib, den man mit Augen sieht, aber auch aus höheren Organisationsgliedern, aus unsichtbaren Leibern. Und ich habe Ihnen angeführt, daß der erste unsichtbare Leib der Ätherleib ist. Das ist also ein feiner Leib, den man mit gewöhnlichen Sinnen nicht wahrnehmen kann, der aber eigentlich der Grund ist, warum der Mensch lebt, der aber auch der Grund ist, warum alles Pflanzliche und Tierische lebt. Dann ist ein weiterer höherer Leib der sogenannte Astralleib. Dieser Astralleib macht, daß wir empfinden, daß wir fühlen können. Wir haben das mit den Tieren gemeinsam, denn die Tiere haben auch einen Astralleib. Dann ist aber im Menschen etwas vorhanden, was im Tiere nicht vorhanden ist: das ist das Selbstbewußtsein. Dazu haben wir ein Ich. So daß der Mensch besteht aus dem physischen Leib, den man sieht, und aus den drei höheren Leibern: dem Ätherleib, dem astralischen Leib und dem Ich.

Man kann am besten einsehen, daß es wohl begründet ist, wenn aus einem gewissen übersinnlichen Wahrnehmen heraus behauptet wird, der Mensch hat diese übersinnlichen Wesensglieder – man kann es aus anderem auch einsehen, aber gut einsehen kann man es, wenn man einmal die Giftwirkung auf den menschlichen Körper betrachtet.

Wir haben ja bei der Besprechung der Insekten gesehen, daß die Giftwirkung auf den Menschen unter Umständen eine außerordentlich günstige sein kann. Wir haben gesehen, wie das Insektengift gewisse Krankheiten wegnimmt. Und deshalb sind ja auch Heilmittel meist aus dem zusammengesetzt, was im gewöhnlichen Leben Gifte sind. Man muß sie nur in entsprechender Dosierung nehmen, das heißt, man muß sie so nehmen, daß sie richtig auf den menschlichen Organismus wirken können.

Bei der Giftwirkung hat es so seine Eigenheit mit dem menschlichen Organismus. Sie müssen nur einmal in bezug auf die Giftwirkung das Folgende betrachten. Sehen Sie, Arsenik, das man ja auch als Rattengift zuweilen verwendet, ist ein sehr starkes Gift. Wenn der Mensch Arsenik nimmt, oder auch wenn man dem Tiere Arsenik beibringt, so tritt entweder sofort der Tod ein, oder aber wenn es einem gelingt, durch die entsprechenden Gegengifte den Tod fernzuhalten von dem Menschen, also das Arsenik sozusagen wiederum herauszutreiben, dann kann eine Art von langsamer Arsenikkrankheit beginnen, und es setzt sich dann die Arsenikkrankheit langsam fort. Oder es kommt auch so, daß der Mensch, sagen wir, im Beruf mit irgend etwas zu tun hat, wo Arsenik drinnen sein muß, dann kann eine Arsenikvergiftung durch kleine Mengen von Arsenik zur Berufskrankheit werden. Wenn das eintritt, daß der Mensch nicht so viel Arsenik nimmt, daß er sofort getötet wird, sondern wenn er wenig Arsenik nimmt, aber doch so viel, daß es entsprechend schadet, dann wird er blaß, bekommt eine Art ganz kreidigen Aussehens, wird mager und geht allmählich an dem Hinschwund des Körpers zugrunde. Er verliert das frische farbige Aussehen und verliert außerdem die Fettigkeit für den Körper, die notwendig ist. Also der Körper geht nach und nach, auch wenn die Arsenikwirkung langsam ist, zugrunde.

Aber dem steht etwas anderes gegenüber. Es gibt zum Beispiel in Österreich Alpentäler, wo man im Gestein Arsenik findet. Da fangen die Leute an, ganz kleine, winzige Mengen Arsenik zu nehmen. Das können sie vertragen. Sie fangen mit kleinen Mengen an; dann gehen sie immer weiter und weiter, nehmen immer mehr und mehr, und zuletzt ist das Merkwürdige, daß sie furchtbar viel Arsenik vertragen können.

Warum tun sie das? Ja, sehen Sie, meine Herren, die meisten Leute, die das tun, die tun es aus Eitelkeit. Sie bekommen nämlich eine nach ihrer Ansicht sogar schöne Hautfarbe davon und sie werden, wenn sie vorher mager waren, sogar dicklich. Also sie nehmen das aus Eitelkeit, gewöhnen sich das Arsenikessen aus Eitelkeit an und werden dadurch gut aussehend.

Da haben Sie diesen merkwürdigen Widerspruch. Solche Widersprüche sind nicht nur im menschlichen Denken vorhanden – da widerstreitet ja alles einander für gewöhnlich –, sondern solche Widersprüche sind durchaus auch in der Natur vorhanden. Da haben Sie diesen Widerspruch: Das eine Mal wirkt das Arsenik so, daß der Mensch abmagert und fahl, grau wird – nicht an den Haaren grau wird, sondern die Haut wird grau. Das eine Mal schwindet der Mensch dahin, das andere Mal nimmt der Mensch Arsenik, um gerade gut auszuschauen! Da haben Sie einen vollständigen Widerspruch.

Was liegt denn dem zugrunde? Für solch eine Sache finden Sie überall, wo darüber heute in der Wissenschaft gesprochen wird, nur das einzige, daß man Ihnen sagt: Das kann man nicht erklären, das ist eben so. – Man kann es nicht erklären, wenn man eben nichts weiß von den übersinnlichen Leibern des Menschen! Sehen Sie, die Sache ist so, daß der Mensch geradeso, wie ich Ihnen gesagt habe, daß er immer Ameisensäure in sich haben muß, auch fortwährend Arsenik in sich haben muß. Er erzeugt es nämlich selber. In vieler Beziehung ist ja das, was in Betracht kommt, für den Menschen höchst merkwürdig, denn, nicht wahr, ich habe Ihnen schon einmal gesagt: Wenn behauptet wird, daß der Mensch ganz ohne Alkohol leben kann, so stimmt das nicht. Der eine Mensch kann leben, ohne daß er Alkohol trinkt; das ist wahr. Aber er kann nicht ohne Alkohol leben. Denn wenn er eben keinen Alkohol trinkt, dann erzeugt sein eigener Körper in ihm die nötigen Mengen von Alkohol. Alle Stoffe, die der Mensch hat, werden nämlich in ihm selber erzeugt. Das, was der Mensch von außen aufnimmt, ist nämlich bloß zum Unterstützen, zur Anfeuerung da. In Wahrheit erzeugt der Mensch die Stoffe, die er braucht, aus dem Weltenall herein. Im Weltenraum sind alle Stoffe in ganz feiner Verteilung. Im Weltenraum ist alles; im Weltenraum ist zum Beispiel Eisen. Er atmet es nicht nur ein, sondern er kriegt es auch durch seine Augen und Ohren in den Körper hinein. Und das Eisen, das der Mensch ißt, das ist nur zur Unterstützung da. Das scheidet er zum großen Teil wiederum aus. Wenn der Mensch nämlich nicht darauf angewiesen wäre, zwischen Geburt und Tod auf der Erde zu leben und dadurch auch Erdenverrichtungen zu machen, so brauchte er überhaupt nicht zu essen, denn er könnte alles aus dem Weltenraum anziehen. Aber wenn wir mit unseren Händen arbeiten, oder wenn wir gehen müssen, da brauchen wir die Unterstützung durch das Essen, da erzeugt der Körper nicht genügend.

Also, Arsenik erzeugt der Mensch fortwährend; das Tier auch, die Pflanze nicht. Warum? Weil die Pflanze bloß einen Ätherleib hat! Dasjenige, was Arsenik erzeugt, ist der Astralleib. Daher erzeugen der Mensch und das Tier Arsenik. Und wozu dient das Arsenik? Ja, sehen Sie, meine Herren, wenn der Mensch nicht in sich selber Arsenik erzeugen könnte, so würde er nicht empfinden können. Dann würde er nach und nach ein Pflanzendasein führen. Er würde anfangen, zuerst zu träumen und nachher wie ein schläfriger Kerl herumzugehen. Das Arsenik gibt dem Menschen die Möglichkeit wach zu sein und zu empfinden. Wenn ich mit meiner Hand irgendwo aufdrücke, so wird ja nicht nur die Haut da vorne eingedrückt, sondern ich habe eine Empfindung. Und die Empfindung kommt davon, daß mein Astralleib fortwährend Arsenik erzeugt.

Derjenige nun, der Arsenik ißt, zu sich nimmt, der verstärkt also die Tätigkeit seines Astralleibes. Und was ist die Folge davon? Die Folge davon ist, daß der Astralleib überall im Körper sich einrichtet. Er wird zu stark. Er greift alle Organe an, zermürbt sie. Und das ist die Folge einer schnellen Arsenikvergiftung. Wenn einer viel Arsenik nimmt, schnell, so fängt sein Astralleib an, furchtbar tätig zu werden, wirbelt, wirbelt, wirbelt und zerstört endlich die Tätigkeit der ganzen Organisation. Er treibt das Leben aus den Organen heraus, weil im Menschen ein fortwährender Kampf stattfinden muß zwischen dem Astralleib und dem Ätherleib. Der Ätherleib bringt das Leben, der Astralleib bringt die Empfindung. Aber die Empfindung kann nicht da sein, wenn nicht das Leben unterdrückt wird. Es ist also beim Men-
Tafel 3 schen so, wenn ich es Ihnen schematisch aufzeichne: Da ist der Astralleib, da ist der Ätherleib; die bekämpfen sich fortwährend. Siegt der Ätherleib, dann werden wir ein bißchen schläfrig; siegt der astralische Leib, dann werden wir stark wach. Das wechselt aber fortwährend im Tagesleben, und es ist nur so kurz, so schnell, daß man es nicht bemerkt, daß man glaubt, man sei fortwährend wach. Aber in Wirklichkeit schwingt fortwährend Wachsein, Schlaf, Wachsein, Schlaf und so weiter. Und dasjenige nun, was der Astralleib braucht, um richtig hinunterzu-

wirken, das hat er gerade durch die Menge von Arsenik, die der Mensch selber erzeugt.

Gibt man nun extra Arsenik in den Astralleib hinein, flugs wird der Astralleib stark, viel zu stark, und tötet das ganze Leben im Ätherleib.

Tafel 3

Jetzt kann der Mensch gar nicht mehr leben; der Mensch stirbt. Aber wenn ich nun einem Menschen so viel Arsenik gebe, daß der Astralleib viel zu stark wird, dann werden die Glieder, die inneren Organe, allmählich unbeleibt und der Mensch wird mager, bekommt ein graues Aussehen, weil die inneren Organe nicht ordentlich arbeiten. Fange ich aber an, dem Menschen zunächst ein bißchen Arsenik zu geben, ganz wenig, oder nimmt er es – man wird es ihm dann nicht geben, sondern er nimmt es –, dann fängt der Astralleib an, so ein wenig lebhaft zu werden, recht wenig; da regt er gerade die Organe an und die Wirkung ist eine entgegengesetzte. Wenn ich ihm von Anfang an zuviel gebe, flugs tötet er die Organe. Gebe ich ihm nur ein bißchen, da regt er die Organe an. Es regt an, geradeso, wie wenn man ein Gewürz nimmt. Geht man dann langsamer hinauf, gibt eine stärkere Dosis, dann vertragen die Organe das. Der Mensch fängt an, ein etwas schöneres Aussehen zu bekommen, etwas dicker zu werden, weil sein Astralleib tätiger ist als früher, wo er kein Arsenik genommen hat.

Aber nun denken Sie sich einmal, ein solcher Mensch, der nun einmal Arsenik «gefressen» hat, muß damit aufhören. Ja, dann hört auch sein Astralleib auf, tätig zu sein, denn der hat dann nicht mehr die

Peitsche von Arsen hinter sich, und dann verfällt der Mensch ganz rasch. Also ist ein Mensch, der anfängt einmal Arsen zu essen und es zu einer gewissen Dosis gebracht hat, darauf angewiesen, es immer zu essen, bis zu seinem Tode. Und das ist das Schlimme: Die Menschen können sich das nicht abgewöhnen. Das ist das Schlimme, daß der Mensch es sein ganzes Leben hindurch essen muß. Sonst müßte man – aber das gelingt auch sehr schwer – anfangen, langsam es wieder herunterzusetzen, immer weniger und weniger zu geben. Aber gewöhnlich geht es dann so, wie es dem Bauern gegangen ist, der einem Ochsen das Fressen abgewöhnen wollte durch eine solche Theorie. Er hat dem Ochsen immer weniger und weniger gegeben. Der Ochse ist zwar sehr mager geworden, aber er hat immer noch gelebt. Schließlich hat er ihm nur noch einen Halm gegeben; da ist der Ochs gestorben. Aber er hat gemeint, der Bauer: Ja, just wenn er sich den letzten Halm auch noch abgewöhnt hätte, dann lebte er heute noch. – Ja, just so ist es bei denjenigen, die das Arsenik sich abgewöhnen sollen! Sie bringen es nicht dahin, das letzte Quantum sich noch abzugewöhnen; vorher gehen sie zugrunde.

Sehen Sie, meine Herren, der Astralleib des Menschen braucht das Arsenik, und es ist sehr merkwürdig, wie heute die Wissenschaft furchtbar herumtapst. Sie tapst wirklich furchtbar herum! Sie hören nämlich heute alle Augenblicke, daß irgendwo zum Beispiel ein Mittel gegen die Syphilis erfunden worden ist. Vor ein paar Tagen haben Sie es wieder in der Zeitung lesen können, daß in Paris ein Mittel gegen die Syphilis erfunden worden ist. Nun, eigentlich wissen die Leute alle nicht, die so herumexperimentieren, worauf die Syphilis beruht. Sie beruht nämlich darauf, daß der physische Leib zu stark tätig wird und der Astralleib nicht eingreifen kann. Aber das wissen die Leute nicht, und deshalb probieren sie herum. Und das Komische ist, in allen diesen Mitteln ist Arsenik drinnen! Sie können es immer bemerken, schauen Sie nur einmal nach. Aber man kann nur durch Geisteswissenschaft in die Dinge wirklich eindringen. In allen diesen Dingen ist immer etwas Arsenik drinnen; aber die Leute wissen nicht, um was es sich handelt, sie tappen ganz im Finstern herum. Das ist die Eigentümlichkeit der heutigen Wissenschaft. Natürlich merken die Leute: es entsteht etwas im Menschen, wenn man so ein Präparat verwendet, wo Arsen drinnen ist. Aber sie wissen nicht, daß der Astralleib in größere Tätigkeit kommt und daß dadurch, daß der physische Leib das empfangen hat an Auflösung, er sich auflösen wird. Das ist eben dasjenige, was eine neue Medizin bewirken muß, daß man wieder richtig hineinsieht in den Menschen; dann erst kann man wirklich Heilwirkungen einleiten.

Nun, wenn wir auf die Gifte weiter zu sprechen kommen: es gibt mineralische Gifte. Mineralisches Gift ist ja zum Beispiel das Arsen, mineralische Gifte sind Kupfer, Blei, Phosphor, Brechweinstein; solche Dinge sind mineralische Gifte, sind Steine, mit denen man es da zu tun hat, oder Pulver, die pulverisiertes Gestein sind. Also mineralische Gifte gibt es. Dann gibt es Pflanzengifte, zum Beispiel das Gift, das in der Belladonna, in der Tollkirsche drinnen ist, oder das Gift, das im Schwarzen Bilsenkraut, Hyoscyamus niger, drinnen ist, oder im Roten Fingerhut, Digitalis purpurea. Das sind Pflanzengifte. Und eine dritte Art sind die tierischen Gifte – von denen haben wir ja vor kurzer Zeit einiges besprochen, ich brauche es deshalb heute nur noch zu ergänzen –: das sind die Insektengifte, die Schlangengifte. Und von den tierischen Giften ist ja ein besonders furchtbares, schreckliches Gift das Wutgift der Hunde, das Wutgift vom wütenden Hund.

Man unterscheidet also mineralische Gifte, pflanzliche und tierische Gifte. Jedes dieser Gifte wirkt auf den Menschen in ganz verschiedener Weise. Nehmen wir zum Beispiel mineralische Gifte, also sagen wir Blei, Kupfer – die Dinge wirken ja alle giftig – oder Schwefelsäure, Salpetersäure, Phosphor und so weiter. Solche Gifte kann man eigentlich nur studieren, wenn sie nicht in solchen Mengen in den Menschen hineingebracht werden, daß sie ihn gleich töten. Denn es ist merkwürdig, stark genommen, tötet das Gift den Menschen, das mineralische Gift tötet den Menschen. Schwächer genommen, macht es ihn krank. Und das ist die Hauptsache, daß man richtig studieren kann, unter welcher Gifteinwirkung der Mensch krank wird. Gerade bei den schwachen Einwirkungen kann man am besten die Wirkungen des Giftes studieren. Und von der entsprechenden Dosis, wenn eine Krankheit vorhanden ist, kann der Mensch gesund werden.

Mit diesen Giften ist es nun so: Wenn der Mensch mineralische Gifte, also Arsenik, Kupfer oder Blei in sich bekommt, dann treten die ersten Erscheinungen auf: Übelkeit, Reiz zum Brechen, zum Übergeben, dann Übelkeit im Bauch, Darmübelkeit, Darmgrimmen, kolikartige Erscheinungen. Das tritt ein, wenn der Mensch mineralische Gifte nimmt. Nun, der Körper hat ja das Bestreben, nur dasjenige in sich aufzunehmen, was er auch wirklich in sich verarbeiten kann. Daher tritt sofort, wenn mineralische Gifte aufgenommen sind, Brechreiz ein. Der Mensch bekommt das Speien. Das ist die Selbsthilfe des Körpers, aber in der Regel reicht das nicht aus. Wenn also eine gewisse Menge von Gift vorhanden ist, reicht das nicht aus, da muß man dann mit Gegengiften wirken. Man muß dafür besorgt sein, daß man ein Gegengift in den Magen und in das Gedärm hineinbringt, mit dem sich das Gift verbindet. Wenn das Gift nun in den Magen kommt und in die Gedärme, da greift es den Körper an. Wenn ich aber ein Gegengift gebe, da verbindet sich Gift und Gegengift, und das wird ein Körper. Dadurch greift das Gift nicht mehr den Körper an, da es sich sozusagen verehelicht hat mit dem Gegengift. Und dann muß ich eben ein starkes Brechmittel oder Abführmittel geben, daß das herauskommt.

Bei schwachen Vergiftungen – von stärkeren Vergiftungen kann man ja nur in der Medizin reden –, aber bei schwachen Vergiftungen mit mineralischen Giften, was sind da die besten Gegengifte? Sehen Sie, da ist ein gutes Gegenmittel, wenn man rasch lauwarmes Wasser nimmt und ein Ei hineinschlägt, also flüssiges Eiweiß hat, und das in den Magen und in die Gedärme kommen läßt. Mit diesem flüssigen Eiweiß verbindet sich nun das Gift und kann ausgespieen werden oder im Durchfall entleert werden; oder aber, besonders wenn schwache Vergiftung da ist, kann man das mit lauer Milch erreichen, auch mit allerlei Ölen, die man aus Pflanzen gewinnt. Die sind Gegengifte gegen mineralische Gifte, nur nicht gegen Phosphor. Wenn einer Phosphorvergiftung hat, darf man nicht Pflanzenöle geben, die verstärken sogar noch die Giftwirkung des Phosphors. Aber alle anderen mineralischen Substanzen kann man mit öligen Substanzen auch wiederum binden, vertreiben.

Was geschieht denn da, wenn ich das Gift nun da drinnen im Magen
Tafel 3 rechts habe? Nun, nicht wahr, das Gift ist da. Nehmen wir jetzt das, was ich gesagt habe, also ein Ei in lauwarmes Wasser geschlagen, so umgibt im

Magen dieser Stoff das Gift. Alle diese Gifte, die ich Ihnen aufgezählt habe, erzeugt wieder der menschliche Organismus selber. Der menschliche Organismus erzeugt in sich etwas Blei, er erzeugt etwas Kupfer, er erzeugt Phosphor. Der Mensch ist eben ein Produzent von allem möglichen. Es müssen aber diese Stoffe eben nur in derjenigen Menge erzeugt werden, in der sie der Körper braucht. Bringe ich nun Blei in den menschlichen Körper, so ist zuviel Blei drinnen. Da muß man also jetzt sich fragen: Was tut das Blei im Menschen? Ja, sehen Sie, meine Herren, wenn wir nie Blei erzeugen würden im menschlichen Körper, dann würden wir alle rachitisch herumgehen! Unsere Glieder würden weich. Und ein rachitisches Kind ist eben gerade ein solches, das zu wenig Blei erzeugt. Der menschliche Körper darf nicht zuviel und nicht zuwenig Blei haben. Im allgemeinen ist ja der Mensch so geartet, daß er die Stoffe eben in genügender Menge erzeugt. Erzeugt er sie nicht, wird er eben krank. Bringe ich nun also Blei in den menschlichen Organismus, was geschieht da? Was geschieht mit dem Blei, das der Mensch fortwährend erzeugt? Denken Sie sich nur, Sie fangen doch als Kind an, in Ihrem Körper Blei zu erzeugen. Aber Blei ist eigentlich niemals in wahrnehmbarer Menge im Körper zu finden, weil es eben gleich wieder ausgeschwitzt wird. Wenn es aber nicht ausgeschwitzt würde, da hätten Sie, wenn Sie als Kind ein paar Jahre alt geworden wären, schon so viel Blei in sich, daß man das Blei nachweisen könnte. Und jetzt, wo Sie bejahrte Männer sind, da würden Sie alle statt mit den weichen Knochen mit ganz harten Knochen herumgehen. Sie brauchten sich nur irgendwie aufzuschlagen, der Knochen würde gleich, weil er spröde ist, auseinanderfallen. Also das Blei, das der Mensch in sich hat, diese kleine Menge, wird immer erzeugt und wieder ausgeschwitzt. Wenn ich aber einmal zuviel hineinbringe, kann das nicht gleich wieder ausgeschwitzt werden; es zerstört den Menschen. Nun bringe ich Eiweißwasser hinein. Das verhindert, daß das Blei eine schädliche Wirkung hat. Woher kommt das? Ja, meine Herren, daß ich mein eigenes Blei fortwährend ausschwitze, das geschieht dadurch, daß ich ja fortwährend auch Eiweiß in mir habe. Und wenn das Kind die Muttermilch trinkt, die lauwarme Muttermilch, so ist unter andern Wirkungen, die diese Milch hat, auch diese, daß das Kind sich gewöhnt durch den

Milchgenuß, das Blei immer wieder auszuschwitzen. Ich kann also auch lauwarme Milch verwenden; da wird gerade das Blei veranlaßt, seinen Weg aus dem Körper heraus zu nehmen entweder durch Speien oder durch Ausschwitzen. Die letzten Reste müssen immer durch Ausschwitzen heraus.

Also Sie sehen, man bildet ja dasjenige nach, was die Natur fortwährend tut. Das Eiweiß, das immer vorhanden ist im Menschen, löst fortwährend das Blei auf. Bringe ich nun zuviel Blei in den Magen hinein und bringe dann Eiweißwasser wieder hinein, so tue ich ja dasselbe auf künstliche Weise, was der Körper fortwährend tut. Also es ist so, daß diese mineralischen Gifte in ihrer Wirkung dadurch zerstört werden müssen, daß man etwas vom Leben hineinbringt. Es muß immer etwas vom Leben sein, entweder Eiweißwasser – das Ei kommt vom Huhn, ist vom Leben –, oder lauwarme Milch, die vom Tier gekommen ist, vom Leben, oder Öle, die kommen von der Pflanze, sind vom Leben. Also ich muß etwas heranbringen, was vom Leben ist, was noch etwas vom Ätherleben hat. Und so kuriere ich, wenn eine mineralische Vergiftung da ist, den physischen Leib durch den Ätherleib. Der physische Leib schickt seine Stoffe zu stark in den Ätherleib hinein, wenn eine mineralische Vergiftung da ist. So daß wir sagen können: Mineralische Gifte bewirken, daß der physische Leib in den Ätherleib dringt, irgendwo in den Organen in den Ätherleib sich hineinzieht. Also sehen Sie, wenn ich Blei zuviel habe und es im Magen nicht durch das Gegengift fortgeschafft wird, wenn es in den Körper übergeht, dann wird sofort im ganzen menschlichen Körper der physische Leib in den Ätherleib hineingetrieben. Der physische Leib ist tot, der Ätherleib lebt. Der Ätherleib wird aber getötet durch den physischen Leib, der zu stark eindringt.

Wenn ich Kupfergift habe und ich bringe es nicht gleich dahin im Magen, daß es durch Gegengift unschädlich gemacht wird, geht es in den Leib über, und im Unterleibe durchdringt dann der physische Leib zu stark den Ätherleib. Es entsteht wiederum Schädigung des Leibes. Und so kann man sagen, alle mineralischen Gifte bewirken, daß der physische Leib in den Ätherleib eindringt. Gebe ich jetzt mein Gegengift, etwas, was vom Ätherleib herkommt, Eiweißwasser, lauwarme

Milch und so weiter, so wird das Physische wiederum ausgetrieben vom Ätherleib. Sehen Sie, da sieht man ganz genau hinein, wie es im menschlichen Körper zugeht.

Nun, und wie ist es bei Pflanzengiften? Wenn man das Gift von der Tollkirsche hat, oder vom Bilsenkraut, oder von Digitalis, Fingerhut, oder von Datura stramonium, Stechapfel, wenn man also irgend solch ein Pflanzengift hat, dann geschieht folgendes. Bei mineralischen Giften ist es so, daß einem übel wird, daß es im Magen anfängt zu kollern, in den Därmen anfängt zu kollern. Aber wenn man Pflanzengifte zu sich nimmt – in starken Mengen genommen, wirkt auch der Alkohol als Pflanzengift, das Opium als Pflanzengift –, da bleibt es nicht bei der Übelkeit, dem Brechreiz und so weiter stehen, sondern da wird der ganze Körper ergriffen. Und zuerst tritt im Magen eigentlich kaum etwas ein bei Pflanzengiften. Dagegen in den weiteren Gedärmen tritt etwas ein, da tritt Durchfall ein. Während bei den mineralischen Giften mehr Brechreiz eintritt, tritt bei den Pflanzengiften mehr Durchfall ein. Aber es geht weiter. Der Körper wird aufgedunsen, wird bläulich, er bekommt Krämpfe. Das Schwarze in den Augen, der Augenstern, geht auseinander, wird groß, oder wird auch klein; bei Opium wird er ganz klein, bei anderen Pflanzengiften wird er ganz groß. Ja, sehen Sie, solche Pflanzengifte greifen viel mehr in den Körper ein. Die mineralischen Gifte greifen nur in den physischen Körper des Menschen ein. Die Pflanzengifte, weil sie vom Ätherischen herkommen, von dem Leben, greifen gleich in den Ätherleib ein. So daß man sagen kann: Pflanzengifte bewirken, daß der Ätherleib sich in den Astralleib hineinzieht. Da geht es tiefer in den Körper hinein. Während mineralische Gifte den physischen Körper irgendwo in den Ätherleib, in das Leben hineintreiben, treiben die Pflanzengifte das Leben in die Empfindung hinein, in den astralischen Leib. Und die Folge davon ist, daß der Mensch betäubt wird, daß überhaupt die Empfindung schwindet, daß er betäubt wird, daß gerade diejenigen Organe, durch die man die feineren Empfindungen hat, die Augen, angegriffen werden – die Pupillen werden groß oder klein –, daß die Haut angegriffen wird, womit man tastet. Also bei Pflanzengiften geht es dann tiefer in den Körper hinein. Und es ist so, daß man jetzt daran denken muß, daß man geradeso, wie man das mineralische Gift aus dem Ätherleib herausgeschmissen hat mit etwas, was vom Leben kommt, man jetzt das Pflanzengift aus dem astralischen Leib herausschmeißen muß. Und da handelt es sich darum, daß man suchen muß nach solchen Pflanzen, die mehr sind als die gewöhnlichen Pflanzen, bei denen der Astralleib aus dem Kosmos, aus der Welt bereits eingegriffen hat.

Sehen Sie, meine Herren, die gewöhnlichen Pflanzen, die wachsen im Frühling, sie dauern den Sommer hindurch, im Herbste dorren sie wiederum ab. Das sind die gewöhnlichen Pflanzen. Es gibt aber auch Bäume; die dorren nicht ab, sondern die dauern lange fort. Das ist deshalb, weil da das Astralische von außen herankommt und eingreift. Das ist bei besonderen Bäumen besonders stark; die werden zwar nicht Tiere, das Pflanzenwesen hat die Oberhand, aber es greift das Astralische ein, und zwar vorzugsweise in der Rinde. Bäume haben ja das Eigentümliche, daß sie sich mit der Rinde umgeben, und am wirksamsten, weil am stärksten da das Astrale eingreift, ist die Rinde von Eichenbäumen und von Weidenbäumen. Aber alle diejenigen Bäume, die dasjenige in sich enthalten, was man Gerbsäure nennt, alle diese sind Bäume, wo das Astrale stark eingegriffen hat. Und die Folge davon ist, daß der Saft, den man von der Rinde von Weidenbäumen oder Eichenbäumen auspressen oder auskochen kann, als Gegengift hilft, weil man damit aus dem astralischen Leib wiederum herausschmeißen kann, was durch das Pflanzengift hineingekommen ist. Aber in einem gewissen Sinne hat eine solche Säure, welche das Schädliche aus dem astralischen Leib herausschmeißt, auch der Kaffee und auch der Tee. Und starker Kaffee und guter Tee haben auch diese Wirkung gegen Pflanzengifte. Und jetzt sehen wir, warum wir, wenn wir Mahlzeiten einnehmen, unter Umständen gar nicht schlecht tun, wenn wir schwarzen Kaffee trinken. Wenn wir schwarzen Kaffee trinken, dann ist das so – weil ja immer in den Pflanzen ein bißchen Gift drinnen ist –, daß wir dasjenige, was den Körper verzehrt dadurch, daß der Ätherleib in den Astralleib eindringt, mit dem schwarzen Kaffee aus dem astralischen Leib wieder hinausschmeißen. Und dieses Trinken von schwarzem Kaffee bedeutet eigentlich, daß wir jedesmal, wenn wir durch eine Mahlzeit dem Körper etwas zuführen, was ihn etwas ungesund macht, dasjenige wieder herausbringen, was etwa im Essen drinnen sein könnte und zu stark in den Astralleib hineinkommen könnte.

Beim Tee müßte man die Vorsicht haben, ihn während des Essens zu trinken, weil er sogar etwas stärker wirkt und den astralischen Leib angreift. Wenn der Tee während des Essens getrunken wird, so vermischt er sich mit der Verdauung und befördert die Verdauung, indem er den astralischen Leib wiederum freikriegt, der mit der Verdauung beschäftigt ist. Wenn man aber nachher den Tee trinkt, so geht man direkt an den astralischen Leib heran und macht ihn zu wirbelnd, zu stark tätig.

Aber sehen Sie, meine Herren, die Menschheit hat eigentlich einen ganz guten Instinkt gehabt. Es ist schon so, daß die Menschen nicht umsonst sich gewöhnt haben, ein bißchen Kaffee zu trinken, denn das macht ihren Astralleib von dem, was als Schädigung eintreten will, frei. Immer hat der Körper ein bißchen die Tendenz, Gifte zu entwickeln. Daher muß der Mensch schon auch diese schwachen Gegengifte, die da sind im Kaffee, haben. Und Sie wissen ja auch, daß es Menschen gibt, welche die Verdauung befördern wollen nicht durch schwarzen Kaffee nur, sondern indem sie zum schwarzen Kaffee auch noch ein Gläschen Kognak dazumischen. Ja, mit dem Kognak ist es so, daß in dem Kognak selber etwas als ein Pflanzengift wirkt, und das schaltet den astralischen Leib ganz aus. Und dann wirkt der Ätherleib besonders stark, wenn der Mensch Kognak trinkt. Bei allen Schnäpsen wirkt der Ätherleib besonders stark. Der Mensch fühlt sich wohlig, weil er das Bewußtsein ausschaltet und ganz Pflanze wird. Er senkt sich ganz ins Pflanzenhafte ein, wenn er Schnäpse trinkt, und dabei fühlt er sich wohl, geradeso wie sich der Mensch sonst im Schlaf wohlfühlt. Im Schlaf aber hat er nicht das Bewußtsein vom Wohlsein. Wenn der Mensch nämlich im Schlaf sich wohlfühlen kann, dann fühlt er sich wohl, weil er die Tätigkeit des Fleisches dabei wahrnehmen kann. Aber im gewöhnlichen, wenn die Menschen schlafen, so wissen sie ja nichts von ihrem Wohlsein. Wenn sie aber Kognak trinken, dann wissen sie von ihrem Wohlsein, und dann sind sie doch ein bißchen wach, aber auf der andern Seite schläft ihr Unterleib, und da fühlen sie sich bei diesem schlafenden Unterleib, während der Kopf wach ist, unendlich wohl. Es ist also tatsächlich das Schnäpsetrinken eine Beförderung des tierisch-pflanzlichen Wohlseins beim Menschen.

Nun, die dritte Art von Giften, das sind die tierischen Gifte. Da ist also zum Beispiel das Schlangengift, dann sind die verschiedenen Insektengifte; dann sind solche Gifte da, wie das bei der Wutkrankheit der Hunde auftretende Gift. Diese Gifte wirken im Blut. Man kann das am besten am Schlangengift sehen. Wenn die Schlange Sie beißt, so geht das Gift ins Blut hinein, da wirkt es ungeheuer schädlich. Wenn Sie sich aber eine Mahlzeit bereiten und entziehen den Schlangen Gift und verwenden es mit Pfeffer oder Salz, mischen es zu einer Mahlzeit – es hat nur keinen Sinn, weil es nicht schmeckt, aber ich meine, wenn Sie es zum Vergnügen machen –, dann könnte Ihr Magen das Schlangengift famos vertragen! Im Magen ist es gar nicht giftig. Und in ähnlicher Weise wirken andere tierische Gifte, zum Beispiel Insektengifte. Nur beim Wutgift ist es so, daß es vor allen Dingen in den Speichel dringt und vom Speichel dann wiederum ins Blut kommt und daher unter Umständen wenigstens auch etwas schädliche Wirkungen hervorrufen könnte, wenn man es in den Magen bekäme, aber gar nicht so schädliche, als wenn man vom Hund gebissen wird. Das Wutgift kommt auch aus dem Speichel ins Blut. Also im allgemeinen kann man sagen: Tierische Gifte wirken eigentlich erst im Blut, wirken gar nicht in der Verdauung.

Ja, sehen Sie, wenn der Mensch die Verdauung anfängt, dann kommen die Sachen, die er in sich hineinnimmt, zunächst in den Magen. Da sind sie noch so, wie sie außen sind, physische Dinge, also noch physisch. Wenn die Sache weitergeht bei den Pflanzengiften, die nicht bloß physisch sind, die von einem Ätherleib kommen, da geht es schon tiefer hinein. Aber alle Nahrungsmittel kommen ja auch ins Blut. Schlangengift, das kann richtig verdaut werden; wenn es von der Seite der Verdauung ins Blut kommt, dann macht es nichts. Warum? Nun ja, wenn die Dinge im Magen sind, da wirkt noch der physische Leib. Wenn die Dinge weiter in den Gedärmen sind, bis sie ins Blut übergehen, da wirkt der Ätherleib, beim Übergang ins Blut der Astralleib. Aber im Blut drinnen wirkt das Ich. Wenn Sie also Schlangengift ins Blut bringen, dann bewirkt das, daß der Astralleib ins Ich sich hineinzieht.

Mineralische Gifte bewirken, daß der physische Leib in den Ätherleib sich hineinzieht. Pflanzengifte bewirken, daß der Ätherleib in den Astralleib sich hineinzieht. Tierische Gifte bewirken, daß der Astralleib in das Ich sich hineinzieht. Und daher hilft beim tierischen Gift nichts anderes, als daß Sie es aus dem Blut wiederum herausbringen, weil das Ich das Höchste ist. Da kann man nicht mehr etwas geben, wodurch es herausgeworfen wird, da muß man es direkt herausbringen. Und daher kann man es nur durch dasjenige, was im Blute selber ist, herausbringen. Wenn man also Wutgift der Hunde in sein Blut hineinbekommen hat, oder wenn man Schlangengift in sein Blut hineinbekommen hat, dann muß man irgendein Tier nehmen und muß das Tier mit dem betreffenden Gift impfen. Stirbt das Tier, nun ja, so ist es eben durch das Gift zugrunde gegangen; stirbt es aber nicht, dann kann sein Blut dieses Gift bekämpfen. Wenn man dann den Blutsaft aus diesem Blut nimmt und ihn einem wutkranken Menschen einimpft, so bekommt er Blut in sich, das das Gift bekämpfen kann, und auf diese Weise kann man ihn eventuell heilen. So daß man da nur das Gift direkt durch das eigene Gegengift, das im Blut entsteht, herausschaffen kann. Tafel 3

Das ist aber überhaupt lehrreich, wie es mit den tierischen Giften ist. Denn sehen Sie, meine Herren, tierische Gifte erzeugt der Mensch auch fortwährend selber. Alles eigentlich, was vorhanden ist, erzeugt der Mensch selber. Und daß die Tiere solche Gifte erzeugen, das bewirkt ja vor allem, daß sie eigentlich ihre Kräfte haben; sie wären dumm, wenn sie nicht Gifte erzeugen würden. Und der Mensch erzeugt Gifte, die den tierischen Giften sehr ähnlich sind, namentlich in denjenigen Organen, die mehr gegen den Kopf zu liegen, aber wiederum in schwachem Maße, so daß sein Körper sie brauchen kann. Erzeugt er sie zu stark, so kann er solche tierischen Gifte selber zuviel in seinem eigenen Organismus in sich haben.

Das ist zum Beispiel bei Diphtherie der Fall. Die Diphtherie entsteht eben dadurch, daß der Mensch selber tierische Gifte in sich erzeugt. Daher kann die Diphtherie in ähnlicher Weise geheilt werden, indem man Diphtherie einimpft einem Tier, das sie verträgt, und dann den Blutsaft dem Menschen wiederum zurück einimpft. Der bekommt dann in das Blut etwas hinein, was das Diphtheriegift bekämpft.

Sie sehen daraus, daß es in der Natur nicht nur dasjenige geben muß, was in gewissem Sinne nützlich ist, sondern dasjenige, was schädlich ist, hat schon auch seine Aufgabe. Mineralische Gifte, die sind nur in einem stärkeren Maß dasselbe, mit dem es der Ätherleib im Menschen drinnen zu tun hat. Pflanzliche Gifte sind dasselbe, mit dem es der astralische Leib fortwährend im Menschen zu tun hat. Tierische Gifte sind dasselbe, mit dem es das Ich fortwährend zu tun hat. So daß man sagen kann: Etwas von Vergiftung ist fortwährend beim wachen Menschen vorhanden – beim schlafenden auch –, aber dieses Gift hat in sich wiederum die Gegengifte. Und die Sache ist eben wirklich diese, daß man sich klar sein muß, daß Gift und Nichtgift in der Natur eben vorhanden sein müssen, damit der ganze Haushalt der Natur in der richtigen Weise vor sich gehen kann.

Und jetzt werden Sie auch begreifen, warum ich gesagt habe: Ameisensäure muß vorhanden sein. Ameisensäure wird ja fortwährend von den Ameisenhaufen in die große Natur hinaus verdunstet. Dadurch ist eigentlich überall immer Ameisensäure vorhanden. Der Mensch erzeugt sich seine Ameisensäure selber. Aber die Natur braucht die Ameisen, die die Ameisensäure nach außen entwickeln. Und würde die Ameisensäure nicht erzeugt werden, dann würde unsere Erde eben niemals wiederum im Weltenall erneuert werden können, sondern sie würde absterben.

Sehen Sie, wenn man einen menschlichen Leichnam hat, dann entsteht in diesem menschlichen Leichnam das sogenannte Leichengift, wiederum ein Gift. Aber diesen Leichnam trägt ja der Mensch fortwährend an sich herum. Das Gift entsteht fortwährend. Haben Sie einen Leichnam, so liefert Ihnen der Leichnam das Leichengift. Haben Sie einen lebenden Menschen, liefert der physische Körper auch das Leichengift, aber es sind noch der ätherische Leib, der Astralleib und das Ich da. Die beschäftigen sich fortwährend mit diesem entstehenden Gift, zehren es auf, leben davon, daß die Gifte da sind. Wären wir als Leichen nicht giftig, so würden wir als lebender Mensch eben nicht ein Mensch sein können. Aber daraus geht Ihnen ja hervor, daß etwas weggegangen sein muß vom Menschen, wenn der Mensch stirbt. Das ist eben sein Übersinnliches. Jetzt, weil das Übersinnliche weggegangen ist, wird das Gift nicht mehr kaputt gemacht, es bleibt das Gift im Menschen vorhanden. Wenn die Menschen also richtig nachdenken könnten, warum im physischen Körper Leichengift entsteht, so würden sie sagen: Nun ja, der physische Körper hat fortwährend Leichengift erzeugt; es ist gar kein Grund, warum er das nicht erzeugen soll, er ist ja als physischer Körper noch dasselbe, wenn der Mensch gestorben ist oder gelebt hat. Aber der Mensch, der übersinnliche Mensch, der das Leichengift braucht zu seinem Leben, der ist fort; daher bleibt das Leichengift zurück. Also bezeugt doch dieses, wie der übersinnliche Mensch im sinnlichen, im physischen drinnensteckt. Nur kann die heutige Wissenschaft nicht darauf kommen, weil die heutige Wissenschaft nicht denkt.

Das ist also dasjenige, was, ich möchte sagen, die allgemeine Lehre ist, die aus den Giftwirkungen hervorgeht. Sie sehen aber zu gleicher Zeit daraus: Wenn man medizinisch über den Menschen sprechen will, von einem Heilmittel wissen will, dann muß man sich fragen können: Ja, wie wirkt denn dieses Heilmittel? Man muß unter Umständen, wenn man bemerkt, daß der astralische Leib nicht ordentlich wirken kann, über den physischen Leib und Ätherleib nicht Herr wird, dem Menschen gerade etwas Arsenik eingeben, weil das, dem astralischen Leib zugefügt, diesen astralischen Leib verstärkt. Und so ist es, wenn man bemerkt, daß das Ich nicht ordentlich wirkt. Man merkt das daraus, daß der Mensch Gicht oder Rheumatismus bekommt, weil das Ich zu schwach wird und die Nahrungsmittel nicht auflösen kann. Dann dringen sie ins Blut und werden da Fremdkörper. Merkt man das an Gicht oder Rheumatismus, daß die Körper Fremdkörper werden, dann muß man das Ich verstärken. Das kann man eben durch Insektengift tun. Und wenn einen eine Biene sticht, dann wird dies auf naturgemäße Weise erreicht und der Mensch kann dann zu seinem Glück geheilt werden. Kenntnis von den Heilmitteln heißt: Wie wirkt die Natur auf das Ich? Wie wirkt die Natur auf den astralischen Leib? Wie wirkt die Natur auf den Ätherleib? Gerade die übersinnliche Natur muß man kennen, wenn man die Kenntnis von Heilmitteln haben will.

So sehen Sie, wirkliche Wissenschaft entsteht auf irgendeinem Gebiete erst, wenn man den übersinnlichen Menschen betrachten kann.

Nun werden Ihnen dabei allerlei Fragen aufgehen oder schon aufgegangen sein. Damit wollen wir am nächsten Mittwoch um neun Uhr fortsetzen.

Tafel 3

1. Mineralgifte bewirken, daß der physische Leib in den Ätherleib sich hineinzieht.
2. Pflanzengifte bewirken, daß der Ätherleib in den Astralleib sich hineinzieht.
3. Tierische Gifte bewirken, daß der astralische Leib in das Jch sich hineinzieht.

DRITTER VORTRAG

Dornach, 23. Januar 1924

Ich möchte noch gern zu dem, was ich Ihnen am letzten Samstag gesagt habe, einiges hinzufügen, und die beiden Fragen, die mir für heute gegeben wurden, kann ich das nächste Mal noch beantworten. Wir haben von den Giften und ihren Wirkungen an dem Menschen gesprochen, und wir haben gerade an den Giften gesehen, daß man, wenn man wirkliche Wissenschaft versteht, zu dem Übersinnlichen, zu den geistigen Wesensgliedern des Menschen aufsteigen muß.

Nun möchte ich heute zu der Besprechung dessen, was ja so starke Giftwirkungen hervorbringt, damit Sie ein vollständiges Bild haben, noch dasjenige hinzufügen, was der mehr oder weniger gesunde Körper bei der Ernährung aufbringt. Ich habe zwar öfter über die Ernährung gesprochen, aber wir wollen wiederum mit Bezug auf die Ernährung einiges sprechen und dabei auf das Rücksicht nehmen, was wir das letzte Mal vorgebracht haben.

Bei der Ernährung nimmt der Mensch hauptsächlich drei bis vier Arten von Nahrungsmitteln auf. Das erste Nahrungsmittel ist das Eiweiß, das Sie am besten dadurch kennenlernen, daß Sie ein Hühnerei betrachten. Das Eiweiß erzeugt sowohl die Pflanze wie auch der tierische und der menschliche Körper. Der menschliche sowie auch der tierische Körper brauchen nicht nur die Kräfte, die sie in sich haben, um Eiweiß zu erzeugen, denn jeder lebende Körper erzeugt eben Eiweiß, sondern sie brauchen auch das Eiweiß, das durch die Pflanze ganz selbständig bereitet wird. Der menschliche Körper nimmt ja auch das tierische Eiweiß auf. In bezug auf dieses Eiweiß hat ja gerade die Wissenschaft in der allerneuesten Zeit im Grunde eine große Blamage durchgemacht; denn es ist noch vor zwanzig Jahren überall gelehrt worden, daß der Mensch im Tage mindestens 120 Gramm Eiweiß in sich aufnehmen müsse, damit er gesund bleibe. Und so hat man die ganze Ernährung so eingerichtet, daß man diejenigen Speisen vorgeschrieben hat, die man essen soll, um die nötige Menge Eiweiß in den Körper zu bekommen. Man hat also geglaubt, 120 Gramm seien nötig.

Heute ist ja die Wissenschaft von dieser Ansicht gänzlich zurückgekommen. Sie weiß heute, daß wenn der Mensch so viel Eiweiß ißt, er da nicht nur seinem Gesundsein nicht dient, sondern direkt seinem Kranksein dient, weil der größte Teil Eiweiß im menschlichen Darmorganismus fault. So daß also der menschliche Organismus dadurch, daß er im Tag 120 Gramm Eiweiß verzehrt, fortwährend etwas wie faulende Eier im Darm hat, die den Darminhalt furchtbar verunreinigen und die Gifte ausschwitzen, die dann in den Organismus, in den Körper übergehen und nicht nur das im Körper leicht erzeugen, was dann im späteren Alter zur sogenannten Arterienverkalkung führt – die meiste Arterienverkalkung kommt nämlich von zuviel genossenem Eiweiß –, sondern was auch den Menschen außerordentlich leicht ansteckbar macht für alle möglichen ansteckenden Krankheiten. Der Mensch ist um so weniger der Ansteckungsgefahr für Krankheiten ausgesetzt – natürlich, die nötige Menge muß er haben –, je weniger er Überfluß an Eiweiß zu sich nimmt. Wer viel Eiweiß zu sich nimmt, bekommt leichter die ansteckenden Krankheiten, Diphtherie, Blattern, Pocken, als ein Mensch, der nicht so viel Eiweiß zu sich nimmt.

Es ist ja sehr eigentümlich, daß man heute von seiten der Wissenschaft lehrt, nicht 120 Gramm Eiweiß seien nötig, sondern nur 20 bis 50 Gramm. Das ist diejenige Ration, sagt man, die der Mensch eigentlich täglich nötig habe. So schnell hat sich die Wissenschaft in bezug auf ihre Ansichten in zwei Jahrzehnten geändert. Sie sehen also, wieviel eigentlich darauf zu geben ist, wenn irgend etwas sozusagen wissenschaftlich festgestellt ist. Denn passiert es Ihnen zufällig, daß Sie sich über diesen Gegenstand unterrichten sollen, und Sie nehmen ein Konversationslexikon in die Hand, das zwanzig Jahre alt ist, dann lesen Sie in dem betreffenden Kapitel, Sie müßten 120 Gramm Eiweiß haben; bekommen Sie eine spätere Auflage in die Hand, dann lesen Sie: 20 bis 50 Gramm, und wenn Sie mehr hätten, würden Sie überhaupt krank davon. Sie sehen also, wie es im Grunde genommen mit den wissenschaftlichen Wahrheiten eigentlich steht. Man wird unterrichtet darüber, was man für wahr oder falsch anzusehen hat, je nachdem, welche Auflage des Konversationslexikons man in die Hand bekommt. All das weist eben darauf hin, daß man sich über solche Dinge, die ins Geistige hineingehen, überhaupt nicht auf diese Weise klarwerden kann. Und das ist natürlich ein Anlaß dazu, wenn man sich die Sache wirklich überlegt, daß man gerade ins Geistige hineingehen muß, wenn man verstehen will, was geschieht, wenn der Mensch Eiweiß zu sich nimmt. Aber es ist dasjenige Nahrungsmittel, welches unbedingt noch in den Därmen, im Unterleibe verarbeitet werden muß, und der Unterleib selbst muß die Kraft haben, dieses Eiweiß zu verarbeiten. Sie wissen ja, das Eiweiß ist, namentlich was das frische Eiweiß anbelangt, halbflüssig. Alles Eiweiß ist halbflüssig. Zu allem Halbflüssigen hat der menschliche Ätherleib seinen Zugang. Der menschliche Ätherleib kann nichts machen mit demjenigen, was fest ist, sondern nur mit dem, was flüssig ist. So daß also der Mensch alle Nahrung, die er zu sich nimmt, im flüssigen Zustand nehmen muß.

Nun werden Sie sagen: Wenn der Mensch Salz nimmt, Zucker oder so etwas, ist es ja fest. – Aber es wird ja gleich aufgelöst! Dazu haben wir ja gerade den Mundsaft. Das Feste, was den eigentlichen physischen Körper ausmacht, das darf überhaupt gar nicht von der Außenwelt in den menschlichen Körper hineinkommen. Daher können Sie daraus entnehmen: Sie haben Festes in sich, Sie wissen das; die Knochen sind fest. Aber die Sache ist so: Die festen Knochen werden erst aus dem Flüssigen heraus im menschlichen Körper selber gebildet. Nichts Festes von außen kann jemals in den menschlichen Körper hinein. Der menschliche Körper muß alles Feste selber aus dem Flüssigen entstehen lassen. Daher können Sie sagen: Wir haben das Feste in uns und das bildet den physischen Körper. Aber der physische Körper ist ganz und gar aus dem Flüssigen heraus gebildet, und für das Flüssige ist der Ätherleib da, der feine Körper, den man nicht sehen kann, der aber den ganzen Menschen durchzieht. Und das Eiweiß muß auch, und zwar im Unterleib, ganz vom Ätherleib verarbeitet werden. Natürlich wirken da drinnen, wie ich Ihnen schon einmal gesagt habe, auch die anderen geistigen Wesensglieder des Menschen; aber es muß das Eiweiß im Ätherleib verarbeitet werden. Also das Flüssige ist für den Ätherleib des Menschen da. Nun, daraus schon, daß Sie wissen können: das Eiweiß muß im Unterleib des Menschen verarbeitet werden, können Sie ersehen, daß das Eiweiß eigentlich nicht die allerstärkste Arbeit im

Menschen haben kann, denn es braucht ja gar nicht heraufzuarbeiten in den Brustkörper, und vor allen Dingen, es braucht nicht heraufzuarbeiten in den Kopf des Menschen. Sie sehen daraus, daß das Eiweiß nicht als ein Nährmittel dienen kann, das in allererster Linie in Betracht kommt. Man kann sagen: Der Mensch kann eigentlich unmöglich zuwenig Eiweiß essen, denn im Unterleib ist ja das, was man ißt, gleich drinnen; es braucht da nicht viel zu arbeiten. Das Eiweiß wird im Unterleib verarbeitet. Selbst wenn der Mensch nur ganz eiweißarme Nahrung zu sich nimmt, so wird alles Eiweiß sogleich verarbeitet.

Man sieht also daraus, daß der Mensch durchaus die Möglichkeit hat, mit wenig Eiweiß auszureichen. Heute gibt es ja die Wissenschaft schon zu, aber vor Jahren hat man insbesondere die Kinder mit Eiweiß überfüttert. Heute, nicht wahr, sehen wir diejenigen Kinder, die man in den siebziger oder achtziger Jahren mit Eiweiß überfüttert hat; die gehen heute mit Arterienverkalkung herum oder sind schon gestorben an Arterienverkalkung. Es zeigt sich also die Schädlichkeit einer Sache nicht gleich in derselben Zeit, sondern sie zeigt sich eben erst viel später.

Die zweite Art von Nahrungsmitteln sind die Fette. Fette gehen selbstverständlich, wenn man sie ißt, auch in den Unterleib hinein. Aber die Fette gehen durch die Gedärme hindurch und wirken auf den Mittelleib des Menschen, auf die Brust sehr stark. So daß also der Mensch für den Mittelleib, die Brustgegend, für die ordentliche Ernährung von Herz, Brust und so weiter unbedingt fettige Stoffe aufnehmen muß.

Daraus ergibt sich, daß der Mensch in seinem Brustgebiet vorzugsweise das Fettige braucht, weil im Brustgebiet die Atmung stattfindet. Was heißt das? Das heißt, der Kohlenstoff, den der Mensch in sich trägt, verbindet sich mit dem Sauerstoff. Wenn sich der Kohlenstoff mit dem Sauerstoff verbindet, braucht man Wärme. Dasjenige, was die Fette machen, indem sie sich selber mit Sauerstoff verbinden, das ist Wärmeerzeugung. So daß also gerade zu dem, was der Mensch in seinem Brustorganismus braucht, die Fette außerordentlich viel beitragen.

Nun kann man sagen: Die Eiweißstoffe haben, wenn sie nicht vom Körper verarbeitet werden, und zwar wenn sie nicht im Unterleib verarbeitet werden, die Neigung zu faulen. Wir haben wirklich, wenn wir

Eiweißstoffe in uns haben, die nicht ordentlich verarbeitet werden können, etwas wie faule Eier in unsern Gedärmen. Nicht wahr, meine Herren, Sie kennen ja wohl den Gestank von faulen Eiern, und die Sache ist schon die, daß der Mensch innerlich in seinen Körper hinein, wenn er zu viel Eiweiß nimmt, diesen Faule-Eier-Gestank ausschwitzt. Er durchdringt sich ganz mit diesem Faule-Eier-Gestank. Ja, wenn Sie Eier stehen lassen, dann werden sie eben faule Eier, dann stinken sie eben wie faule Eier. Und der Teil, den der Körper nicht verarbeitet hat, der wird natürlich auch im Körper stinken; aber der andere Teil, der verarbeitet wird, der wird nicht stinken, sondern der geht in den Körper reinlich über. Das ist aber die Arbeit des Ätherleibes. Der Ätherleib ist dazu da, um dasjenige, was entsteht als fauliger Gestank, zu überwinden und zu beseitigen. Das ist im menschlichen Körper so, daß der Ätherleib der Kämpfer und der Sieger über das Fauligwerden ist. Das Verfaulen wird im Menschen besiegt durch den Ätherleib. Wenn der Mensch nach dem Tode nicht mehr seinen Ätherleib hat, dann fängt er ja an zu faulen. Sie können also da, ich möchte sagen, ganz handgreiflich finden: Der Mensch fault nicht, solange er lebt; sobald er nicht mehr lebt, fault er. Woher kommt das? Weil der Ätherleib fort ist, wenn der Mensch tot ist! Der Ätherleib ist also derjenige Teil im Menschen, der das Faulen verhindert. Wir haben also fortwährend in uns den Kampf gegen das Faulen, und derjenige, der da kämpft gegen das Faulen, ist unser Ätherleib.

Also ich denke, meine Herren, wer das alles durchdenkt, der muß mit höchster Klarheit bloß durch die äußerliche Betrachtung finden, daß ein Ätherleib da sein muß, daß überhaupt ein Ätherleib überall da sein muß. Denn denken Sie sich nur, überall werden auf der Erde Eiweißstoffe erzeugt, die verfaulen. Es müßte ja die Erde bis zum Himmel hinauf stinken, wenn nicht der Äther da wäre und dieses Faulende immer wieder vertriebe. Also innerhalb und außerhalb des menschlichen Organismus ist es der Äther, der fortwährend kämpft gegen das Faulwerden der Eiweißstoffe. Das muß durchaus berücksichtigt werden.

Wenn wir zu den Fetten übergehen, dann müssen wir sagen: Die Fette werden nicht faul, aber sie werden ranzig – das wissen Sie alle, wenn Sie Fette draußen irgendwie einmal haben stehen lassen –, selbst die Butter wird ranzig. Also Fette haben die Eigentümlichkeit, ranzig zu werden. Nun, wenn Sie Butter haben stehen lassen, da werden Sie nicht sagen können: Das ist eine ranzige Butter, oder eine gute, frische Butter –, wenn Sie nicht darauf geschult sind, es ihr anzusehen. Aber wenn Sie die Butter auf die Zunge bringen und sie schmecken, dann wissen Sie sofort, die Butter ist ranzig. Das hat also etwas zu tun mit dem Bewußtsein, mit der Empfindung. Das Faulsein, das hat etwas zu tun mit dem Riechen, mit dem Äußerlichen, das können Sie riechen. Es ist natürlich bei faulen Eiern anders als beim Rosenduft, aber jedenfalls riechen Sie es. Nicht aber eben das Ranzigwerden. Das Ranzigwerden ist etwas, wo man die Bezeichnung von etwas mehr Innerlichem nimmt, vom Schmecken.

Das weist schon darauf hin, daß das mit der inneren Empfindung viel mehr zu tun hat als dasjenige, was das Faulige bei den Eiern ist. Mit alledem, was im Bewußtsein Empfindung ist, hat physisch der menschliche Mittelleib, der Brustleib zu tun, aber geistig der Astralleib. Und Sie wissen ja, im Brustkorb ist eben dasjenige, was luftartig wirkt. Wir atmen die Luft ein. Wir verarbeiten die Luft. Im Brustkorb ist die Luft am richtigen Platze. In dem andern Teil des menschlichen Körpers dürfen nur sparsam Gase und Luftarten erzeugt werden. Wenn in den Därmen zu viel Gase erzeugt werden, so entstehen die krankhaften Blähungen, und das ist nicht gesund. Für die eigentliche Gaserzeugung ist der Mittelkörper des Menschen da. Und dasjenige höhere übersinnlich-geistige Glied, das da eingreift – das greift also ein in das Gasförmige –, das ist der menschliche Astralleib. Dieser menschliche Astralleib bekämpft nun in sich das Ranzigwerden der Fette; geradeso wie der Ätherleib das Faulwerden der Eiweißstoffe bekämpft, so bekämpft der Astralleib das Ranzigwerden der Fette. Der Mensch würde fortwährend von seinen eigenen Fetten ein ranziges Aufstoßen haben, würde innerlich sich selber ranzig schmecken, wenn nicht sein Astralleib dieses Ranzigwerden fortwährend bekämpfte. So daß wir in uns diesen Astralleib haben zur Bekämpfung des Ranzigwerdens der Fette.

Sehen Sie, meine Herren, das ist ganz wunderbar, denn Sie können daraus sehen, daß das, was draußen in der gewöhnlichen physischen, materiellen Welt ist, einen ganz anderen Gang nimmt, als was bei uns drinnen ist. Draußen in der physischen Welt werden die Fette unbedingt ranzig. Der Mensch wird zu seinem Heile nicht immer ranzig, nur wenn er innerlich krank wird. Es ist also die Sache die, daß der Mensch im gesunden Zustande seinen Astralleib so hat, daß er nicht ranzig werden kann. Er wird nur ranzig, wenn er zuviel Fett ißt, so daß der Astralleib es nicht bewältigen kann, oder wenn durch irgend etwas zuviel Fett erzeugt wird; das wissen die Menschenfresser besser als wir. Aber innerlich nimmt der Mensch schon sein Ranzigwerden wahr. Und man kann sagen: Wenn bei einem Menschen ein starkes Ranzigwerden, das heißt ein viel zu geringes Wirken des astralischen Leibes eintritt, dann hat er fortwährend einen unangenehmen Geschmack im Mund. Dieser unangenehme Geschmack wirkt dann wieder zurück auf den Magen. Und auf diesem Umwege bekommt der Mensch erst Magen- und Darmkrankheiten vom ranzigen Fett in sich selber.

Wenn man an einem Menschen bemerkt, daß er innerlich ranzig wird, so ist es so, daß für das, was er in sich hat an Fetten, die er nicht verarbeitet, ein gutes Heilmittel das Arsen ist. Das Arsen kämpft gegen das Fettwerden, stärkt den Astralleib. Und die Folge ist dann, daß der Mensch dieses Ranzigwerden bekämpfen kann. Das sind Dinge, die außerordentlich wichtig sind. Wenn der Mensch in sich selber die Neigung zeigt, sein faules Eiweiß durch den Ätherleib nicht besiegen zu können, dann wirkt gewöhnlich auf den Menschen außerordentlich stark als ein Heilmittel irgendwelche Verbindung mit Kupfer. Kupfer wirkt also, wenn die Unterleibskrankheiten, Darmkrankheiten direkt bewirkt sind durch das Eiweiß. Wenn Sie aber bemerken, daß durch den Mund, durch den Geschmack etwas sich bemerkbar macht, da hilft es nichts, wenn Sie ihm Kupfer beibringen, sondern da muß es Arsen sein, weil Sie zunächst seinen Astralleib stark machen müssen. Also daß man eben einfach konstatiert, in diesem oder jenem Teil des Menschen liegen diese oder jene Krankheiten, das tut es nicht, sondern man muß wissen, woher sie kommen. Ob sie von faulem Eiweiß im Darm oder von ranzig gewordenen Fetten kommen, die auf dem Umweg durch den Mundgeschmack wiederum in die Därme und in den Magen hineinwirken.

So sehen Sie also, meine Herren, wir haben in uns das Gegenteil von dem, was diese Stoffe draußen zeigen. Wir haben einen Astralleib, der das Ranzigwerden der Fette bekämpft, während durch die gewöhnliche physisch-materielle Welt die Fette eben einfach ranzig werden.

Ein drittes Nahrungsmittel, das der Mensch zu sich nimmt, das sind diejenigen Stoffe, die Kohlehydrate sind. Kohlehydrate sind ja namentlich in der Kartoffel zum Beispiel, in den Linsen und Bohnen und selbstverständlich in allen Getreidearten. Da sind die Kohlehydrate drinnen. In sehr vielen von diesen Stoffen ist auch entweder direkt Zucker drinnen, den wir ja immer zu unserer Nahrung nehmen, oder aber es wird der Zucker direkt aus diesen Kohlehydraten erzeugt, indem wir das, was wir zum Beispiel mit der Kartoffel in uns hineinnehmen, umbilden. In der Kartoffel ist zum großen Teil Stärke drinnen. Dieser Stärkekleister wird in uns zuerst in Dextrin und dann in Zucker umgewandelt. So daß Sie, wenn Sie Kartoffeln essen, sich eigentlich vom Zucker nähren, denn der Kartoffelkleister, der Stärkekleister, wird im menschlichen Körper in Zucker umgewandelt. Nicht wahr, besonders viel von diesem Zucker enthält zum Beispiel die Weintraube, dadurch auch der Alkohol. Das ganze, was der Alkohol für den Menschen ist, beruht ja eigentlich neben dem Alkohol auf seinem Zuckergehalt. Zucker wird ja namentlich wieder aus dem Alkohol im menschlichen Organismus erzeugt.

Die erste Art von Nahrungsmitteln war also Eiweiß, die zweite Art Fette und die dritte Art Stärke, Zucker. Wir haben gesehen, das Eiweiß wird bearbeitet, indem es nicht faulig wird, in gewissen Quantitäten vom Ätherleib. Die Fette werden bearbeitet, indem sie nicht ranzig werden, vom Astralleib. Nun Stärke und Zucker! Wenn man den Ätherleib anschaut, so muß man sagen: Der ist vorzugsweise im Unterleib tätig. Der Astralleib ist vorzugsweise in der Brustgegend tätig. Nun kommen wir zu etwas anderem. Sie alle kennen ja, ich will nicht sagen durch sich selber, aber dadurch, daß Sie Leute gesehen haben, die nicht so sind wie Sie, die Wirkung des Alkohols, und Sie wissen ja, daß der Alkohol im Menschen eine besondere Eigentümlichkeit hervorbringt, zuerst in dem Rausch, aber davon wollen wir zunächst nicht reden. Aber Sie wissen ja, am nächsten Tag – wir haben auch schon davon gesprochen – kommt der sogenannte Brummschädel, man nennt ihn ja auch Kater. Was bedeutet denn der Brummschädel oder der Kater?

Ja, meine Herren, Sie werden schon aus dem Namen entnehmen können, daß der Brummschädel etwas mit dem menschlichen Kopf zu tun hat. Und wenn Sie am nächsten Tage schildern gehört haben von den Menschen, die eben anders sind als Sie, wie sie ein Räuschchen gehabt haben am Tage zuvor, da werden Sie vorzugsweise klagen gehört haben über den Schädel. Da tut der Schädel weh, und wenn er nicht weh tut, ist er so, als wenn er herunterfallen würde von den Schultern und dergleichen. Was geschieht denn da eigentlich?

Die Aufgabe des Kopfes ist nämlich, vorzugsweise das zu bekämpfen, was Stärke und Zucker wollen. Was wollen denn Stärke und Zucker? Da brauchen Sie ja nur auf den Wein hinzuschauen. Nicht wahr, wenn der Herbst kommt, erntet man den Wein, die Weintrauben ein. Sie werden ausgepreßt und nachher gärt die Sache. Das, was dann ausgegoren ist, das wird als Wein genossen. Dadurch nun, daß der Wein eben durch die Gärung Wein geworden ist, hat er die Gärung überwunden. Wenn Sie aber den Wein in den Magen hineinbringen, dann entsteht aus ihm etwas, was wiederum in die Nahrung hineingeht. Der Alkohol wird geradezu zurückverwandelt. Und nun sind die Stoffe, die direkt gären wollen, eben Stärke und Zucker. Stärke und Zucker im menschlichen Organismus wollen vorzugsweise gären. Wenn Sie Alkohol trinken, dann vertreibt der Alkohol im Kopf die Kräfte, welche die Gärung von Zucker und Stärke im Menschen verhindern. Nehmen wir einmal die Geschichte ganz deutlich. Sagen wir, Sie haben am 22. Januar Kartoffeln gegessen, Bohnen gegessen und Alkohol dazu getrunken. Nun schön. Hätten Sie keinen Alkohol getrunken, so wäre der Kopf nüchtern geblieben. Kartoffeln und Bohnen enthalten Stärke und Zucker, der aus der Stärke entsteht; der Kopf hätte die Kraft, die Gärung von Stärke und Zucker richtig zu verhindern. Bringen Sie Alkohol hinein, so verliert der Kopf die Fähigkeit, die Gärung von Stärke und Zucker, die Sie mit den Kartoffeln hineingekriegt haben, zu verhindern, und die Kartoffeln und Bohnen, und auch die anderen Dinge, Getreidearten zum Beispiel, fangen an in Ihnen zu gären.

Statt daß also die Gärung verhindert wird im Menschen, tritt sie jetzt auf. Und sie tritt auf durch eine Unfähigkeit des Kopfes, die infolge des Alkohols eingetreten ist, so daß also der Mensch jetzt voller Gärungskräfte wird. Da gibt es in Mitteldeutschland, in Thüringen, einen merkwürdigen Volksausdruck. Wenn einer Unsinn redet, da sagt man in Thüringen: Er gärt. In diesen Gegenden hier ist es ja nicht gebräuchlich, wenn einer Unsinn redet, zu sagen, er gärt; aber diejenigen, die schon in Deutschland waren, werden das ja wohl in Mitteldeutschland gehört haben. Und wenn einer immer Unsinn redet, dann nennt man ihn in Mitteldeutschland, in Thüringen, ein altes Gärluder. Die Sache ist also diese, daß das Gären in Mitteldeutschland zusammengebracht wird mit Verwirrtsein im Kopfe, mit Unsinnmachen. Das ist ein sehr guter Volksinstinkt. Man weiß, daß im Menschen zuviel gärt, wenn er zuviel Unsinn redet. Nun, wenn einer Alkohol getrunken hat und einen Brummschädel gekriegt hat, dann redet er nicht den Unsinn, denn er wird still, aber der Unsinn ist in ihm, der brummt in ihm. Es ist also das, was da auftritt, um Stärke und Zucker am Gären zu verhindern, etwas, was der handgreiflichen Wirkung des Alkohols entgegengesetzt ist. So daß man sagen kann: Im menschlichen Kopfe sitzt etwas, was fortwährend dahin arbeitet, daß alles das, was an Stärke und Zucker in ihm ist, am Gären verhindert werden kann.

Nun, im menschlichen Kopf, das leugnet ja kein Mensch, sitzt am stärksten, geradeso wie im Unterleib der Ätherleib, im Mittelleib der Astralleib sitzt, das Ich, das eigentliche Ich. Das ist nun so, daß dieses eigentliche Ich es zu tun hat mit dem Wärmeartigen, geradeso wie mit dem Festen der physische Körper, mit dem Flüssigen der Ätherleib, mit dem Gasförmigen der Astralleib es zu tun hat. Es ist ja so, daß der Mensch bei alledem, was von seinem eigentlichen Ich abhängt, die Wärme in Bewegung bringt. Das ist im menschlichen Körper bis in alle Einzelheiten zu verfolgen. Das eigentliche Ich hängt auch zusammen mit dem Blut, daher ist das Blut wärmeerzeugend. Aber das eigentliche Ich, das, was der Mensch im Bewußtsein erlebt, hängt zum Beispiel auch mit der Drüsenabsonderung zusammen. Daher ist die Drüsenabsonderung nun mit Wärme verknüpft. Das eigentliche Ich ist es auch, das nun vom Übersinnlichen her durch die Kräfte des Kopfes die Gärung verhindert. So daß man sagen kann: Der Ätherleib bekämpft das Faulen der Eiweißstoffe, der Astralleib bekämpft das Ranzigwerden der Fette, das Ich bekämpft das Gären von Zucker und Stärke.

Das ist auch der Grund, aus dem heraus ich Ihnen einmal sagen mußte, daß der übermäßige Kartoffelgenuß dem Kopfe schadet. Der übermäßige Kartoffelgenuß hat auf den Menschen den folgenden Einfluß. Sehen Sie, die Kartoffel enthält wenig Eiweiß. Dadurch, daß sie wenig Eiweiß enthält, ist sie eigentlich ein gutes Nahrungsmittel für den Menschen. Und wenn der Mensch Kartoffeln mäßig zu dem anderen hinzu ißt, so ist sie eben ein gutes Nahrungsmittel durch ihren geringen Eiweißgehalt. Aber die Kartoffel enthält außerordentlich viel Stärke, die in Zucker verwandelt werden muß im Menschen, zunächst in Dextrin, dann in Zucker. Ich habe Ihnen damals schon gesagt: Wenn der Mensch zuviel Kartoffeln ißt, so muß sein Kopf furchtbar viel arbeiten; natürlich, weil der Kopf die Gärung verhindern muß. Daher werden die Menschen, die übermäßig Kartoffeln essen und daher ihren Kopf zur Verarbeitung der Kartoffelgärung furchtbar anstrengen müssen, kopfschwach. Namentlich die mittleren Partien des Hirns werden schwach; es bleiben nur die vorderen Partien des Hirns, die sich wenig anstrengen beim Verhindern der Kartoffelgärung. Und so ist gerade dadurch, daß die Kartoffelnahrung in der neueren Zeit vielfach verbreitet worden ist, der Materialismus gekommen, weil der im Vorderhirn erzeugt wird.

Es ist ja so eigentümlich: man glaubt, der Materialismus sei eine logische Sache. In gewisser Beziehung ist der Materialismus in der neueren Zeit nichts anderes als die Folge vom Kartoffelessen! Nun, nicht wahr, an sich haben es die Leute nicht gern, wenn sie bloß von Kartoffeln leben sollen; aber den Materialismus haben sie dann gern. So daß sie eigentlich in einem Widerspruch sind. Wenn man richtig Materialist sein wollte, müßte man eigentlich anraten, überall die Kartoffelnahrung zu verbreiten, denn es wäre das allerbeste Überzeugtwerden vom Materialismus, nicht wahr? Das ist ja etwas, was bei den meisten Menschen doch nicht gelingt. Wenn aber die materialistischen Monisten, der Monistenbund so recht wirksam kämpfen wollte, so müßte er eigentlich dafür sorgen, daß die anderen Nahrungsmittel möglichst durch Kartoffelnahrung ersetzt werden. Dann würde der

Monistenbund ganz furchtbare Erfolge verzeichnen. Wenn auch nicht ganz schnell, so doch im Laufe von einigen Jahrzehnten, könnte der Monistenbund am besten wirken, wenn er auf die Kartoffelnahrung einwirken wollte. Nur würden ihm schon die Leute, auf die er wirken wollte durch die Kartoffelnahrung, einiges auswischen; da könnte er also nicht die besten Erfolge haben!

Aber daraus können Sie eines entnehmen: Die Geisteswissenschaft, die hier getrieben wird, erkennt gerade die richtige Art des Materialismus. Der Materialismus weiß ja gar nichts vom Materiellen; die Geisteswissenschaft erkennt gerade, daß ganz besonders die Kartoffel die richtige Erzeugerin des Materialismus ist. Sie ist ja furchtbar heimtückisch, die Kartoffel, listig, schlau bis zum Exzeß. Denn sehen Sie einmal, der Mensch kann von der Kartoffel nur die Knollen essen, nicht einmal die Augen an der Kartoffel – die wirken schon schädlich –, und die Blüte kann er erst recht nicht essen, denn die Kartoffel ist ein Nachtschattengewächs und die Blüten sind giftig. Aber was ist das Gift? Ich habe Ihnen das letzte Mal schon gesagt: In großen Mengen tötet das Gift, in kleinen Mengen, fein verteilt, ist es Heilmittel. Die Kartoffel an sich hat sehr viel Stärkekleister in sich, besteht fast nur aus Stärkekleister. Sie könnte gar nicht leben, weil der Stärkekleister furchtbar schädlich wirken würde; da zieht sie zu gleicher Zeit aus der Welt das Gift an und vernichtet die schädliche Wirkung bei sich selber. Deshalb nenne ich sie schlau und listig. Sie selber hat ihr Gift, durch das sie für sich die Schädlichkeit wegnimmt. Aber dem Menschen ist das Gift der Kartoffel besonders schädlich; das gibt sie ihm nicht mit, sie gibt ihm nur dasjenige, was sie selber bei sich durch ihr Gift bekämpft. Es ist das wirklich etwas, was man schon so nennen kann: Die Kartoffel ist ein schlaues, listiges Wesen! Und der Mensch muß sich klar sein darüber, daß wenn er zuviel Kartoffeln ißt, sein Mittelhirn verkümmert und daß sogar, gerade durch den übermäßigen Kartoffelgenuß, die Sinne leiden können.

Wenn einer als Kind oder als ganz junger Mensch zuviel Kartoffeln ißt, dann wird sein Mittelhirn außerordentlich schwach. Aber im Mittelhirn sind die Quellen der wichtigsten Sinnesorgane. Im Mittelhirn ist der Vierhügelkörper, sind die Sehhügel und so weiter, und es wird sogar das Sehen geschwächt durch den übermäßigen Kartoffelgenuß, weil das gerade im Mittelhirn seine Quellen hat. Und manche Krankheiten der Augen im Alter gehen davon aus, daß der Mensch gerade als Kind zuviel mit Kartoffeln aufgezogen worden ist. Der Mensch wird dann sehschwach, augenschwach. Es ist ja wirklich so, daß die Menschen in Europa früher viel weniger im Alter augenschwach geworden sind als jetzt. Und das rührt wiederum davon her, daß außer dem, was sonst auf die Augen wirkt – aber das wirkt nicht einmal so stark, weil es nicht innerlich wirkt, elektrisches Licht und so weiter –, eben der übertriebene Kartoffelgenuß sehr schädlich auf die Augen, auf das Sehvermögen und sogar auf das Geschmacksvermögen wirkt – sogar auf das Geschmacksvermögen! Sehen Sie, da kommt nämlich das Folgende heraus. Nehmen Sie an, der Mensch ißt schon in der Kindheit zuviel Kartoffeln. Bei einem solchen Menschen werden Sie im späteren Lebensalter sehr häufig das auftreten sehen, daß er nie weiß, wann er genug hat, weil sein Geschmack verdorben ist durch den Kartoffelgenuß, währenddem ein Mensch, der nicht zuviel Kartoffeln gegessen hat, richtig durch seinen Instinkt weiß, wann er genug hat. Also der Instinkt, der mehr ans Mittelhirn gebunden ist, wird eben verdorben durch den übermäßigen Kartoffelgenuß. Das ist dasjenige, was besonders stark in der neueren Zeit hervorgetreten ist.

Aber aus alledem, was ich Ihnen gesagt habe, sehen Sie nun, daß der Mensch ganz besonders darauf bedacht sein muß, daß er stark genug ist, erstens das Faulwerden der Eiweißstoffe zu überwinden, zweitens das Ranzigwerden der Fette, drittens das Gären von Stärke und Zucker.

Nun habe ich Ihnen ja schon das letzte Mal gesagt, ganz Antialkoholiker kann der Mensch nicht sein, denn wenn er gar keinen Alkohol trinkt, so wird Alkohol in ihm selber erzeugt. Aber dieser Alkohol bleibt im Unterleib; der geht nicht bis zum Kopf hinauf, weil der Kopf frei sein muß von Alkohol, sonst wird er sogleich als Träger des Ich unfähig, die Gärung, die im Körper ist, in der richtigen Weise zu bekämpfen. Sehen Sie, jetzt können Sie sich eine Idee bilden von der Art und Weise, wie der Mensch zu seiner Naturumgebung steht. Wenn Sie zum Beispiel auf das überall faulende Eiweiß hinsehen – es verfaulen ja die Tiere, es verfaulen die Pflanzen –, so müssen Sie sagen: Überall ist auch Äther, der das nach und nach wiederum ausgleicht. Wenn Sie hinsehen auf die Fette, die ja auch in den Pflanzen sind, die überall sind, so müssen Sie sagen: Diese Fette würden nach und nach alles Lebendige unfähig machen zu leben, das Tierische und das Menschliche, wenn nicht im Astralleib ein Bekämpfer des Ranzigwerdens da wäre. Der Mensch bekämpft also eigentlich dasjenige, was draußen in der Natur ist. Und wenn der Mensch stirbt, da gehen von ihm der Ätherleib, der Astralleib und das Ich fort. Vom physischen Leib gehen sie fort. Der Mensch geht dann in die geistige Welt hinüber. Was geschieht dann? Nun, meine Herren, Sie wissen ja, was da geschieht. Der Leichnam geht dann sofort über in Faulwerden, zugleich in Ranzigwerden und zugleich in Gärung, nur daß eben das Faulwerden natürlich mehr gesehen wird, eigentlich mehr gerochen wird, weil man ja mit zugestopften Nasen sehr selten herumgeht. Also das Fauligwerden wird leicht gerochen. Aber sich irgendwie über ein Grab legen und kosten, ob das Fett des betreffenden Leichnams ranzig geworden ist, das tut man gewöhnlich nicht, und deshalb weiß man gewöhnlich nichts davon. Und die Gärung, die aber stattfindet, studiert man erst recht nicht. Also tatsächlich ist das der Fall, daß dadurch, daß das Ich fortgeht, der menschliche Leib in Gärung übergeht, dadurch, daß der Astralleib fortgeht, der menschliche Leib in das Ranzigwerden übergeht, und dadurch, daß der Ätherleib fortgeht, der menschliche Leib in Fäulnis übergeht. Das trägt der Mensch fortwährend in sich, aber während er auf der Erde lebt, bekämpft er es fortwährend. Derjenige, der da leugnet, daß im Menschen geistig der Ätherleib, der Astralleib und das Ich sind als wirkliche geistige Wesenheiten, der muß eben gefragt werden: Was stellst du dir denn eigentlich vor, warum fault denn der Mensch nicht? Warum gärt er denn nicht? Warum wird er denn nicht ranzig? Das müßte er nämlich werden, wenn er so wäre, wie der bloße physische Leib ist!

Was tut aber unsere Wissenschaft? Unsere Wissenschaft wartet mit ihrem Studium, bis der Mensch gestorben ist. Denn das, was sie vom lebendigen Menschen weiß, das ist nämlich herzlich wenig gegen das, was sie eigentlich von der Anatomie weiß, wenn der Mensch Leiche ist, gestorben ist. Alles das, was Sie eigentlich lernen können, das bezieht sich nur auf den Leichnam. Es wartet unsere Wissenschaft immer auf den Leichnam. So daß also diese Wissenschaft überhaupt vom wirklichen Menschen, der da lebt, gar nichts wissen kann, weil sie diesen gar nicht berücksichtigt. Und gerade das ist der Schaden unserer Wissenschaft – seit dem 17. Jahrhundert ist es ja eigentlich erst so –, daß sie ihre ganze Erkenntnis im Grunde genommen nur vom Leichnam her hat. Aber der Leichnam ist nicht mehr der Mensch, denn man muß fragen: Was macht, daß, während der Mensch lebt, der Leichnam, den er ja auch im Leben an sich trägt, sich als Leichnam nicht so benimmt, daß er fault, gärt und ranzig wird? Gerade wenn man den lebenden Menschen wirklich betrachtet, so kommt man schon auf diese geistigen, auf diese übersinnlichen Glieder der Menschennatur. Und dann merkt man auch, daß das Ich vorzugsweise im Kopfe wirkt, daß der astralische Leib vorzugsweise in der Brust wirkt, und daß der Ätherleib vorzugsweise im Unterleib wirkt. Und die Wissenschaft weiß nicht einmal etwas vom Unterleib, weil sie glaubt, im Unterleib seien ganz dieselben Vorgänge, die draußen in der Natur sind. Das ist eben nicht so.

Nun, meine Herren, es ist interessant, die Dinge, ich möchte sagen, jetzt nicht abgeschlossen in der Studierkammer zu studieren, sondern im Volksleben draußen zu studieren. Es gibt, wie Sie wissen, Bäder, in denen es nach faulen Eiern riecht, zum Beispiel Marienbad. Auch deutsche Bäder gibt es, die eben Schwefelwasserstoff enthalten, wo eben die Sache riecht wie faule Eier. Ja, wirklich: Leute, die sonst Feinschmecker und auch Feinriecher sind, die müssen solche Badeorte aufsuchen. Und warum tun sie das? Warum leben sie da manchmal mehrere Monate im Sommer an Orten, wo es riecht, wie wenn alles durchstreut wäre mit faulen Eiern? Sehen Sie, das ist so: diese Leute haben nämlich tatsächlich zuviel Eiweißstoff gegessen, und jetzt kommen sie an den Badeort; weil sie mit Haut bedeckt sind und die Sache innerlich ist, so riechen sie selber nicht so, aber wenn man es riechen könnte, so würden sie innerlich furchtbar nach faulen Eiern riechen! Nun kommen also alle diese Leute, die innerlich nach faulen Eiern riechen, nach den Badeorten, wo es nach faulen Eiern riecht, und was geschieht da? Ja, sehen Sie, das eine Mal ist der Faule-Eier-Geruch drinnen, das andere Mal draußen. Das eine Mal, wenn er drinnen ist, merkt es die Nase nicht; das andere Mal, wenn er draußen ist, merkt es die Nase. Kopf und Bauch sind Gegensätze. Was der Bauch an Faule-Eier-Geruch erzeugt, wenn es von der Kopfseite her kommt durch das Riechen, so wird es bekämpft. Und so wird in den Badeorten, die nach faulen Eiern riechen, der innerliche Faule-Eier-Geruch bekämpft.

Das ist besonders für den sehr stark bemerkbar, der einen Sinn hat, solche Beobachtungen zu machen. Ich hatte zufällig an einen solchen Badeort als Junge zu gehen. Ich mußte jeden zweiten Tag nach Bad Marienquelle gehen. Da stinkt es also nach faulen Eiern. Während es äußerlich so unangenehm ist, da es so schrecklich riecht, fängt man plötzlich an, sich sehr wohl im Bauch zu fühlen. Wenn man also nicht krank ist, im Bauch keinen Faule-Eier-Geruch hat, so tritt das Gefühl der höheren Lebenslust auf. Der, der sich nicht abstoßen läßt vom Faule-Eier-Geruch, der kann das erleben. Natürlich derjenige, der sich die Nase zuhält, der hat nicht den Gegensatz, der hat nicht diese Frühlingswirkung im Bauch, die man hat, wenn man sich richtig hingibt dem Faule-Eier-Geruch. Und Faule-Eier-Geruch ist zum Beispiel, auch wenn er künstlich erzeugt wird, ein außerordentlich gutes Heilmittel. Er gibt zum Beispiel dem Körper die Kraft, schwindende Muskeln wiederum fest zu machen, stark zu machen. Nun, die Leute lieben dann solche Kuren nicht, aber sie sind in einer gewissen Beziehung außerordentlich nützlich. Denn sehen Sie, wenn äußerlich an den Menschen der Faule-Eier-Geruch herantritt, dann wird es innerlich im Bauch Frühling. Und im Frühling sprießt und sproßt alles, und der Mensch kann wiederum stark werden dadurch, daß er innerlich im Bauch Frühling kriegt.

Das ist dasjenige, was also bei den Leuten eintritt, die sich auf gefräßige Weise während des Winters ihren Bauch verderben. Sehen Sie, wenn einer sich nicht durch Gefräßigkeit im Winter seinen Bauch verdirbt, dann macht er den Frühling mit, der draußen ist. Gerade der Unterleib macht ja den Frühling in einer außerordentlich starken Weise mit. Aber wenn man den Frühling richtig miterleben will draußen in der Natur, dann muß man möglichst wenig solche Sachen essen wie Gänseleberpasteten und so weiter. Hat man viel Gänseleberpasteten gegessen, dann wird es im Bauche des Menschen nicht Frühling, sondern dann bleibt es im Bauche des Menschen eigentlich so, wie es unter der Erde im Winter ist – nicht wie es auf der Erde ist, sondern wie es unter der Erde ist. Da ist es warm, da tut man ja die Kartoffeln in die Gruben hinein. Aber es wird alles faul im Menschen dadurch, daß die Wärme aufgespeichert wird im Bauche; da wird es im Menschen nicht Frühling. Und dann muß man sich einen künstlichen Frühling suchen im Faule-Eier-Geruch.

So ist der Gegensatz zwischen dem Ich und dem Ätherleib. Das Ich und der Ätherleib müssen sich im Menschen gegenseitig ausgleichen. Sie sehen daraus, daß, wenn man nur wirklich in der Natur studiert, wenn man also mit offenen Sinnen in einen Badeort geht, der da Faule-Eier-Geruch hat, Schwefelwasserstoff, so lehrt einen die Empfindung des Frühlings im Bauche, wie eigentlich innerlich das Gegenteil davon wirkt im Fauligwerden des Eiweißstoffes.

Tafel 4

fest:	physischer Körper		
flüssig:	Ätherleib	Eiweiß:	Ätherleib, Unterleib
gasförmig:	Astralleib	Fette:	Astralleib, Brust
wärmeartig:	Ich	Stärke, Zucker:	Ich

Ätherleib bekämpft das Faulen
Astralleib bekämpft das Ranzigwerden
Ich bekämpft das Gären

Ich habe Ihnen da eine Ergänzung liefern wollen zu dem, was ich das letzte Mal sagte. Sie wissen, ich habe Ihnen gesagt: Wenn einer gewisse Gifte zu sich genommen hat, muß er flüssiges Eiweiß als Gegenmittel nehmen. Es werden eben diejenigen Dinge, die gesund sind, Gifte, wenn sie im Körper nicht richtig behandelt werden, wenn sie zuviel hineinkommen. Es kann also sogar das Eiweiß einen Giftstoff im Menschen vertreiben, aber das Eiweiß ist selber giftig, wenn es fault im Körper, wenn zuviel in den Körper hineinkommt. So nahe aneinander ist also Ernährung und Vergiftung. Und Sie werden ja selber schon gehört haben, wie Übermaß in der Ernährung zur Vergiftung werden kann. Ein großer Teil von Krankheiten sind ja Ernährungskrankheiten, das heißt, es ist bei der Ernährung keine Rücksicht darauf genommen, daß die betreffenden Stoffe nur in einer bestimmten Menge hineinkommen dürfen, wenn sie verarbeitet werden sollen.

Die nächste Stunde werde ich ansagen lassen, weil ich am Samstag nicht da sein kann. Ich werde ja in Bern sein.

VIERTER VORTRAG

Dornach, 2. Februar 1924

Meine Herren, die Frage, die gestellt worden ist, lautet:

Ist die Iris im Auge der Spiegel des Seelischen im gesunden und kranken Zustande?

Ich glaube, die zweite Frage kann gleich dazugenommen werden, sie sind wohl miteinander gemeint:

Was bewirkt, daß bei schwarzen Menschen der Albinismus oder Leukopathie hervorgerufen wird?

Wir müssen, wenn wir diese Frage beantworten wollen, vor allen Dingen noch ein wenig auf die Wesenheit des menschlichen Auges eingehen. Die Frage bezieht sich ja darauf, daß von gewissen Leuten aus der Beschaffenheit der Iris, also des gefärbten ringförmigen Körpers in dem Auge, der das Schwarze der sogenannten Pupille umgibt, dieser Iris, die wirklich bei verschiedenen Menschen die denkbar größte Verschiedenheit aufweist, auf die gesunde oder kranke Beschaffenheit des ganzen Körpers geschlossen wird. Die Iris ist ja nicht nur, wie Sie wissen, bei einem Menschen blau oder schwarz oder braun oder grau oder auch grünlichbraun gefärbt, sondern die Iris hat auch so oder so gezeichnete Linien, die durch feine Gefäße entstehen. So daß wirklich, geradeso wie der allgemeine Gesichtsausdruck bei dem einen Menschen verschieden ist von dem des anderen, der feinere Bau dieser Iris oder Regenbogenhaut bei den verschiedenen Menschen ganz verschieden voneinander ist, und zwar viel mehr voneinander verschieden, als eigentlich die Physiognomie der Menschen voneinander verschieden ist.

Nun müssen wir schon ein wenig auf den Bau des Auges eingehen, wenn wir über eine solche Sache sprechen wollen. Das hängt ja zusammen eben mit der anderen Frage, die von Ihnen gestellt worden ist. Das ist nämlich diese, daß insbesondere bei Negern, aber auch sonst, bei nicht schwarzen Menschen, eine abnorme, eine nicht ganz gewöhnliche Hautfärbung auftritt, die verbunden ist mit der besonderen Färbung der Regenbogenhaut oder Iris. Das hängt in einer gewissen Weise zusammen. Nun ist diese Hautfärbung bei natürlich schwarzen Menschen besonders auffallend, weil die eben sonst schwarz sind, und dann haben sie allerlei weiße Flecken, sind dann gesprenkelt wie ein Tiger. Sie sind sehr selten ganz blaß und ganz weiß; das kommt sehr selten unter Negern vor, außerordentlich selten. Aber auch bei anderen nicht ganz schwarz gefärbten Rassen kommen solche sogenannten Albinos vor. Aber dieser Albinismus kommt auch bei weißen Menschen vor, bei den sogenannten Kakerlaken – so nennt man sie –; die haben eine sehr blasse Hautfarbe, fast milchweiße Hautfarbe. Dann haben sie die Iris gewöhnlich hellrötlich gefärbt, und die Pupille, die sonst beim Menschen schwarz ist, ist dann dunkelrot. Ein solcher weiblicher Kakerlak, den ich einmal gesehen habe, stellte sich sogar in allerlei Schaubuden aus und ließ sich sehen. Er hatte ganz milchweiße Haut, rote Iris oder Regenbogenhaut, dunkelrote Pupillen statt schwarzen Augensternen, und sagte dann mit einer ungemein schwachen Stimme: «Ich bin ganz weiß, habe rote Augen und sehe sehr schwach.» Das stimmte auch, er sah sehr schwach.

Wenn man auf diese Sache eingehen will, muß man vor allen Dingen den Bau des Auges selber studieren. Nun habe ich Ihnen ja über das Auge im Laufe der Zeit so mancherlei gesagt. Sie werden daher heute das, was ich zu sagen habe, vielleicht einsehen. Sehen Sie, das Auge sitzt ja in dem ganz festen Knochenkörper des Kopfes drinnen. Der Knochenbau des Kopfes wölbt sich ja da drinnen, und in dieser Knochenhöhlung, die nach rückwärts hier gegen das Gehirn zu offen ist
Tafel 5 (siehe Zeichnung), sitzt das Auge drinnen. Das Auge ist nun zunächst von außen von einer harten Haut, die hier undurchsichtig ist, begrenzt. Der sogenannte Augapfel ist von der Hornhaut begrenzt. Diese Haut wird nach vorn, hier, wo sie sich etwas auswölbt, durchsichtig. Sonst könnte man ja mit dem Innern des Auges nicht ans Licht heran, wenn nicht diese äußere Hornhaut durchsichtig wäre. Sie heißt Hornhaut, weil sie eben hornig ist. Da drinnen sitzt dann nach innen gehend eine Haut, welche aus feinen Adern besteht. Das Blutnetz des Körpers dehnt sich ins Auge hinein aus und schickt auch ganz kleine, feine Adern ins Auge hinein. Man hat also hier die harte Hornhaut, die nach vorn durchsichtig wird, und dann die anliegende sogenannte Aderhaut. Die

dritte Haut, die da drinnen ist, ist aus Nerven gebildet; das ist die sogenannte Netzhaut. Ich muß also noch eine dritte Haut zeichnen, die Netzhaut. Und die Netzhaut geht nach rückwärts ins Gehirn hinein, die Aderhaut natürlich auch. Und das hier nennt man, weil es Nervensubstanz ist, zum Sehen hingeht, den Sehnerv. Sie wissen ja, daß die Leute sagen: Durch die Nerven empfindet man. – Also mit dem Sehnerv sieht man. Tafel 5

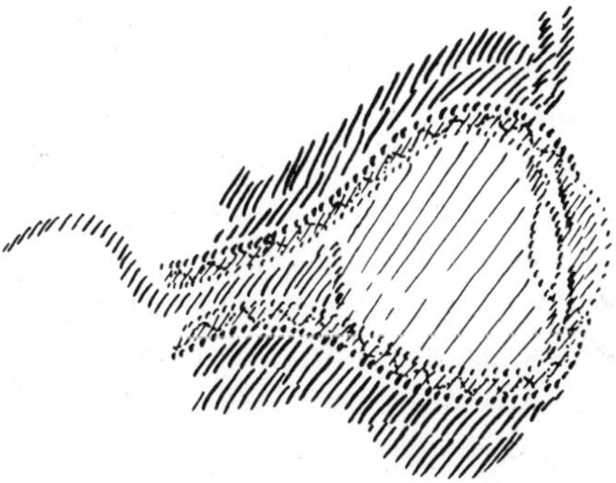

Nun, das Eigentümliche ist nur, daß jeder zugeben muß, daß man, wie die Leute sagen, mit dem Sehnerv hier überall sieht, nur just da nicht, wo er hereinkommt; da ist er blind, da sieht man nichts! Wenn also einer gerade so schaut, daß er irgendwie da herausschaute, oder daß die Nerven ringsherum erkrankt sind und nur noch die Stelle gesund ist, wo der Sehnerv hereinkommt, dann sieht man trotzdem da, wo der Sehnerv hereinkommt, nichts. Jetzt sagen die Leute: Mit dem Sehnerv sieht man, der ist dazu da, daß man sieht. – Haben Sie nun schon das Folgende gehört? Denken Sie sich einmal: Da ist eine Partie Tafel 5 rechts oben
von Arbeitern, sagen wir dreißig Arbeiter. Fünfundzwanzig von diesen müssen recht fleißig arbeiten; die stehen überall da. Und da steht eine Gruppe von fünf – man wird das nicht machen, aber ich will einmal voraussetzen, daß man das macht –, diese fünf, die dürfen faulenzen, während die anderen fleißig arbeiten. So daß wir also sagen können: da sind die fünfundzwanzig fleißigen Arbeiter, und da sind fünf, die faulenzen die ganze Zeit, sitzen auf gepolsterten Sesseln und faulenzen.

Wenn Ihnen nun einer sagt, die Arbeit wird von den fünf Faulenzern ebensogut gemacht – oder vielleicht kann er das nicht sagen, weil er das nicht sieht, aber die Arbeit kommt dadurch zustande, daß gefaulenzt wird –, so werden Sie das nicht glauben, nicht wahr? Das ist doch Unsinn. Nun aber lehrt einen die Wissenschaft: Der Sehnerv sieht. – Aber just an der Stelle, wo er am meisten ist, da sieht er nichts! Das ist geradeso, wie wenn Sie sagen würden: Die Arbeit wird von dem geleistet, was die fünf faulenzenden Menschen machen. – Sehen Sie, solche Dinge weiß man – das ist eben gerade das Kuriose –, solche Dinge weiß man, aber man behauptet dennoch immerfort einen ganz gewöhnlichen Unsinn. Nicht wahr, daraus, daß hier der sogenannte blinde Fleck ist – so heißt er nämlich –, und daß man an der Stelle, wo der Sehnerv am meisten angreift, gar nichts sieht, daraus geht ja ganz klar hervor, daß der Sehnerv nicht das sein kann, womit man sieht.

Die Sache ist nämlich so: Es gibt etwas im menschlichen Körper, das sehr ähnlich ist dieser Sache beim Sehnerv; das sind nämlich Ihre beiden Arme und Hände. Denken Sie sich, Sie heben einen Stuhl auf. Sie strengen die Arme an bis hinunter zu den Händen. Aber das, was sie da verbindet, das bleibt dabei oben, nicht wahr. Geradeso ist es beim Sehnerv. Sie streben da etwas an, was das Licht angreift, und in der Mitte ist es da so, wie es ist zwischen den beiden Armansätzen hier. Aber es ist nicht der Sehnerv, der da angreift – denn wenn der Sehnerv es wäre, so müßte er da am allermeisten sehen –, sondern dasjenige, was da angreift, ist etwas von dem ganz Unsichtbaren, das ich Ihnen beschrieben habe. Das ist gerade das Ich, die Ich-Organisation. Es ist nicht der physische Körper, nicht der Ätherkörper, es ist sogar noch nicht einmal der Astralkörper; es ist das Ich. Und so muß ich Ihnen hier noch etwas außer dem, was schon da drinnen ist, einzeichnen: Da ist das unsichtbare Ich, das sich da ausbreitet. Nur daß es nicht so ist, wie wenn da zwei solche Arme wären, sondern so, daß da die Arme sich schließen würden und eine Kugel würden. Mit den Händen fangen wir schon an eine Kugel zu machen, wenn wir etwas anfassen. So ist da drinnen das übersinnliche Ich; das greift da an. Und wozu ist denn der Nerv da? Ja, meine Herren, der Nerv ist dazu da – weil das eine Arbeit ist, die ja der unsichtbare Mensch verrichtet –, daß abgesondert wird. Da wird überall Substanz abgesondert, die bleibt da überall liegen. Mit dem übersinnlichen Ich sieht man. Aber der Nerv ist dazu da, daß etwas abgesondert wird.

Denken Sie, was da die Wissenschaft für einen Unsinn sagt, geradeso wie wenn man den Dickdarm und das, was im Dickdarm drinnen ist, untersucht und man unmittelbar von dem, was aus dem Dickdarm jetzt ausgeschieden wird, sagen würde, daß sich der Mensch damit nährt! Geradeso wie im Dickdarm drinnen ist, was dann ausgeschieden wird, so wird hier die Nervensubstanz ausgeschieden. Und das hier (der blinde Fleck) ist dann die Stelle, wo sie am meisten ausgeschieden wird. Da wird ins Gehirn hinein dasjenige, was man nicht braucht im Auge, ausgeschieden, geht dann weiter und wird überhaupt ausgeschieden. Sehen Sie, das ist etwas, was Sie ganz leicht einsehen können, worüber Ihnen aber heute die tollsten Geschichten erzählt werden. Nur kommen die Leute nicht darauf, was es heißt, wenn man behauptet, es wird mit der Nervensubstanz gesehen oder empfunden oder irgend etwas wahrgenommen. Das wäre geradeso, als wenn man sich mit dem Inhalte des Mastdarmes nähren würde. Also sehen Sie, daß diese Geschichte mit dem blinden Fleck gar keine Bedeutung hat für das Sehen, denn der Sehnerv sieht auch daherum nicht, nur wird hier, wo der blinde Fleck ist, eben am meisten ausgeschieden. Und geradeso, wie im Mastdarm die Ernährung aufhört, wie das nur zum Ausscheiden da ist, so hört auch hier eben das Sehen auf, weil da am meisten ausgeschieden wird, und weil es auch gar keinen Sinn hat, daß da in der Mitte gesehen wird.

Denken Sie, Sie hätten da einen Stock liegen und wollten ihn mit dem Kopf aufheben! Das können Sie nicht. Sie müssen ihn mit dem Arm, mit der Hand aufheben, mit dem, was sich seitlich ansetzt. Ebensowenig können Sie mit dem Nerv sehen. Man muß mit dem sehen, was da angreift.

Nun, meine Herren, alles was *da* ist (auf die Zeichnung deutend), endet hier in eine Art Muskel. Dieser Muskel trägt die Linse. Das ist ein ganz durchsichtiger Körper. Warum durchsichtig? Damit man ans Licht herankommen kann. Und hinter diesem Körper hier ist eine dickliche Flüssigkeit. Vorne ist eine noch dicklichere Flüssigkeit, und in dieser dicklichen Flüssigkeit da vorne schwimmt die Iris oder Regenbogenhaut darin, die sich hier ansetzt in der Nähe der Adern. Sie schwimmt wirklich darinnen in der Flüssigkeit und läßt ein Loch für das Licht offen. Dieses Loch erscheint schwarz, wenn man hineinschaut, weil man durch das ganze Auge durch bis an den Hintergrund schaut, der eben schwarz ist.

Diese Regenbogenhaut oder Iris ist vorn ziemlich durchsichtig, an der hinteren Seite ist sie schwarz. Diese schwarze Haut, die da hinten ist, ist bei manchen Menschen recht dünn. Weil, wenn sie dünn ist, man da durch das Durchsichtige in Schwarz hineinschaut, haben gewisse Menschen blaue Augen. Und bei denjenigen, bei denen die Haut hier dicker ist, bei denen man auf die dicke hintere Haut aufschaut bei der Regenbogenhaut, bei denen sind es schwarze Augen oder dunkle Augen. Wir wollen von den braunen Augen gleich nachher sprechen.

Nun, meine Herren, müssen wir uns einmal darüber unterrichten, worauf es denn beruht, daß bei manchen Menschen diese Haut hier, die eigentlich das Blau oder Braun oder Schwarz ausmacht, dicker oder dünner ist. Ich habe Ihnen ja gesagt: Da ins Auge hinein geht das, was man das Ich nennt, dieser edelste, übersinnliche Teil des Menschen. Da geht das Ich hinein. Das Ich ist bei den Menschen verschieden stark oder schwach. Nehmen Sie nun an, das Ich sei sehr stark bei einem Menschen, ein Mensch hätte ein sehr starkes Ich. Sehen Sie, ein solcher Mensch ist imstande, das Eisen, das er im Blute hat und das er auch durch diese Aderhaut ins Auge hineinkriegt, ganz aufzulösen. Wer also ein sehr starkes Ich hat, löst das Eisen ganz auf, und die Folge davon ist, daß eben in diese Haut, die ja am alleräußersten Rand des Körpers liegt, wenig Eisen hineinkommt, weil es ganz aufgelöst ist. Es kommt also wenig Eisen hinein, und die Folge davon ist, daß diese Haut dünnlich wird. Dadurch, daß sie dünnlich wird, bekommt man blaue Augen. Denken Sie sich nun, ein Mensch hat ein schwaches Ich; dann löst er das Eisen nicht so stark auf, und die Folge davon wird sein, daß noch viel unaufgelöstes Eisen in diese Haut hineinkommt. Von diesem unaufgelösten Eisen wird die Haut dicker und der Mensch bekommt dunkle, schwarze Augen. Es hängt also von dem Ich ab, ob der Mensch schwarze oder blaue Augen hat.

Nun, meine Herren, im Blut drinnen ist aber auch noch ein Stoff:

das ist der Schwefel. Und wenn auch das Ich das Eisen verarbeiten kann, ist es halt trotzdem manchmal unfähig, den Schwefel zu verarbeiten. Wenn das Ich den Schwefel unverarbeitet in diese Haut hereinläßt, dann entsteht ein Gelblichbraunes in der Iris, da kommen die bräunlichen Augen zustande. Und wenn besonders viel Schwefel in die Augen hineinkommt, dann entsteht eine rötliche Iris. Von dem Schwefel, der da dahinter schimmert, wird sogar die Pupille nicht schwarz. Man sieht nicht das Schwarze, sondern der ausgestrahlte, ausgespritzte Schwefel macht selbst die Pupille dunkelrot. So ist es bei dem Kakerlaken, so ist es bei den Menschen, die sonst eben auch ihre Haut nicht richtig mit der Hautfarbe versorgen können. So daß man sagen kann: Es gibt eben Menschen, die können den Schwefel in ihre Augen wie hineinspritzen. Das Ich kann das hineinspritzen, und es kommt dadurch diese besondere Färbung der Iris zustande.

Aber dasjenige nun, was da ins Auge hineinkommt an Schwefel oder Eisen, das kommt ja in den ganzen Körper hinein, denn es kommt aus dem Blut. Das sind ja nur kleine Blutadern hier im Auge. Wenn also einer hier im Auge Schwefel hineinspritzt, so spritzt er in seine ganze Haut überall Schwefel aus. Und die Folge davon, daß er in seine ganze Haut überall Schwefel ausspritzt, ist, daß er an den Stellen, wo der Schwefel hingespritzt ist, nicht seine natürliche Hautfärbung hat; denn die natürliche Hautfärbung kommt von der Eisenverarbeitung. Wenn also der Mensch sein Eisen nur gering verarbeitet, dafür aber Schwefel ausspritzt, dann bekommt er solche scheckigen Flecken in der Haut, und zugleich kann man das an der Augenfärbung sehen.

Sie sehen also: Gerade wenn man diesen unsichtbaren Menschen, der in jedem Menschen steckt, betrachtet, so kann man auch bis in die Materie hinein, bis in den Stoff hinein den Menschen verstehen. Anthroposophie ist ja nicht so blödsinnig, daß sie nicht den Stoff versteht. Der Materialismus gerade versteht den Stoff nicht. Lesen Sie irgendwo nach über den Albinismus, was können Sie da lesen? Derjenige von Ihnen, der mich gefragt hat, wird ja wahrscheinlich irgendwo etwa gelesen haben: Die Ursache des Albinismus ist unbekannt! – Der Materialismus kommt eben überall zu diesem merkwürdigen Satz: Die Ursache ist unbekannt! – weil er sich überhaupt nicht bekümmert um diejenigen Fälle, wo die Ursachen zu finden sind. Es ist natürlich leicht, zu sagen: Da ist eine rote Pupille. – Ja, aber man muß kennen, was da drinnen eigentlich arbeitet, und was die Geschichte hineinspritzt, denn die Rotfärbung und die Blaßfärbung des Körpers kommt vom Schwefel.

Jetzt aber können Sie verstehen, was wirkliche Wissenschaft ist. Denken Sie sich, Sie kommen irgendwo an eine Stelle auf der Erde hin, da ist etwas gearbeitet; es schaut sich einer das an und sagt: Die Arbeit ist schon da, die Ursache ist unbekannt. – Er kümmert sich nicht darum, was vorher geschehen ist; deshalb konstatiert er: Ursache ist unbekannt. – Daß da also zum Beispiel dreißig Leute gearbeitet haben viele Tage lang, darum kümmert er sich nicht. So macht es die Wissenschaft, wenn sie sagt: Für die Rotfärbung der Pupille und die Bleichfärbung der Haut ist die Ursache unbekannt. – Aber die Ursache liegt eben in dem Ich, das da in der Materie, in dem Stoff arbeitet.

Daraus sehen Sie aber auch wiederum: In der Iris ist ja wirklich etwas von einem getreuen Spiegelbild enthalten von dem, wie der ganze Körper mit Eisen und Schwefel arbeitet. Aber nehmen Sie einmal solch einen Albino, solch einen Kakerlaken; das ist eigentlich eine Art von Krankheit. Es wird zu viel mit Schwefel in dem Körper gearbeitet, aber der Körper gewöhnt sich daran, und es ist das organisiert. Nun aber kann das eintreten, daß das in viel schwächerem Maße in die Augen hineinkommt. Sehen Sie, außer diesem Kakerlaken, von dem ich Ihnen erzählt habe, außer dieser Dame, die sich in der Schaubude ausgestellt hat, habe ich manchen Kakerlaken gesehen. Immer kann man nachweisen, daß bei solchen Kakerlaken etwas ganz Besonderes vorliegt. Man kann sagen: Da ist ein Kakerlak, ein solcher Albino, und er hat diese eigentümliche rötliche Färbung der Iris, blaßrot, hat die dunkelrote Färbung der Pupille, hat den bleichen Körper. Wenn man ihn jetzt weiter prüft, bekommt man aus der Beschaffenheit seines Körpers die Ansicht, daß bei ihm besonders die Verbindung zwischen Herz und Niere eine sehr schwächliche ist. Er ist nicht nur schwach in den Augen, er ist in der Verbindung zwischen Herz und Niere schwach. Die Nieren werden bei einem solchen Menschen sehr mühsam mit Blut versorgt, arbeiten also sehr schwer. Wenn er den Schwefel, den er durch seine ganze Leibesbeschaffenheit in sich trägt, auf die Nieren ablagern würde, dann würde er als Kind schon sterben. Deshalb schiebt er den Schwefel nach der Körperoberfläche ab – die Haut wird weiß, die Augen werden rot –, so daß die Nieren zart arbeiten können. Solche Albinos haben die zartest arbeitenden Nieren zum Beispiel. Es kann das auch bei anderen Menschen auftreten. Wenn aber bei Menschen, die nicht Kakerlaken sind – die meisten sind ja nicht Kakerlaken –, irgendein Fehler bei den Nieren auftritt, ja, muß er sich denn dann nicht auch in der Iris zeigen? Dasjenige, was dort Schwefel und Eisen miteinander machen, drückt sich ja auch hier aus. Man kann also schon aus der Beschaffenheit der menschlichen Iris darauf schließen, ob im menschlichen Körper da oder dort etwas geschädigt ist. Daher kann man an diesem feinen Aussehen der Iris, wenn da oder dort ein Flecken ist, was nicht eigentlich normal ist, sehen: Da ist ein Schaden im Körper. Aber, meine Herren, das müssen Sie bedenken: Der ganze Körper des Menschen ist eine Einheit, und dasjenige, was man in der Iris sieht, würde man auch, wenn man nur gescheit genug wäre, dann sehen, wenn man ein kleines Stückchen der Haut herausschneiden und herausnehmen würde – da würde auch in der Haut etwas auftreten, was nicht normal wäre –, oder selbst wenn man den Nagel der großen Zehe abschneiden würde. Da ist auch eine sehr feine Gliederung, an der man sehen könnte, wenn Leber oder Niere oder Lunge nicht in Ordnung wären, wenn auch wieder ein wenig anders. Also wenn einer besonders gescheit wäre und statt der Irisuntersuchung eine Untersuchung der abgeschnittenen Fingernägel zum Beispiel machen würde – es würde ja viel schwerer sein, weil es nicht so ausgesprochen ist –, so würde er auch da die gesunde oder kranke Beschaffenheit erkennen können. Beim Auge ist es nur auffällig, weil das Auge ein besonders zartes Gebilde ist, und da ist nun wieder das Zarte leicht zu ergreifen. Beim Auge kommt es am stärksten heraus. Aber Sie können ja auch sonst sehen, daß an der Oberfläche des Körpers die Dinge am stärksten herauskommen. Ich habe zum Beispiel selten gesehen, daß einer, wenn er einen besonders feinen Stoff befühlen will oder so irgend etwas, daß er das auf die Schultern legt. Wenn das der Fall wäre, daß das vorteilhafter wäre, würden wir daher schon etwas machen, daß, wenn wir etwas Feines befühlen sollten, wir uns da oben auf der Schulter frei machen könnten und es befühlen könnten. Aber das hilft uns nichts. Wir befühlen es mit den Fingerspitzen. Und an den Fingerspitzen sind wir für das Gefühl von Sachen besonders empfindlich. Da haben Sie ja wieder dieselbe Sache. Wenn das Nervensystem dasjenige wäre, was eigentlich das Gefühl ausmacht, müßte man dort, wo man in der Nähe vom Gehirn ist, am meisten fühlen. Aber wir fühlen ja gar nicht in der Nähe vom Gehirn am meisten, sondern da, wo es vom Gehirn am weitesten weg ist, fühlen wir, gerade in den äußersten Fingerspitzen, weil das Ich am meisten an der Oberfläche des Körpers sitzt. Dasjenige, was der Mensch in seinem Innern als Ich ist, das kann man an der äußersten Oberfläche am besten erkennen. Daher kann man, weil die Augen am allermeisten an der Oberfläche sind, auch da am allermeisten erkennen, weil die Augen zart sind und vom Hirn weg sind.

Sie können sagen: Die Augen sind ja im Schädel und nahe vom Gehirn. – Aber damit sie recht weit weg sind, sind da recht viele Knochen, und da, wo das Auge mit dem Hirn in Verbindung ist, wo der Knochen nicht ist, da wird eben nichts gesehen. Also bei den Fingerspitzen, da ist es durch die Weite des Raumes bedingt, daß sie besonders empfindlich sind; bei den Augen ist es, weil sie am meisten geschützt sind vor dem Gehirn.

Dazu kommt noch etwas anderes, das merkwürdig ist. Wenn Sie irgendein niederes Tier haben, das sein Hirn ausbildet, so bildet es das Hirn so aus, daß das Hirn für das Auge die Höhle frei läßt, und das Auge wächst nicht so heraus aus dem Hirn, sondern es setzt sich da von
Tafel 5 links der Seite an und wächst hinein (es wird gezeichnet). Von außen, nicht vom Hirn heraus wächst das Auge; ins Hirn herein wächst das Auge. Es ist also von außen hineingebildet.

Aus alldem können Sie sehen, daß das, was da an der Oberfläche, sei es in der Haut, sei es im Auge, gebildet wird, mit dem zusammenhängt, wodurch der Mensch eigentlich mit der Außenwelt am meisten in Verbindung steht. Bei einem Menschen, der immer im Bett liegt, der seinen Willen nicht gebrauchen kann für seinen Körper, bei dem kann man nicht gut sagen, daß er sein Ich stark ausbildet. Bei einem Menschen, der viel beweglich ist, wird man schon sagen, daß er sein Ich stark ausdrückt. Und dasjenige, was uns sonst mit der Außenwelt in

Berührung bringt, das ist eben in dem Riechen, Sehen und so weiter, das sind die Sinne. Und das Auge ist eben der zarteste Sinn, der uns mit der Außenwelt in Berührung bringt. So daß man schon sagen kann: Weil da das Ich besonders stark wirkt in diesem feinen Geäder – es ist ja ein furchtbar feines Geäder in dieser Regenbogenhaut oder Iris –, kann man an dieser viel sehen, wie das ganze Ich nach innen arbeitet, ob also der Mensch gesund oder krank ist.

Das ist die ursprüngliche Wahrheit und Erkenntnis, die man über diese Sache haben kann. Aber diese Tatsache, die ich Ihnen jetzt beschrieben habe, gehört auch zu gleicher Zeit zu den allerschwierigsten, denn man muß schon sehr gründlich unterrichtet sein darüber, was so eine kleine Unregelmäßigkeit in der Iris zu bedeuten hat, wenn man daraus auf den gesunden oder kranken Menschen schließen will. Ich will Ihnen ein Beispiel sagen. Sehen Sie, es kann zum Beispiel sein, daß bei irgendeiner Iris da oder dort Pünktchen auftreten, dunkle Pünktchen auftreten. Diese dunklen Pünktchen bedeuten natürlich, daß der Mensch etwas hat, was sonst nicht da ist, wenn diese dunklen Pünktchen in der Iris nicht sind. Aber nehmen Sie an, der Mensch, bei dem diese dunklen Pünktchen auftreten, wäre ein furchtbar dummer Kerl. Dann wird er irgendeine Krankheit haben, auf die diese dunklen Pünktchen hinweisen. Aber bei dem Menschen, bei dem diese dunklen Pünktchen auftreten, kann das auch so sein, daß er in seiner Jugend überanstrengt worden ist mit irgendeinem Lernen, über seine physischen Kräfte hinaus hat lernen müssen. Dann kann er dadurch, daß er gewisse Organe in seiner Jugend zu stark gebraucht hat, eine gewisse schwächere Tätigkeit nach den Augen getrieben haben, und dann können diese kleinen Eisenablagerungen, diese ganz feinen Eisenablagerungen durch eine Überanstrengung in der Kindheit auftreten. Sie können also auftreten durch eine Krankheit im späteren Leben, sie können aber auch auftreten durch eine Überanstrengung in der Kindheit. Die meisten Menschen denken: wenn ich da schwarze Pünktchen sehe in der Iris, dann muß das oder jenes im Körper sein. – Es kommt aber darauf an, daß man nicht nur das gegenwärtige Leben des betreffenden Menschen weiß, sondern gerade dann, wenn man so etwas auf die Krankheitsursachen hin erkennen will, so muß man das ganze Leben des Menschen mit ihm durchgehen; man muß ihn erinnern lassen, was er da oder dort in der Kindheit schon getan hat. Es kann also dasjenige, was man in der Iris sieht, auf mancherlei deuten. Und gerade von so etwas auf etwas zu schließen, das gehört zu dem allerkompliziertesten Wissen.

Daher ist es so empörend, daß heute allerlei Büchelchen geschrieben werden; die Dinge, die da geschrieben werden, sind meist sehr kurz und heißen: Über Augendiagnose. Da kriegt man eine Anleitung auf fünfzig Seiten, wie man die Iris untersuchen soll. So, nicht wahr: Da ist
Tafel 5 rechts unten die Iriseinteilung, da ist die Pupille, ganz schematisch gezeichnet, dann ist da die Krankheit angegeben; Milzkrankheit steht dann da; Lungenkrankheit, Syphilis und so weiter. Nun braucht ja der betreffende Augendiagnostiker, der das kennt, was so aufgezeichnet wird, wenn er mit einem mäßigen Vergrößerungsglas die Iris ansieht, dann nur an sein Büchelchen zu gehen; und wenn er das bemerkt, was gerade dort eingezeichnet ist wo Lungenkrankheit steht, so konstatiert er: Lungenkrankheit! Und so machen es heute zahlreiche Augendiagnostiker nach einem Studium von einer Stunde. Das übrige überlassen sie dann dem Büchelchen, das sie haben; sie machen eben die Diagnose. Ja, meine Herren, das ist aber empörend. Denn dasjenige, was am allerschwersten ist, will da auf die allerleichteste Weise erlernt werden. Dadurch kommt nicht etwas zustande, was etwas Wertvolles ist, sondern im Gegenteil, dadurch kommt zustande eine Schädigung des ganzen medizinischen Wesens. Und man muß schon unterscheiden, ob irgend jemand etwas Ernsthaftiges will im medizinischen Wesen, oder ob einer bloß Geld verdienen will.

Natürlich, die Leute sind heute aufgebracht über die Wissenschaft; mit Recht, weil die Wissenschaft nach dem Beispiel mit dem Sehnerv, von dem ich Ihnen erzählt habe, eigentlich nicht auf das achtet, was der Mensch wirklich ist, sondern den Unrat des Menschen am meisten schätzt, den Unrat im Auge zum Beispiel, der der Sehnerv ist. Das wissen ja natürlich die Leute nicht, aber sie fühlen es und werden empört über die Wissenschaft. Diese Empörung kann man begreifen. Aber was da von dem Augendiagnostiker meistens gemacht wird, das ist nicht besser als die Wissenschaft, sondern meistens viel schlechter. Die Wissenschaft hält ahnungslos, weil sie heute durch den Materialismus nicht anders kann, Dreck für die edelsten Bestandteile des Menschen. Natürlich ist der Dreck auch sehr notwendig, denn wenn er im Körper bleiben würde, würde er den Körper sehr bald töten; also ist er notwendig. Aber die Wissenschaft hält den Dreck für das Wertvollste des Menschen! Aber damit ist sie doch auf dem Wege des Guten und will nicht bloß Geld verdienen. Sie ist nur mit Blindheit geschlagen. Sie hat eben einen sehr großen blinden Fleck in ihrer Erkenntnis; aber bei alledem muß man den guten Willen anerkennen. Aber da, bei solchen Augendiagnostikbüchelchen, kann man nicht mehr vom guten Willen sprechen, sondern nur noch von der Sucht, Geld zu verdienen. Deshalb müssen Sie schon bei all diesen Sachen sich immer sagen: Es kann irgendeiner Bestrebung eine gute Wahrheit zugrunde liegen, aber gerade die besten Wahrheiten, meine Herren, werden von der Welt am meisten mißbraucht. Sehen Sie, es ist wirklich wunderbar, daß in dieser kleinen Iris sich tatsächlich der gesunde und kranke Mensch ganz spiegelt. Aber auf der andern Seite ist deshalb, weil sich der gesunde und kranke Mensch ganz spiegelt, auch die Iris in ihrem Bestand am schwersten zu erkennen, und man muß schon sagen: Wer, ohne den ganzen Menschen zu erkennen, ohne wirklich etwas zu wissen vom ganzen Menschen, Augendiagnose treibt, der treibt Unfug.

Und den ganzen Menschen erkennen, was heißt denn das? Sehen Sie, wir haben gelernt, wie der Mensch besteht aus seinem physischen Leib, dem Ätherleib, dem Astralleib und dem Ich. Man muß also nicht nur etwas wissen vom physischen Menschen, sondern man muß, gerade wenn man Augendiagnose treibt, etwas vom geistigen Menschen wissen. Nicht wahr, die gewöhnliche Anatomie, die nur an den Leichnam geht, kann unter Umständen ausreichen mit dem, was sie bietet, kann eigentlich verhältnismäßig noch ganz Gutes bieten; wenn sie auch nicht weiß, daß der Augennerv der Dreck des Auges ist, so findet sie wenigstens den Augennerv. Aber der Augendiagnostiker, der hat ja meistens keine Ahnung davon, wie der Nerv verläuft, sondern er hat sein Büchelchen von fünfzig Seiten und die Einteilung der Iris und diagnostiziert darauflos, untersucht nicht den Menschen. Jetzt braucht er natürlich dann noch irgendein Büchelchen, wiederum von fünfzig Seiten. Da steht die Rubrik «Lungenkrankheit» und das Heilmittel dazu. Aber die Lungenkrankheit ist etwas, was von vielerlei Ursachen kommen kann. Damit, daß man weiß, die Lunge ist affiziert, damit hat man noch nicht viel erreicht. Die Lunge kann affiziert sein von der Verdauung aus. Man muß wissen, woher es kommt. Lungenkrank sind viele Menschen. Bei vielen hat die Lungenkrankheit die verschiedensten Ursachen. Das ist gerade dasjenige, wo man ungeheuer vorsichtig sein muß, weil da, wo die schönsten Sachen vorliegen, am meisten Unfug vorliegt. Wieviel habe ich Ihnen in diesen Stunden davon erzählt, daß der Mensch nicht bloß von der Erde abhängt, sondern von dem ganzen Sternenhimmel. Aber das ist es auch gerade, was die allerkomplizierteste Einsicht erfordert. Damit darf man keinen Unfug treiben. Der Schwindel und Unfug wird ja heute von den verschiedenen Astrologen, die in der Welt sind, im Großen getrieben. Es ist etwas Ähnliches mit der Augendiagnostik wie mit der Astrologie. Da hat man auch in der Astrologie etwas sehr Edles, Großartiges zugrunde liegen; aber bei denen, die heute Astrologie treiben, liegt nichts sehr Edles zugrunde. Bei denen liegt meistens die Spekulation auf die Geldbörse ihrer Mitmenschen zugrunde.

Und so können Sie den Zusammenhang begreifen, meine Herren: Auf der einen Seite sind die Erscheinungen, die die ganze Oberfläche des Menschen schon äußerlich verändern. Der Mensch bekommt bleiche Stellen, während er sonst dunkler ist auf der Haut; er bekommt anders gefärbte Augen, er ist ein Albino. Da wird eine gewisse Tätigkeit an die Oberfläche getrieben, abgelenkt von den inneren Organen. Wenn aber der Mensch kein Kakerlak ist, kein Albino, dann sind dieselben Dinge, das äußere Aussehen des Auges, in der Regenbogenhaut vorhanden; aber die feinere Struktur, die feinere Gliederung weist dann auf das Innere hin. Der Albino ist nicht dadurch ein ganz kranker Mensch, daß er Albino ist, sondern er ist nur mit einer Krankheitsanlage behaftet dadurch, daß er eben schon von Jugend auf das hat und sich nachher die körperliche Einrichtung daran gewöhnt.

Sehen Sie, es ist gar nicht gut, den Albino auch Leukopath zu nennen. Dadurch wird schon hingewiesen darauf, weil Leukozyten zum Beispiel gewisse Körper im Blute sind, daß das Blut solcher Menschen anders beschaffen ist. Man kennt die Ursache nicht. Wenn aber das Blut an der Oberfläche bleicher wird, so tritt nicht die allgemeine Bleichsucht ein, sondern es tritt an der Oberfläche das Bleicherwerden der Haut ein. Das ist der Unterschied zwischen der Krankheit der Bleichsucht, wo einfach das Blut im Innern bleicher wird, und der Leukopathie oder dem Albinismus, bei dem das Blut mehr an die Oberfläche gedrängt wird. Das ist also so, daß bei Bleichsüchtigen eine Tätigkeit im Innern nicht in Ordnung ist. Das Ich ist mehr an der Oberfläche tätig, der Astralleib mehr im Innern. Daher sind alle Körper, mit denen man sieht und hört, mehr an die Oberfläche gedrängt. Die braucht man zum Ich. Die Leber brauchen Sie im Innern. Und wenn Sie alles so stark fühlen würden, wie das Ihre Leber tut, dann würden Sie fortwährend nur Ihr Inneres beobachten und sagen: Aha, jetzt habe ich eben in meinen Magen hinein ein bißchen Kohlsuppe gekriegt, die Magenwände fangen an, das aufzusaugen. Das ist so wie ein Ausstrahlen, sehr interessant. Jetzt geht das durch den Magenpförtner in den Dünndarm hinein; jetzt geht es da in die Zotten, die an den Darmwänden sind. – Sie würden das alles beobachten, und das alles, das wäre sehr interessant; aber Sie hätten gar keine Zeit, die Außenwelt zu beobachten! Es ist sehr interessant und reichlich zu beobachten und in manchen Dingen viel schöner als die Außenwelt, aber der Mensch ist eben recht davon abgelenkt. Also im allgemeinen kommt das da drinnen nicht zum Bewußtsein; das, was an der Oberfläche liegt, kommt zum Bewußtsein. Wenn also jemand das Eisen nicht recht verarbeitet in seinem Innern, wo gerade der astralische Mensch mehr tätig ist, wird er bleichsüchtig. Wenn er das Eisen außen nicht richtig verarbeitet, sondern auflöst, wie ich es Ihnen beschrieben habe, dann wird er ein Albino – das ist sehr selten –, bekommt er Leukopathie.

Sie sehen also, dasjenige, was ich da von Ihnen gefragt worden bin, hängt damit zusammen: Der Albinismus kommt von einer unregelmäßigen Schwefel- oder Eisenverarbeitung durch das Ich. Die Bleichsucht kommt von einer unregelmäßigen Eisenverarbeitung durch Ihren astralischen Leib und schlägt sich mehr nach dem Innern des Blutes. So kann man, wenn man den Menschen nur richtig versteht in dem, was da vorgeht in seinem Innern, auch hinschauen darauf, welcher übersinnliche Teil des Menschen eigentlich dabei beschäftigt ist. Wer den physischen Menschen ordentlich versteht, versteht auch den überphysischen, den übersinnlichen Menschen. Aber beim Materialismus ist gerade das der Fall: Er versteht den übersinnlichen Menschen gar nicht, und er versteht daher auch nicht den physischen Menschen.

Ob ich am nächsten Mittwoch schon zurück sein werde, werde ich Ihnen dann sagen lassen. Vielleicht hat dann bis zur nächsten Stunde wieder jemand eine Frage, so daß durch diese Frage wieder eine ähnliche Besprechung zustande kommen kann.

FÜNFTER VORTRAG

Dornach, 9. Februar 1924

Meine Herren, ich möchte heute noch einiges sagen, was Ihnen zur Aufklärung über verschiedenes dienen kann, was wir schon durchgenommen haben, und dann bereiten Sie sich für das nächste Mal wiederum Fragen vor, die Ihnen aufgestoßen sind. Heute möchte ich gern einiges zu Ihnen sprechen, das Sie noch einmal darauf aufmerksam machen kann, wie die Erde, die ja, wie Sie wissen, ein kugeliger Körper im Weltenall ist, mit der ganzen Welt zusammenhängt. Wollen wir das heute einmal an den Flüssen und an den Meeren betrachten.

Sie wissen ja, daß die Erde nur zum Teil festes Land zeigt nach außen; zum größten Teil ist sie eine Wasserkugel, die im Weltenall sich bewegt, eine Wasserkugel, ein Meer. Und von den Flüssen kann man im allgemeinen sagen, daß sie irgendwo auf der Erde ihren Ursprung haben, entspringen, wie man sagt, und daß sie dann zum Meere hin verlaufen. Nehmen wir zum Beispiel die Donau. Sie wissen, die Donau entspringt im Schwarzwald. Oder nehmen Sie den Rhein. Sie wissen, der entspringt in den südlichen Alpen. Die Donau fließt dann durch verschiedene Täler in das Schwarze Meer. Der Rhein fließt durch verschiedene Täler in die Nordsee. Nun, gewöhnlich betrachtet man, wenn man Flüsse und Meere betrachtet, eben nur diesen Lauf und die Mündung ins Meer. Man erfreut sich an den Flüssen. Man denkt dabei nicht, welche große Bedeutung die Flüsse zusammen mit dem Meere eigentlich für das ganze Leben der Erde haben.

Beim Menschen weiß man gewöhnlich schon mehr über das zu sagen, was in ihm flüssig ist. Ich habe Ihnen ja gesagt, der Mensch ist zum größten Teil auch eine Flüssigkeitsmasse. Und Sie wissen ja, daß in einer gewissen Art von Flüssigkeit eben in den Adern das Blut fließt. Man weiß auch, daß diese Tatsache, daß das Blut fließt, die denkbar größte Bedeutung für das Leben hat. Das Blut bildet das Leben, erhält das Leben. Wir sind als physische Menschen ja ganz und gar darauf angewiesen, daß dieses Blut in der richtigen Weise durch den Körper fließt, und zwar, daß es ganz bestimmte Wege macht. Würde es sich aus diesen Wegen verirren, so würden wir ja auch nicht leben können. Daß das Wasser, so wie es in Flüssen und im Meere angeordnet ist, eine ebenso große Bedeutung für die Erde hat, das beachtet man gewöhnlich nicht. Man beachtet gewöhnlich nicht, daß das Wasser eigentlich die Blutzirkulation der Erde bildet. Warum beachtet man das gewöhnlich nicht?

Ja, sehen Sie, beim Blute fällt es einem auf; es ist rot, es enthält allerlei Stoffe, und dadurch sagt man sich: Das Blut ist eben etwas Besonderes. Beim Wasser glaubt man eben einfach: Nun ja, das ist eben Wasser! Es fällt weniger auf; und die Stoffe, die es außer dem Wasserstoff und Sauerstoff, die ja im Wasser sind, noch enthält, sind nicht in so großer Menge, wie zum Beispiel das Eisen im Blute, vorhanden. Daher beachtet man die Sache wieder nicht. Aber dennoch ist es wahr, daß der ganze Wasserkreislauf eine ungeheure Bedeutung für das ganze Leben der Erde hat. Und ebensowenig, wie der menschliche Organismus leben könnte, wenn er nicht die Blutzirkulation, den Blutkreislauf hätte, ebensowenig könnte die Erde leben, wenn sie nicht den Wasserkreislauf hätte.

Dieser Wasserkreislauf zeichnet sich dadurch aus, daß er da, wo er beginnt, von etwas ganz anderem ausgeht als dasjenige ist, in das er dann kommt, wenn er ins Meer mündet. Sehen Sie, wenn Sie die Flüsse verfolgen, so finden Sie: Diese Flüsse sind nicht salzhaltig, es ist süßes Wasser. Süßwasser ist in den Flüssen. Das Meer ist salzhaltig. Und alles dasjenige, was das Meer zeitigt, gründet sich auf diese Salzhaltigkeit des Meeres. Das ist von außerordentlicher Wichtigkeit: Das Wasser beginnt auf der Erde zu zirkulieren, zu kreisen in süßem, salzfreiem Zustande und endet im Meere mit dem Salzzustand.

Gewöhnlich verfolgt man die Sache in der Weise, daß man sagt: Nun ja, solch ein Fluß wie der Rhein, der entspringt irgendwo, fließt dann
Tafel 6 so weiter (siehe Zeichnung) und fließt dann ins Meer. – Das ist eben dasjenige, was man äußerlich sieht. Aber was man nicht beachtet, das ist, daß der Fluß, der Rhein zum Beispiel, ja allerdings äußerlich so fließt, aber während dieser Fluß äußerlich in seinem Wasser von den Südalpen zu der Nordsee hinfließt, geht wiederum unter der Erde eine Art Kraftströmung zurück von der Mündung bis zum Ursprung. Die

geht zurück. Und dasjenige, was *da* geschieht (oberirdisch), das ist das, daß der Fluß süß ist, salzfrei ist. Dasjenige, was *da* (unter der Erde) zurückgeht, trägt in die Erde immer in der Richtung des Flusses das Salz hinein, so daß die Erde Salze in sich kriegt, die eigentlich aus dem Meere kommen. Wir haben also gewissermaßen unter der Erde, von der Mündung eines Flusses bis zum Ursprung zurückgehend, eine Salzströmung. Und die Erde hätte kein Salz, wenn nicht von der Mündung der Flüsse bis zum Ursprung unter der Erde die Salzströmung wieder zurückgehen würde. Daher wird die sogenannte Geologie, die ja die Erde im Innern untersucht, immer darauf aufmerksam sein müssen, wie da, wo Flußbette sind, etwas tiefer in der Erde drinnen Salzablagerungen sind.

Tafel 6

Aber, meine Herren, wenn keine Salzablagerungen in der Erde wären, könnten in der Erde drinnen keine Pflanzenwurzeln wachsen, denn die Pflanzenwurzeln wachsen in der Erde eben nur dadurch, daß sie das Salz der Erde gewissermaßen zur Nahrung kriegen. Die Pflanze ist unten in der Wurzel am meisten salzhaltig, oben wird sie immer weniger salzhaltig, und die Blüte hat wenig Salz. So daß man also fragen kann: Woher kommt es, daß unser Erdboden Pflanzen hervorbringen kann?

Das kommt ja davon her, daß er einen Wasserkreislauf hat, daß geradeso wie bei uns Menschen vom Herzen aus die Blutadern und wiederum zurück die Venen gehen, die das blaue Blut zum Herzen zurückführen, so auf der Erde die Adern der Gewässer nach der einen Seite hingehen, und unter der Erde die Salzadern zurückgehen. So daß da auch eine richtige Zirkulation, ein richtiger Kreislauf ist.

Warum ist es denn überhaupt so, daß die Erde gewissermaßen auf der einen Seite aus einem wässerigen Salzkörper besteht, aus dem festen Land auf der anderen Seite, und dann aus den süßen Gewässern, aus den Flüssen, die die Länder durchziehen, und daß fortwährend auf diese Weise Salz vom Meere hineingeschoben wird? Ja, sehen Sie, wenn man nun das eigentliche Salzwasser, das sehr salzhaltige Meerwasser untersucht, da kommt man darauf, daß dieses salzhaltige Meerwasser wenig mit dem Weltenraum in Beziehung steht. Geradeso wie bei uns zum Beispiel der Magen wenig mit der Außenwelt in Beziehung steht, nur durch das, was er hereinbekommt, ebenso steht das Innere des Meeres wenig in Beziehung mit dem Himmelsraume. Dagegen steht für die Erde in ganz großer Beziehung mit dem Himmelsraume alles das, was Land ist, wo die Gewässer durchfließen, wo durch die Ablagerungen von Salz Pflanzen hervorgebracht werden, aber namentlich, wo die Gewässer durchfließen.

Wenn wir die Sache so anschauen, meine Herren, dann gehen wir noch ganz anders zu den Quellen im Gebirge! Wir erfreuen uns daran, daß die Quellen rieseln, schön fließen, daß sie so wunderbar reinliches Wasser haben und so weiter. Aber das ist nicht das einzige! Die Quellen sind nämlich die Augen der Erde. Mit dem Meere sieht die Erde nicht hinaus in den Weltenraum, weil das Meer salzig ist, und das macht, daß das innerlich nur so ist, wie unser Magen innerlich ist. Die Quellen, die süßes Wasser haben, sind frei für den Weltenraum und sind wie unsere Augen, die sich auch hinaus ins Freie öffnen. So daß wir sagen können: Da auf den Ländern, wo Quellen sind, da schaut die Erde weit in den Weltenraum hinaus, da sind die Sinnesorgane der Erde, während der Körper der Erde, mehr die Eingeweide der Erde, im salzigen Meer sind. Es ist natürlich anders als beim menschlichen Körper; es sind nicht solche abgeschlossenen Organe, nicht solche Organe, die man ganz aufzeichnen kann. Man könnte sie auch aufzeichnen, aber sie sind nicht so sichtbar. Aber die Erde hat ihre Eingeweide im Meere und hat ihre Sinnesorgane in den Ländern. Und alles das, wodurch die Erde in Verbindung steht mit dem Weltenraum, alles das kommt vom süßen Wasser. Alles dasjenige, wodurch die Erde ihre Eingeweide hat, kommt vom salzigen Wasser.

Nun will ich Ihnen einen Beweis liefern davon, daß das so ist. Sehen Sie, ich habe Ihnen einmal gesagt: Mit dem Himmelsraum steht auch die Fortpflanzung des Menschen und der Tiere in Verbindung. Ich sagte Ihnen: Das hängt nicht allein davon ab, daß das Ei, der Keim im mütterlichen Leibe, sich nur in diesem mütterlichen Leibe ausbildet, sondern da wirken die Kräfte vom Weltenall herein, und dadurch, daß die Kräfte vom Weltenall hereinwirken, entsteht eben gerade erst das Ei in seiner Rundung. Wie wir außen rund sehen die Bewegung des Weltenalls, so ist dieses kleine Eichen ein Abbild des Weltenalls, weil die Kräfte von allen Seiten wirken. Also da, wo die Fortpflanzung wirkt, da wirkt eigentlich das Himmlische auf die Erde. Ebenso sehen Sie beim Auge: das ist eine Kugel. Das habe ich beschrieben neulich. Es ist auch vom Weltenall hereingebildet. Sinnesorgane und Auge sind vom Weltenall hereingebildet. Wenn Sie die Milz ansehen, so ist die nicht kugelig, sondern sie ist mehr von der Erde, von den irdischen Kräften gebildet, von den Eingeweidekräften der Erde. Das ist eben der Unterschied.

Von solchen Dingen kriegt man, wenn man nur aufmerksam ist auf die Sachen, ich möchte sagen, Beweise. Ich sagte, ich werde Ihnen nachher von dem, was Meer und Land ist, einen Beweis liefern. Jetzt will ich etwas einschieben. Ich habe Ihnen schon erzählt: Wir haben vor einiger Zeit in unserem biologischen Laboratorium Versuche gemacht über die Bedeutung der Milz. Die Milz hat ja die Bedeutung, wenn wir nicht regelmäßig essen können – wir essen alle mehr oder weniger unregelmäßig –, das alles wieder auszugleichen; sie ist der Regulator. Dafür haben wir den Beweis erbracht in unserem biologischen Laboratorium. Es gibt ja ein kleines Büchelchen von Frau *Kolisko,* das alles das beschreibt. Während dieser Versuche waren wir auch genötigt – weil das ja die heutige Wissenschaft verlangt –, nachzuweisen, einen handgreiflichen Beweis, einen sichtbaren Beweis zu liefern. Das wird nicht mehr nötig sein, wenn die Wissenschaft einmal an übersinnliche Beweise glauben wird, aber heute ist es noch nötig. Da haben wir ein Kaninchen genommen, dem Kaninchen natürlich sonst nicht wehgetan – man kann das schon mit aller Vorsicht machen –, die Milz herausgenommen und es weiterleben lassen. Es ging ganz gut. Das Kaninchen würde an der Milzoperation nicht gestorben sein, sondern es hat sich durch eine Ungeschicklichkeit einmal erkältet und ist so zugrunde gegangen. Dann haben wir es seziert und waren natürlich sehr gespannt darauf, wie die Geschichte nun ist mit der Milz, die man herausgenommen hatte. Was muß man von der Geisteswissenschaft aus sagen? Was bleibt denn noch übrig, wenn man die physische Milz herausschneidet? Nun, nicht wahr, wenn die Milz da ist (siehe Zeichnung), und

Tafel 6 rechts

man schneidet sie heraus, tut sie weg, so bleibt an der Stelle noch der Ätherleib der Milz übrig und der Astralleib und so weiter. Die Milz ist von der Erde aus gebildet, und daher hat sie ihre Form. Nimmt man jetzt die physische Milz heraus, und es ist nur die ätherische Milz darinnen, wie es bei dem Kaninchen der Fall war, was muß denn da geschehen? Ja, meine Herren, da muß das geschehen: Während die physische Milz von der Erde abhängig ist, zu der Erde neigt, muß die ätherische Milz, die ganz freigeworden ist, nicht mehr von der physischen Milz beschwert ist, jetzt wieder unter den Himmelseinfluß kommen. Und man muß voraussetzen, daß da etwas entsteht wie ein Abbild des Himmels. Und siehe da, als wir das Kaninchen sezierten, war da drinnen ein kleiner runder Körper, aus feinem weißen Gewebe gebildet! Also die Sache hat vollständig gestimmt. Es ist das eingetreten, was eintreten muß nach den Voraussetzungen der Geisteswissenschaft. Es ist da ein kleiner, nußgroßer Gewebekörper entstanden in verhältnismäßig kurzer Zeit. Sie sehen also, man braucht nur an die Sache richtig heranzutreten, dann findet man überall die Beweise für dasjenige, was die Geisteswissenschaft sagen muß. Aus dem können Sie entnehmen, daß eben wirklich im Physischen dasjenige eintritt, was man geistig erkunden kann, herausbekommen kann dadurch, daß man die Geschichte in der richtigen Weise verfolgt.

Nun, ebenso, wie hier der weiße Körper sich gebildet hat durch den umgebenden Einfluß, so bildet sich im Eikeim eben zunächst kugelig die Menschen-, die tierische Anlage und so weiter durch den Himmelseinfluß herein.

Wenn wir dieses nun wissen, so müssen wir sagen, die Fische sind in einer besonderen Lage, denn die kommen eigentlich niemals ans Land. Sie können ja am Land höchstens ein bißchen schnappen, aber sie können nicht auf dem Land leben, sie müssen im Meere leben. Dadurch sind auch die Fische ganz besonders eingerichtet; sie kommen nicht dahin, wo die Erde sich dem Weltenlauf öffnet. Daher kommen die Fische sehr schwer dazu, ihre Sinne auszubilden und namentlich ihre Fortpflanzungsorgane auszubilden. Denn das hängt vom Weltenraum ab, daß sie drinnen sein können. Die Fische müssen daher das wenige, was vom Licht und von der Wärme aus dem Weltenall ins Meer hineinfällt, sorgfältig benützen, damit sie sich fortpflanzen und Sinnesorgane haben können. Aber die Natur sorgt ja für vieles; Sie können es sehen bei den sogenannten Goldfischchen. Die benützen ihre ganze Haut, um unter den Einfluß des Lichtes zu kommen; daher werden sie so golden. Die Fische benützen jede Gelegenheit, um das aufzuschnappen, was vom Weltenall ins Wasser fällt. Und sie müssen ihre eigenen Eier überall da ablegen, wo Licht noch etwas hineinkann, damit von außen diese Eier bebrütet werden. Also die Fische sind sozusagen darauf eingerichtet, unter dem Wasser zu leben; sie kommen nicht aus dem Wasser heraus. Aber das, was ich sage, das bezieht sich ja nicht so sehr auf die Süßwasserfische – das süße Wasser ist schon wiederum für das Weltenall durchgängig –, das bezieht sich mehr auf die Meeresfische. Die Meeresfische aber zeigen überall, daß sie darauf eingerichtet sind, ja alles, was noch ins Salzwasser kommt vom Weltenall, zu benützen, um die Fortpflanzung zu haben.

Eine ganz merkwürdige Ausnahme aber macht der Lachs. Der Lachs hat nämlich eine sonderbare Organisation. Der Lachs muß im Meere leben, damit er ordentliche Muskeln kriegt. Damit er sich für seine Muskeln ordentlich ernähren kann, dazu braucht er Erdenkräfte. Die sind vorzugsweise im Salz des Meeres. Er muß im Meeressalz leben, damit er seine starken Muskeln bekommt. Aber wenn der Lachs nun im Meere lebt, dann kann er sich nicht fortpflanzen, weil er so eingerichtet ist, daß er durch das Meerwasser ganz abgeschlossen wird vom Weltenall; und die Lachse wären längst ausgestorben, wenn sie sich im Meere fortpflanzen sollten. Die Lachse sind Ausnahmen. Während sie sich stark machen im Meere – sie bekommen da ihre Muskeln –, sind die Lachse erstens ziemlich blind, und zweitens können sie sich nicht fortpflanzen. Ihre Fortpflanzungsorgane und ihre Sinnesorgane werden schwach, sie sind stumpf. Die Lachse im Meer aber werden dick. Nun, damit der Lachs nicht ausstirbt – wir können das sehen an den Lachsen hier in der Nordsee und gegen das Atlantische Meer zu –, wandert der Lachs jedes Jahr in den Rhein herein. Daher heißt er auch Rhein-Lachs. Aber der Rhein macht den Lachs mager; er verliert wieder seine Muskeln. Das, was er im salzigen Meer an Dicke gewonnen hat, das verliert er im Rhein. Der Lachs wird ganz schlank; und seine Sinnesorgane und namentlich seine Fortpflanzungsorgane, beim Männchen und Weibchen, bilden sich kolossal aus, und der Lachs kann sich im Rhein fortpflanzen. So muß der Lachs also jedes Jahr vom salzigen Meer nach dem süßen Rhein wandern, damit er sich fortpflanzen kann. Er muß da sogar mager werden, weil das süße Wasser nicht beitragen kann zu seiner Muskelbildung. Dann wandert, wenn die Alten noch leben und die Jungen da sind, wiederum alles zum Meere, um aus der Schlankheit in die Dicke zu kommen.

Sie sehen, meine Herren, die Sache stimmt vollkommen. Man kann sagen, da wo die Erde salzig ist, da wirkt sie mit den Erdenkräften. Sie wirkt auf diejenigen Organe, die von der Erde aus gebildet sind. Unsere eigenen Muskeln werden von der Erde aus gebildet, wenn wir uns mit der Schwerkraft bewegen. Schwerkraft ist die Erdenkraft. Auf alles

Muskulöse wirkt die Erde, auf alles Knochige wirkt die Erde. Die Erde teilt uns ihr Salz mit, und wir kriegen starke Knochen, starke Muskeln. Mit diesem Salzabgang der Erde könnten wir aber gar nichts machen für die Sinnes- und Fortpflanzungsorgane; die würden dabei verkümmern. Die müssen immer unter den Einfluß der außerirdischen Kräfte, der Himmelskräfte kommen. Und der Lachs zeigt das, welchen Unterschied er macht zwischen Salz- und Süßwasser. Er geht ins Salzwasser, um dick zu werden, nimmt die Erdenkräfte auf, und um fortpflanzungsfähig zu werden, geht er ins Süßwasser, nimmt die Himmelskräfte auf.

So kann man sagen: Die Erde hat auch in bezug auf die Tiere eine Art Kreislauf, wie zum Beispiel in bezug auf den Lachs. Es treibt den Lachs abwechselnd ins Meer und in den Fluß. Da geht er also hin und geht zurück, hin und zurück. Die ganze Lachsgesellschaft geht hin und zurück. An dem Lachs sieht man so recht, wie alles im Leben in Bewegung ist auf der Erde.

Wenn man in dieser Weise das am Lachs kennenlernt, dann hat man ja auch ein Bild von noch etwas anderem, was uns immer vor Augen ist, und was ein so wunderbares Schauspiel ist: die Zugvögel. Die ziehen nur in der Luft herum, hin und her; der Lachs zieht im Wasser hin und her. Die Lachszüge sind im Wasser geradeso wie die Vogelzüge in der Luft, nur daß der Lachs hin und her geht zwischen Salzwasser und Süßwasser, und die Vögel in der Luft hin und her gehen zwischen kälteren Partien und wärmeren Partien, die sie brauchen. Wer die Lachszüge versteht, hat auch ein Bild von den Vogelzügen. Und man kann sagen: All das hängt damit zusammen, daß auch die Vögel, um in die rechten Wärme-Erdenkräfte zu kommen, nach Süden ziehen müssen; da bilden sie mehr ihre Muskulatur aus. Um Himmelskräfte zu haben, da müssen sie mehr in die reinere Luft des Nordens kommen; da bilden sie ihre Fortpflanzungsorgane aus. Diese Tiere brauchen die ganze Erde. Nur die höheren Tiere, die Säugetiere, und der Mensch, die sind mehr von der Erde unabhängig geworden, haben sich mehr emanzipiert von der Erde, sind in ihrer ganzen Organisation mehr unabhängig geworden.

Aber das scheint uns auch nur so. Sehen Sie, wir Menschen sind eigentlich immer zwei Menschen. Wir sind ja noch mehr Menschen; ich habe Ihnen gesagt: physischer Mensch, ätherischer Mensch und so weiter. Aber schon im physischen Menschen sind wir nämlich zwei Menschen: ein rechter und ein linker Mensch. Die rechte Körperhälfte ist ja von der linken kolossal verschieden. Ich glaube, die wenigsten von Ihnen, die hier sitzen, werden mit der linken Hand schreiben können; wir schreiben mit der rechten Hand. Aber der Teil, der zum Beispiel mit der Sprache zusammenhängt beim Nervensystem, der sitzt in der linken Gehirnhälfte. Da sind starke Windungen; an derselben Stelle rechts nicht. Nur beim Linkshänder ist es umgekehrt. Diejenigen, die Linkshänder sind, die haben rechts ihre Sprachorganisation – aber nicht das Äußere, sondern nur das Innere, das die Sprache anregt. Sehen Sie, meine Herren, da kann man sagen: Der Mensch ist links und rechts kolossal verschieden. Aber auch sonst ist dies der Fall. Das Herz ist mehr nach links geschoben, links ist der Magen, rechts ist die Leber. Aber auch diejenigen Organe, die sonst symmetrisch sind, sind es in Wirklichkeit nicht ganz. Unsere Lunge hat links zwei Lappen, rechts drei. Also der rechte Mensch ist vom linken Menschen sehr verschieden. Woher kommt denn das? Nun, gehen wir von etwas sehr Einfachem aus. Links lernen wir also für gewöhnlich nicht schreiben; rechts lernen wir schreiben. Das ist eine Tätigkeit, die mehr vom Ätherleib abhängt. Der physische Leib ist mehr schwer, ist links mehr ausgebildet, rechts ist der Ätherleib mehr ausgebildet. Der linke Mensch bildet zwei Lappen; der rechte, mehr tätig, der bringt mehr Leben in die Lunge hinein, bildet drei Lappen in der Lunge aus. Es ist so beim Menschen, daß er links mehr physischer Mensch ist, rechts mehr ätherischer Mensch ist. Und so ist es auch mit der Sprache. Die Ernährung im Gehirn ist bei Rechtshändern links mehr notwendig als rechts. Und so ist alles mögliche eingerichtet beim Menschen, daß der Mensch links mehr die Erdenkräfte enthält und rechts mehr die ätherischen Himmelskräfte.

Sehen Sie, meine Herren, unsere jetzige Wissenschaft, die nur auf die Materie sehen will und dadurch gerade vom Materiellen nicht viel weiß, kultiviert in der Erziehung der Kinder ja den Unfug, daß die Kinder links und rechts in gleicher Weise alles lernen. Ja, darauf ist der Mensch gar nicht eingerichtet! Wenn man das übertreibt, so werden die Menschen nämlich halb verrückt erzogen, weil der menschliche Körper darauf eingerichtet ist, daß er links mehr physisch und rechts mehr ätherisch ist. Aber was kümmert sich die heutige Wissenschaft viel um physisch und ätherisch! Für sie ist ja alles beides gleich, linker Mensch, rechter Mensch. Diese Dinge muß man schon mit der Geisteswissenschaft durchdringen können, wenn man sie überhaupt irgendwie verstehen will. Also links ist der Mensch mehr irdisch, rechts, man kann sagen, wenn das Wort nicht mißverstanden wird, mehr himmlisch, kosmisch.

Nun, der Mensch hat sich schon stark von der Erde emanzipiert. Er bildet, wie ich es Ihnen gesagt habe, dieses linke Irdische, dieses rechte Himmlische so aus, daß er das herumtragen kann als physischer Mensch, und man auch nicht mehr recht merkt, daß er links der Erde zuneigt und rechts dem Himmel zuneigt. Aber es gibt Menschen, die mehr die Neigung haben, nach der Erde sich hinzuneigen; die schlafen eigentlich meist auf der linken Seite, legen sich auf die linke Seite. Auf die rechte Seite legen sich die Menschen entweder, wenn sie auf der linken ermüdet sind, oder wenn sie sich mehr beschäftigen mit Kräften, die sich mehr dem Himmlischen zuneigen. Solche Sachen sind natürlich schwer zu beobachten, weil da noch allerlei anderes in Betracht kommt. Es braucht ja nur, wenn sich der Mensch auf die rechte Seite legt, das die finstere Seite des Zimmers zu sein; so hat er auch einen Grund. Durch Gedanken, durch andere Dinge ist es schwer zu beobachten, aber im allgemeinen wird es schon so sein, daß der Mensch gern eine Neigung hätte, sich auf die linke Seite zu legen beim Schlafen, weil das die Erdenseite ist. Aber man braucht das gar nicht anzuschauen, weil der Mensch sich eben emanzipiert von der Erde und in seinen Handlungen sich unabhängig macht von der Erde. Aber man kann das einmal bei Tieren beobachten. Überall sieht man die Geheimnisse der Welt in einer sehr merkwürdigen Art sich enthüllen.

Denken Sie sich, hier wäre die Meeresoberfläche (siehe Zeichnung S. 92), unten das salzige Meerwasser mit allerlei anderen Stoffen in sich. Nun gibt es gewisse Fische, die sind ganz merkwürdig organisiert. Diese Fische sind nämlich so organisiert, daß sie sehr stark zu den Erdenkräften sich hinneigen, während die übrigen Fische eigentlich furchtbar stark schnappen nach allem, was von Licht und Luft ins Wasser hineinkommt. Sie können, weil sie keine Lungen haben, nicht in der

Luft atmen; sie sterben ab in der Luft, gehen zugrunde, aber mit ihren Kiemen schnappen sie nach allem, was von Luft und Licht ins Wasser hineinkommt. Aber es gibt einen Fisch – in seinen großen Arten heißt er Heilbutt, in seinen kleinen Arten Scholle –, dieser Fisch ist ein sehr guter Nährfisch, hat sehr viel Nährstoffe, die meisten Nährstoffe fast von allen Fischen. Das zeigt schon, daß er sich zu der Erde neigt, weil von der Erde die Nährstoffe kommen. Er hält es sozusagen mit der Erde, der Heilbutt. Was können wir denn erwarten von diesen Fischen?

Tafel 6

Wir können von ihnen erwarten, daß sie das auch äußerlich in ihrem Leben zum Ausdruck bringen, daß sie es mit der Erde halten. Das bringen sie auch zum Ausdruck. Sie legen sich auf die eine Seite; die wird blaß, weiß. Und so stark legen sie sich auf die eine Seite, daß sich der Kopf umdreht und die Augen auf die andere Seite zu liegen kommen. So daß eine solche Scholle von unten so aussieht (siehe Zeichnung rechts).

Tafel 6

Da ist sie ganz flach und weiß; und von der anderen Seite, von oben, sind die beiden Augen auf der einen Seite; der Kopf ist umgedreht, weil sie sich sozusagen immer auf die linke Seite hinlegt. Die linke Seite wird ganz die Nährseite, ist blaß und weiß. Die andere Seite nimmt die Farbe vom Himmel und so weiter an, wird bläulich, bräunlich, und die Augen wenden sich sogar von der Nährseite ab, der Kopf dreht sich um. Solch eine Scholle ist ganz einseitig, hat die Augen, alle Organe auf der einen Seite; die andere Seite ist flach und blaß. Die Heilbutte entwickeln wirklich in sich viele Nährstoffe, weil sie zur Erde hinneigen. Mancher wird ja über dreihundert Kilogramm schwer. Es sind also große Fische. Sie werden als Nahrungsmittel sehr viel gefischt. Nun, diese Heilbutte, die zeigen also ganz klar: ihr Körper, der hält es mit der Erde, der legt sich immer auf die eine Seite. Und er legt sich so stark auf diese eine Seite, daß, wenn der Mensch sich jede Nacht auf die linke Seite legen könnte, sich sein Kopf umdrehen und er immer auch nach der einen Seite gucken würde. Aber beim Menschen kommt es nicht soweit. Der Mensch ist eben emanzipiert von der Erde, der Mensch hält sich unabhängig von der Erde.

Aber etwas kann schon beim Menschen eintreten; es kann zum Beispiel schon sein, daß man an einen Menschen mit einer merkwürdigen Krankheit herankommt; er sieht nämlich mit dem rechten Auge oder überhaupt mit einem Auge etwas besser als mit dem andern. Wenn das nicht angeboren ist, so bekommt man meistens durch Fragen heraus, daß der Mensch sich auf die andere Seite legt beim Schlafen. Auf die Seite, auf die man sich sehr häufig legt, wirken die Erdenkräfte; das Auge wird etwas schwächer, schwachsichtiger. Es wird nicht so stark gewirkt wie beim Heilbutt, aber schon ein bißchen. Das Auge, das sich hinaus zum Himmel neigt, das abgewendet ist von der Erde, das wird etwas stärker. Sehen Sie, so merkwürdig sind die Zusammenhänge. Ich habe gesagt: Irgendwo zeigt uns schon die Natur, mit welchen Kräften sie arbeitet. Wenn man diese Scholle sieht – diese kleine Scholle können Sie überall auf den Fischmärkten sehen; die großen Schollen sind im Meer, im Salzwasser –, so sagt man sich: Da kann sich ja nur alles dasjenige bilden, was eben mit Nährstoffen angefüllt wird, das muß gelöst werden. Wollen diese Tiere etwas vom Himmel haben, dann müssen sie die andere Seite immer dem Himmel zuwenden, dann neigen sich die Augen hin, und die Tiere werden dadurch auch fortpflanzungsfähig. Die machen es also anders als der Lachs. Der Lachs wandert, der geht von der Nordsee in den Rhein, vom Rhein in die Nebenflüsse, um sich fortpflanzen zu können. Die Schollen legen sich auf die eine Seite, damit von der anderen Seite der Himmel wirkt, um Sinne zu haben und um fortpflanzungsfähig zu sein.

Und die Erde selber, was tut die? Ja, meine Herren, wenn es bloß salziges Meer gäbe, wäre die Erde längst zugrunde gegangen, denn in sich selber kann sie nicht bestehen. Sie hat nicht nur das salzige Meerwasser, sondern auch das süße Gewässer, und das süße Gewässer nimmt vom Himmelsraum die Fortpflanzungskräfte für die Erde auf. Das salzige Meer kann aus den Weltenweiten nicht dasjenige hereinbringen, was die Erde immer wieder erfrischt. Wenn Sie an eine Quelle gehen und da das wunderbar reine Wasser herausrieselt: Sie werden merken, in der Nähe der Quelle, da grunelts, da riecht es so wunderbar, und alles ist so frisch. Ja, das, was da frisch ist in der Nähe der Quelle, das erfrischt auch die ganze lebende Erde. Da öffnet sich die Erde wie durch ihre Augen und Sinnesorgane dem Weltenraume. Und an solchen Tieren wie dem Lachs und der Scholle merkt man noch: die gehen da hin, wo das ist; die haben eine Art Instinkt dafür, sich an das zu halten, was die Erde ist. Der Lachs sucht direkt das süße Gewässer auf. Die Scholle wendet sich, indem sie ihren Körper so einrichtet, dem Lichte zu. An Quellen kann sie nicht kommen. Aber die Quellen sind so wie die Schollen; sie sind an der Erde das, wo sich die Erde dem Lichte zuwendet. Die Scholle, der Fisch, muß sich direkt dem Lichte zuwenden mit ihrem eigenen Körper.

Diese Dinge sind ungeheuer lehrreich, weil man an ihnen sieht, was im Menschen auch noch ist, aber im Menschen nicht mehr so ordentlich beobachtet werden kann, weil er eben, wie ich Ihnen gesagt habe, sich emanzipiert hat von der Erde. Aber wenn man auf solche Dinge gar nicht aufmerksam ist, dann versteht man ja eigentlich das ganze Erdenleben gar nicht. Es ist wirklich so, daß man sagen kann: Schauen wir auf das Meer hin und erblicken wir da diese Schollen, wir können überall sehen, das Meer, das öffnet sich durch die Schollen überall dem Himmel! Diese Schollen sind ein Beweis, daß das Meer durstig ist nach dem Himmel, weil sein Salzgehalt es vom Himmel abwendet! Man kann sagen, die Schollen drücken aus den Durst des Meeres nach Licht und Luft. Und wenn wir unseren eigenen Kreislauf anschauen, dann haben wir an den Stellen, wo wir salziger werden, wo die Muskeln sitzen, auch feine Sinnesorgane, die Tastorgane. Da öffnet sich der Mensch – nicht wie mit den Augen, wo er sich direkt dem Licht öffnet – auch nach außen. Das sind gewissermaßen die Stellen, wo im Meere die Schollen sitzen. Diese Schollen, die öffnen sich dem Himmel. Und der gibt ihnen nämlich auch eine außerordentliche Klugheit. Geradeso wie wir, wenn wir unsere äußeren Tastorgane gut benützen können, geschickt werden, so werden die Schollen geschickt, weil sie sich dem Himmel öffnen. Was unten im Meere ist – beobachten Sie es nur einmal –, das ist plump, ungeschickt. Die Schollen, oh, die werden furchtbar geschickt; sie werden schlaue Tiere dadurch, daß sie sich vom Meere auf der einen Seite abwenden. Wenn sie sich auch den Erdenkräften zuwenden, so sagen sie: die Erdenkräfte bleiben für sich, häufen Nährstoffe an, bis zu dreihundert Kilogramm, wie gesagt; aber sie haben diese feinen Organe, durch die sie sich dem Himmel öffnen. Die Schollen fressen die anderen Fische, die kleineren nämlich. Aber sehen Sie, die Fische würden, wenn eine solche Scholle kommt, besonders da sie ja wie ein Gespenst für die andern Fische ist, nach beiden Seiten weggehen, denn die andern Fische betrachten es als notwendig, die Augen auf beiden Seiten zu haben und auf beiden Seiten gleich ausgebildet zu haben. Die Schollen sind für die andern Fische geradeso, wie wenn ein Mensch auf sie zukommt; die Fische würden rasch weggehen und die Schollen würden nichts zu essen bekommen, wenn sie nicht gescheiter wären als die andern. Aber die andern Fische, die die Augen auf beiden Seiten haben, die sind eben nicht so gescheit, weil sie sich nicht so stark dem Himmel zuwenden. Die Schollen suchen sich an denjenigen Stellen, wo das Meer so ein wenig Ufer hat, in den seichteren Meeresstellen die Orte auf, wo sie sich niederlassen. Mit ihrem flachen Körper bohrt sich die Scholle ins Erdreich ein, benutzt ihr Maul dazu, um sich ein bißchen mit Sand zu bedecken, wirbelt dann Sand auf, aber so fein, daß ein Fisch durchschwimmen kann. Da kommen die Fische und Krebse, bemerken die Scholle nicht, und flugs, wenn dann die Fische vorüberziehen, schnappt und schnappt die Scholle die Fische! Außerordentlich gescheit macht das die Scholle! Aber das kann natürlich nur ein Tier, das sich sozusagen in feiner Weise mit den Himmelskräften, den Kräften des Weltenalls in Verbindung setzt.

Auf der einen Seite hat also solch ein Tier seinen physischen Leib ausgebildet, auf der andern Seite bildet es besonders stark den unsichtbaren Ätherleib aus. An solchen Dingen kann man eben sehen, wie alles das, was in uns auch geistige Kräfte sind, nicht von den Erdenkräften herstammt. Die Erdenkräfte machen uns muskulös, geben uns die Salze, und die Himmelskräfte geben uns eigentlich diejenigen Kräfte, die dann sowohl Fortpflanzungskräfte wie auch spirituelle Kräfte, Gescheitheitskräfte sind.

Sehen Sie, beim Menschen ist es nun so, daß er im Grunde genommen eine kleine Erdkugel ist. Der Mensch besteht ja auch – ich habe es Ihnen immer wieder gesagt – zu neunzig Prozent aus Wasser. Eigentlich ist ja der Mensch auch ein Fisch, denn was der feste Mensch ist – der schwimmt da in dem Wasser drinnen –, das sind ja nur zehn Prozent. Im Grunde genommen sind wir ja alle Fische, die in dem eigenen Wasser schwimmen. Das gibt ja auch die äußere Wissenschaft zu, daß wir durchaus der Hauptsache nach ein kleines Meer sind. Und wie das Meer Flüsse aussendet, so sendet unser Meer, unser Flüssigkeitskörper, salzfreie Säfte aus. Wir haben auch unsere Süßwasserströmungen. Die liegen außerhalb der Muskeln und Knochen. Dagegen in den Muskeln und Knochen haben wir dieselben Salzablagerungen, die das Meer hat. Da ist eigentlich unsere Ernährung, in den Muskeln und Knochen. Wir sind also schon in dieser Beziehung eine kleine Erdkugel, wir haben unser salziges Meer in uns.

Wird der Mensch so, daß seine Flüssigkeit, seine Süßwasserströme zu stark werden – was bei Kindern leicht sein kann, wenn die Milch zu wenig salzreich ist –, dann wird er rachitisch, kriegt die sogenannte Englische Krankheit. Wenn er zuviel Salz kriegt, dann wird er zuviel Meer; dann werden seine Knochen brüchig und die Muskeln werden plump und ungeschickt. Beim Menschen muß immer ein Gleichgewicht sein zwischen dem Salzgenuß und demjenigen, was eben in anderen Nahrungsmitteln liegt.

Nun, was liegt in anderen Nahrungsmitteln? Meine Herren, sehen Sie sich eine Pflanze an. Sie wissen jetzt, die Pflanzen wachsen dadurch, daß von den Flüssen, die ins Meer gehen, innerlich diese salzigen Strömungen zurückgehen, sich dann ausbreiten und die Pflanzen wachsen machen. Also in der Erde, da haben die Pflanzen ihr Salz drinnen, die Wurzeln. Aber wenn die Pflanze nun aus der Erde herauswächst, da wächst sie immer mehr der Blüte zu. Die Blüte wird schön farbig, weil

Tafel 6

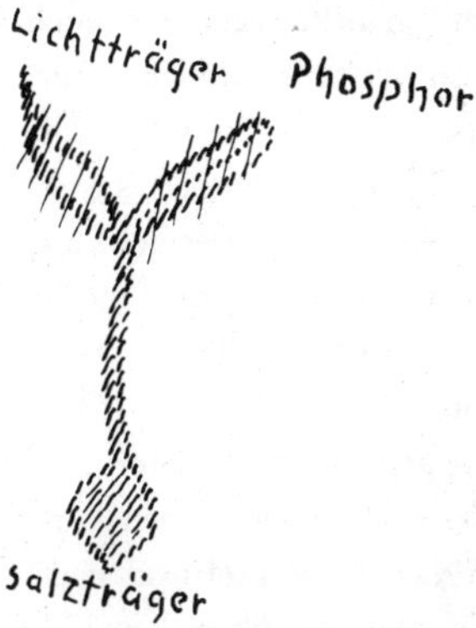

sie das Licht aufnimmt. Da draußen in der Blüte, da nimmt die Pflanze das Licht auf; in der Wurzel nimmt sie das Salz auf. Da draußen wird die Pflanze ein Lichtträger, da unten wird sie ein Salzträger. Da unten wird sie dem Meeresteil der Erde ähnlich, oben wird sie dem Himmel ähnlich. Die Wurzel ist salzreich, die Blüte lichtreich. In früheren Zeiten hat man das viel besser gewußt. Daher hat man dasjenige, was in der Blüte ist, Phosphor genannt. Heute, wo alles materialistisch ist, ist ja der Phosphor auch nur ein fester Körper. Phosphor: Phos heißt Licht, phor heißt der Träger; Phosphor heißt Lichtträger; Phosphor war eigentlich dasjenige, was in der Blüte das Licht trägt. Man hat nur das Mineral Phosphor auch Phosphor genannt, denn man braucht es ja nur anzuzünden, so sieht man, wie Licht herauskommt. Aber der eigentliche Lichtträger ist die Pflanzenblüte. Die Pflanzenblüte ist Phosphor. So daß wir sagen können: Für diejenigen Organe in unserem Menschenleibe, welche gewissermaßen die Süßwasserströmungen enthalten, brauchen wir Licht, brauchen wir dasjenige, was uns die Pflanzen geben, wenn sie dem Lichte zustreben. Für die Muskeln, für die Knochen, für dasjenige, was in uns salzig werden soll, brauchen wir eben

Salz und die festen Zusätze in unseren Nahrungsmitteln. Und zwischen denen muß das richtige Gleichgewicht sein. Im richtigen Maße muß das eine oder andere in uns hineinkommen.

So ist es aber auch mit der Erde, meine Herren. Aber Sie werden noch nicht gesehen haben, wenn Sie noch so weit herumgekommen sind, und weder die Weltenbummler, noch die richtigen Weltreisenden haben irgendwo gesehen, daß die Erde sich etwas gekocht hat, ein Mittagsmahl gekocht hat! Aber dennoch, sie ernährt sich, die Stoffe werden fortwährend ausgetauscht, denn es geht immerfort dasjenige, was Erde ist, durch Dunst und Nebel hinauf. Und Sie wissen ja: Das Regenwasser, das herunterfällt, ist destilliert, das heißt, ist reines Wasser, hat nichts in sich. Aber die Erde ernährt sich in feiner Weise aus dem Weltenraum. Sie braucht nicht Mahlzeiten zu halten. Nur wir Menschen, weil wir uns eben emanzipiert haben von der Erde, müssen von der Erde erst unsere Nahrungsmittel beziehen. Die Erde selber nährt sich von den feinen Stoffen, die überall im Weltenall vorhanden sind. Sie ißt fortwährend, nur merkt man es nicht, weil sie fein ißt. Aber sehen Sie, wenn einer den Menschen recht grob beobachtet, merkt er ja schließlich auch nicht, daß er fortwährend Sauerstoff aufnimmt. So auch merkt man an der Erde nicht, daß sie fortwährend ihre Nahrungsmittel aus dem Weltenraum aufnimmt.

Nun, meine Herren, wir Menschen, wir halten unsere Mahlzeiten. Da essen wir durch unseren Magen in unseren Unterleib hinein die Nahrungsmittel. Das ist ganz deutlich, furchtbar deutlich. Aber bei der Atmung, da wird es schon wieder undeutlicher. Und in bezug auf dieses Deutliche entstehen ja die sozialen Fragen: Der eine hat es besser, der andere schlechter. Die Menschen wollen es alle gut haben; es entstehen die sozialen Fragen in bezug auf das Deutliche. Aber schon undeutlicher werden die sozialen Fragen in bezug auf die Luft, die wir alle einatmen. Da geht es nicht so gut, daß der eine sie dem andern wegnimmt; es geht auch etwas, aber nicht so gut. Mit unserem Unterleibe sind wir von der Erde ganz verschieden. Mit unserer Atmung werden wir schon ähnlicher der Erde, das geht schon mehr unvermerkt. Wir nehmen nämlich fortwährend – nicht nur, daß wir hören – Eisen auf durch das Gehör; fein, fein saugen wir Eisen ein. Wir saugen durch die Augen das Licht, aber auch fortwährend Stoffe ein. Das kann man an denen finden, die diese Stoffe nicht haben. Namentlich durch die Nase nehmen wir ungeheuer viel Stoffe auf, ohne daß wir es bemerken. Mit unserem Unterleib haben wir uns von der Erde emanzipiert, freigemacht. Da können wir nur diejenigen Nahrungsmittel, die die Erde fabriziert, auch nachher zusammenbackt, dichter macht, aufnehmen. Die Luft können wir schon aufnehmen, wie sie im Weltenraum ist. Und mit unserem Kopf, mit den Sinnen, halten wir es ganz mit der Erde. Da nehmen wir auch auf dieselbe Weise Nahrung aus dem Weltenall auf, wie die Erde selbst sie aufnimmt. Der Kopf ist nicht umsonst kugelig der Erde nachgebildet. Er macht es nämlich geradeso wie die Erde mit dem Weltenraum. Nur nach unten, da kommt die Schwerkraft. Da wird der menschliche Leib nach der Erde ausgebildet: physische Hände, da zieht die Schwerkraft nach unten. Auf den Kopf hat die Schwerkraft nicht viel Einfluß, der bleibt rund. Daher muß man auch da vom Sichtbaren zum Unsichtbaren übergehen. Man muß sich sagen: Die Schollen würden krepieren, trotzdem sie Fische und Krebse fressen – denn die Fische und Krebse, die nützen ihnen nur für den blassen, flachen Unterleib –, wenn sie nicht dadurch, daß sie sich einseitig machen, dasjenige, was aus dem Weltenraum kommt, doch in einer gewissen Weise aufnehmen würden. Das sind die schönen, die feinen Zusammenhänge, meine Herren, wodurch man hineinschaut, ich möchte sagen, in die Gesetze und Geheimnisse des Weltenalls.

Das ist dasjenige, worauf immer wieder die Geisteswissenschaft aufmerksam machen muß, daß man nicht durch grobe, sondern durch feine Beobachtung die wirklichen Gesetze erkennt.

Also am Mittwoch um neun Uhr werden wir dann fortsetzen. Wenn Sie Fragen haben, stellen Sie sie.

SECHSTER VORTRAG

Dornach, 13. Februar 1924

Guten Morgen, meine Herren! Haben Sie sich vielleicht etwas überlegt, was Sie heute wünschen?

Herr Burle: Wenn man den Herrn Doktor einmal fragen dürfte über die menschliche Kleidung, über die Bekleidung, die der Mensch trägt. In manchen Ländern haben die Menschen bloß einen Fetzen und schlagen ihn um sich; die anderen sind zugeknöpft. Der eine hat schillernde Farben, der andere hat wieder einfache Farben. Dann wieder wäre zu fragen über die Nationaltrachten, was die Völker oder überhaupt die betreffenden Menschen tragen. Dann auch, was die wehenden Fahnen sind und – das hängt vielleicht auch damit zusammen –, welche Ekstase das ausübt?

Dr. Steiner: Was die menschliche Kleidung betrifft, so ist viel darüber nachgedacht worden, weil Sie sich ja denken können, daß gerade über diese Dinge wenig äußere Dokumente und wenig geschichtliche Urkunden vorhanden sind.

Man sieht die Kleidung, welche mehr einfache Völkerschaften und Stämme haben, man sieht ja schließlich auch die Kleidung, die das Volk in derjenigen Stadt hat, der man selber angehört. Und man sieht schließlich das, was man selber anzieht, kümmert sich eigentlich am allerwenigsten darum, was man selber anzieht. Man macht in dieser Angelegenheit eben einfach mit, was die Gewohnheit geworden ist. Ja, man muß es ja schließlich bis zu einem gewissen Grad einfach aus dem Grunde machen, weil man sonst wenigstens für einen halben, wenn nicht für einen ganzen Narren angesehen wird.

Nun, nicht wahr, die erste Frage dabei ist die, welche vielleicht am allerschwersten für eine äußere Wissenschaft zu beantworten ist, weil eben, wie gesagt, äußere schriftliche Urkunden ja nur in sehr spärlicher Weise vorhanden sind, über die Gründe, warum sich die Menschen ursprünglich bekleidet haben. Wenn man nun wirklich alles, was man nach dieser Richtung hin überblicken kann, in Betracht zieht, so muß man sich sagen: Gewiß, vieles, was in der Kleidung vorliegt, ist schon hervorgegangen aus dem menschlichen Schutzbedürfnis, aus dem Bedürfnisse, sich als Mensch gegen die Einflüsse der Umgebung zu schützen. Sie müssen ja bedenken, das Tier hat seinen eigenen Schutz. Das Tier hat im weitgehendsten Maße Schutz gegen äußere Einflüsse, die nicht hereinkönnen durch Behaarung, durch die Haut und so weiter in die zarteren, weicheren Teile des Organismus.

Nun können Sie sich fragen: Warum hat der Mensch von Natur aus diesen Schutz nicht? – Ich will diese Frage nicht besonders stark betonen, die immer nach dem Warum frägt, denn in der Natur ist es eigentlich nicht ganz berechtigt, nach dem Warum zu fragen. Die Natur stellt eben die Wesen hin, und man muß einfach das, wie sie sich hinstellen, untersuchen. Das Warum ist niemals ganz berechtigt. Aber wir werden uns ja verstehen, wenn ich dennoch sage: Wie kommt es eigentlich, daß der Mensch so, von der Natur unbekleidet, durch die Welt gehen muß?

Da müssen wir uns die andere Frage vorlegen, ob denn diese Bedeckung, die das Tier von der Natur hat, nicht ganz klar zusammenhängt mit der weniger hohen geistigen Organisation, die das Tier hat? Und das tut es. Sehen Sie, meine Herren, es ist ja wirklich so, daß manchmal diejenigen Teile an einem Lebewesen, also an einem Tiere und auch am Menschen, die allerwichtigsten sind, die sich nicht im äußeren Leben als die wichtigsten ausnehmen. Wir können manche ganz kleine Organe im menschlichen Organismus anführen. Wenn die nicht so sind, wie sie sein sollen, dann geht der ganze menschliche Organismus kaputt. So zum Beispiel finden sich hier in den Schilddrüsen an beiden Seiten ganz kleine Organe – ich habe sie Ihnen schon einmal in anderem Zusammenhange erwähnt –, die sind kaum so groß wie ein Stecknadelkopf. Man könnte sich nun denken, daß die nicht so wichtig seien. Wenn es aber einmal dazu kommt, daß bei einem Menschen eine Schilddrüsen-, Kropfoperation notwendig ist, und der Operateur ungeschickt ist und diese winzig kleinen, stecknadelkopfgroßen Organe mit herausoperiert, dann wird der ganze Organismus krank. Der Mensch wird blöde und geht allmählich an Entkräftung zugrunde. Also kleine, winzige, stecknadelkopfgroße Organe haben für das ganze menschliche Leben die denkbar größte Bedeutung! Sie haben sie deshalb, weil diese Organe einen ganz feinen Stoff absondern, der ins Blut fließen muß. Und das Blut ist unbrauchbar, wenn diese Organe nicht da sind und ihre Absonderungen nicht ins Blut hineinfließen. So also können Sie sehen, daß schon Organe, auf die man gar nicht so sehr im Zusammenhang achtet, ihre denkbar größte Bedeutung für das Wesen haben, an dem sich diese Organe befinden.

Nehmen Sie zum Beispiel im Tierreiche diejenigen Tiere, die behaarte Haut haben. Nun ja, da können Sie sich denken, daß die behaarte Haut dazu gut ist, damit die Tiere im Winter nicht frieren und so weiter. Gewiß, dafür ist sie auch gut. Aber wenn diese Haare in der Haut entstehen sollen, dann muß das Tier einer ganz besonders starken Sonnenwirkung zugänglich sein. Die Haare entstehen nicht anders als dadurch, daß das Tier einer starken Sonnenwirkung zugänglich ist.

Sie könnten nun sagen: Ja, aber die Haare entstehen ja nicht überall nur da, wo die Sonnenstrahlen Zugang hatten! – Und doch ist es so. Das geht sogar so weit, daß der Menschenkeim in den ersten Zeiten, während er im Mutterleibe getragen wird, ja behaart ist. Da können Sie sagen: Der ist nicht der Sonne ausgesetzt. Diese Haare verliert er später. Und jeder Mensch, der geboren wird, war in den ersten Wochen der mütterlichen Schwangerschaft eigentlich ganz behaart. Diese Haare verliert er. Woher kommt das? Das kommt daher, weil die Mutter die Sonnenkraft ja aufnimmt und die innerlich wirkt. Die Haare hängen ganz innig zusammen mit der Sonnenwirkung.

Nehmen Sie zum Beispiel den Löwen. Der Löwe, dessen Männchen diese mächtige Mähne hat, ist ein Tier, das außerordentlich stark der Sonnenwirkung ausgesetzt ist. Dadurch hat der Löwe auch die Brustorgane, die unter der Wirkung der Sonne besonders stark werden, stark ausgebildet, hat kurz ausgebildeten Darm und mächtig ausgebildete Lungen. Das unterscheidet ihn von unseren Wiederkäuern, die mehr die Organe des Unterleibes, des Darmes, Magens und so weiter ausgebildet haben. Die Art und Weise, wie ein Tier behaart, befiedert ist und so weiter, hängt also vorzugsweise mit der Sonnenwirkung zusammen.

Aber wiederum, wenn die Sonnenwirkung auf ein Wesen sehr groß ist, dann ist es ja so, daß dieses Wesen die Sonne in sich denken läßt, in sich wollen läßt: es wird nicht selbständig. Der Mensch hat seine Selbständigkeit dadurch, daß er eben nicht diesen äußeren Schutz hat, sondern daß er mehr oder weniger den Einflüssen der irdischen Umgebung ausgesetzt ist. Es ist sogar interessant zu vernehmen, wie das Tier weniger von der Erde abhängig ist als der Mensch. Das Tier ist großenteils von außerhalb der Erde hereingebildet. Ich habe Ihnen ja für diese Dinge überall die Belege angeführt. Aber der Mensch emanzipiert sich überhaupt von diesen äußeren Natureinflüssen. Und das kommt dadurch, daß er sozusagen die ungeschützte Haut nach allen Seiten hat und dadurch seinen eigenen Schutz suchen muß.

Sie können schon bei unserer gewöhnlichen Kleidung sehen, daß sie eigentlich aus zwei Teilen zusammengesetzt ist. Der eine Teil zeigt sich uns dadurch, daß wir im Winter einen Winterrock anziehen und uns gegen die Kälte dabei schützen. Das ist derjenige Teil der Kleidung, durch den wir Schutz suchen. Aber das ist ja nicht der einzige. Sie können zum Beispiel besonders bei den Frauen sehen, daß sie nicht bloß Schutz suchen durch die Kleidung, sondern sie so einrichten, daß sie schön sein soll; manchmal ist sie zwar greulich, aber sie soll schön sein. Es kommt ja dabei auf den Geschmack oder Ungeschmack an, aber jedenfalls soll sie schön sein, sie soll schmücken. Das sind die zwei Aufgaben der Kleidung: Schutz zu bieten gegen die Außenwelt und zu schmücken.

Der eine Teil dieser Aufgabe für die Kleidung ist mehr im Nördlichen entstanden, wo man Schutz braucht. Daher trägt dort die Kleidung mehr den Charakter des Sich-Schützens. In bezug auf das Schützen treiben es ja die Leute nicht gerade außerordentlich weit. In wärmeren Gegenden aber, in Gegenden, wo also ganze Völkerschaften eigentlich ziemlich nackt gehen, da bildet wiederum das Schmücken das wenige, was Sie sehen, oder auch, wenn sie mehr anziehen, den Hauptteil der Kleidung.

Sie werden nun aber wissen, daß gerade von den wärmeren Gegenden aus die höhere Zivilisation gekommen ist, daß von den wärmeren Gegenden mehr das geistige Leben ausgegangen ist. Daher können wir auch, wenn wir die Kleidung verfolgen, immer sehen, daß in gewissem Sinne diejenige Kleidungsart unvollkommen geblieben ist, welche dazu bestimmt ist, den Menschen gegen die äußeren Einflüsse der Umgebung zu schützen. Dagegen hat diejenige Kleidung alle mögliche große Ausbildung erfahren, die schmücken soll. Nur kommt da natürlich in

Betracht, was der Mensch für einen Geschmack hat, nicht wahr. Es kommt die ganze geistige Richtung der Menschen dabei in Betracht. Nehmen wir also primitivere Völkerschaften an, einfachere, ursprünglichere. Solche Völkerschaften haben einen starken Sinn für Farben. Wir in unseren Gegenden, die wir ja in bezug auf den Verstand so weit vorgeschrittene Menschen sind – oder wenigstens glauben wir es –, wir haben nicht den Sinn für die Farben, den die mehr ursprünglichen Völkerschaften haben.

Aber diese mehr ursprünglichen Völkerschaften haben noch einen ganz anderen Sinn. Die haben nämlich den Sinn, daß es geistig-übersinnliche Glieder des Menschen gibt. Das glaubt man heute in den sogenannten zivilisierten Gegenden nicht mehr, daß es Menschen gibt, die nicht so gescheit sind, wie die zivilisierten Menschen sein wollen, die aber einen Sinn haben dafür, daß der Mensch eine übersinnliche Seite hat. Und diese übersinnliche Seite empfinden sie als farbig. Das ist so bei einfachen Völkerschaften, sie empfinden den übersinnlichen Teil, den sie an sich tragen – was ich Astralleib genannt habe –, als farbig, und sie wollen an sich dasjenige sichtbar machen, was unsichtbar ist. So schmücken sie sich, je nachdem sie sich in dem Astralreich rot oder blau oder dergleichen sehen, rot oder blau. Das kommt aus der Auffassung, welche diese Leute aus der geistigen Welt heraus haben.

Die Griechen zum Beispiel haben gesehen, wie der Ätherkopf des Menschen viel größer ist als der physische Kopf, wie der herausragt, und da haben sie die Pallas Athene, diese Göttin, mit einer Art von Helm begabt. Aber Sie können ja sehen, wenn Sie diese Pallas Athene nehmen und den Helm, den sie trägt, prüfen, so hat der Helm oben etwas wie Augen. Das können Sie überall sehen; schauen Sie sich nur die Pallas Athene an, selbst in einer schlechten Statue, da sind oben am Helm Augen. Das beweist Ihnen, daß man gemeint hat, das gehöre wirklich zum Körper dazu. Das ist etwas, was man auch sehen kann; das haben sie der Athene aufgesetzt.

Und auch die Art der Kleidung, die die Menschen in denjenigen Gegenden gemacht haben, wo sie eben eine Empfindung gehabt haben vom übersinnlichen Menschen, haben sie angepaßt dem, wie sie sich diesen astralischen Leib des Menschen vorstellten.

Nun, in unseren Gegenden – das wissen Sie ja, meine Herren – wird nur noch die Kultuskleidung im eigentlichen Sinne farbig hergerichtet. Wenn Sie das, was die Kultuskleider sind, ansehen, so sind diese durchaus dem nachgebildet, wie man sich den astralischen Leib vorgestellt hat. Also die Farbengebung und auch die Form, die Gestalt, welche die Kleider haben, sind im Grunde genommen aus dem Übersinnlichen heraus. Und nur wenn man das begreift, so begreift man, inwiefern die Kleidung als ein Schmuck gestaltet wird. Das ist auch sehr wichtig. Wenn Sie Bilder anschauen, die noch von den alten Malern gemalt sind, da werden Sie sehen: Die Maria zum Beispiel hat immer ein ganz bestimmtes Kleid und einen ganz bestimmten Überwurf, weil dadurch angedeutet werden soll, wie sie in ihrem astralischen Leib, ihrem Herzen, ihrem Gemüte nach, beschaffen ist. Das soll durch die Kleidung angedeutet werden. Vergleichen Sie Bilder, wo die Maria mit der Magdalena zugleich darauf ist, so werden Sie immer finden: Die alten Maler haben die Maria und die Magdalena verschieden angesehen, geradeso verschieden, wie sie geschildert werden, weil das in ihrem Astralleib begründet sein soll und die Kleidung so gemacht wird, wie der Astralleib in Farbigkeit nun beschaffen sein soll.

Wir zivilisierten Menschen sind eben in den Materialismus eingezogen, da hat man keinen Sinn mehr für diese übersinnliche Seite des Menschen. Da denkt man mit dem Erdenverstand und denkt, der Erdenverstand ist überhaupt über alles Herr. Ja, meine Herren, deshalb haben wir auch keinen Sinn mehr, uns so anzuziehen, daß das, was wir anziehen, halbwegs menschlich ausschaut! Wir stecken unsere Beine, wenn wir Männer sind, in Röhren hinein. Das ist wohl von allen Kleidungen, die in der Welt aufgetreten sind, die allerschmuckloseste, die Hosenröhre! Aber wir machen ja viel mehr; wenn wir besonders nobel sein wollen, stülpen wir uns auch auf den Kopf eine sogenannte Angströhre hinauf. Man sollte sich nur einmal vorstellen, was ein alter Grieche für ein Gesicht machen würde, wenn er aufstehen könnte und ihm entgegenkommen würde ein Mensch, der seine zwei Beine in Röhren drinnen hat und noch außerdem eine hohe Angströhre da droben hat, noch außerdem von schwarzer Farbe! Der Grieche dächte nicht, daß das ein Mensch sei, sondern daß er da ein unglaubliches Gespenst vor sich hätte! Das muß man nur eben einfach ins Auge fassen. Und es entstehen sogar solche Dinge, daß man wirklich in ganz abstrakter Weise von dem Rock, der ohnehin schon häßlich genug ist, noch solche Lappen abschneidet; dann nennt man das einen Frack. Ja, das ist etwas, was viel mehr als irgend etwas zeigt, wie gedankenlos eigentlich die Menschheit geworden ist. Nur weil man es gewohnt ist und weil man, wie gesagt, als ein Halbnarr oder ganzer Narr angesehen wird, wenn man die Dinge nicht mitmacht, macht man sie eben mit. Aber man muß sich bewußt sein, daß eigentlich das ganze Anziehen der Männerwelt heute schon etwas an das Irrenhaus erinnert, besonders wenn es recht normal sein soll. Das bezeugt eben, daß man nach und nach ganz freigeworden ist von jeder Wirklichkeit.

Die Frauen, von denen ja viele Männer glaubten, daß sie eben weniger zivilisiert sind als die Männer, sind bei ihrer Kleidung ja etwas mehr bei der ursprünglichen Art stehengeblieben. Heute besteht aber auch eine Richtung, die Frauenkleidung der Männerkleidung ähnlicher zu machen, es ist nur noch nicht recht geglückt.

Schmücken, was heißt denn das eigentlich? Äußerlich sich so gestalten, daß man dadurch dem, was der Mensch auch geistig ist, einen Ausdruck gibt! In dieser Beziehung muß man, um darauf zu kommen, wie bei ursprünglicheren Völkerschaften alles das, was zur Kleidung gehört, entsteht, sich eben klar sein darüber, daß bei ursprünglichen Völkerschaften die Menschen sich nicht für so selbständig halten, wie heute der Mensch sich für selbständig hält. Heute hält sich jeder Mensch eben, mit einem gewissen Recht sogar, für eine selbständige Persönlichkeit. Nun ja, er sagt sich: Ich habe meinen eigenen Verstand, durch den ich alles ausdenke, was ich verrichten kann. – Wenn er besonders eingebildet ist, hält er sich heute gleich für einen Reformator, und so haben wir heute fast ebensoviele Reformatoren als Menschen in der Welt. Also der Mensch hält sich heute für etwas absolut Selbständiges. Nun, das war bei früheren Menschen und Volksstämmen überhaupt nicht so vorhanden. Diese Volksstämme haben sich in ihrer Gruppe für eine Einheit gehalten und ein geistiges Wesen für ihre Gruppenseele angesehen; sie haben sich zugehörig betrachtet so wie die Glieder eines Leibes und die Gruppenseele als das angesehen, was sie zusammenhält.

In diesem Gruppenhaften haben sie sich gedacht mit einer ganz bestimmten Gestalt. Dann haben sie das in ihrer Kleidung zum Ausdruck gebracht. Dann haben sie also, wenn sie sich die Gruppenseele zum Beispiel in Griechenland mit einer Art helmartigen Fortsetzung am Kopf gedacht haben, sich einen Helm aufgesetzt. Und der Helm ist durchaus nicht etwa aus einem Schutzbedürfnis entstanden, sondern weil man geglaubt hat, man wird dadurch der Gruppenseele ähnlicher, hat man einen Helm aufgesetzt.

Tafel 7

Ebenso hat man manche Gruppenseelen gedacht als Adler, Geier, als andere Tiere, als Eulen und so weiter. Man hat dann die Kleidung danach eingerichtet, daß sie in irgendeiner Weise mit Federn geschmückt war und dergleichen, um ähnlich zu werden der Gruppenseele. Und so ist die Kleidung zumeist aus den geistigen Bedürfnissen heraus entstanden.

Es kommt bei ursprünglichen Völkerschaften und Stämmen etwas durch die Kleidung heraus, wie sie sich ihre Gruppenseele vorgestellt haben. Und man kann, wenn man eine ursprüngliche Völkerschaft findet und frägt: Wie hat sie sich angezogen, namentlich wie hat sie sich geschmückt? Hat sie sich mit Federn geschmückt oder mit einem Fell? – dann kann man sagen: Findet man einen Volksstamm, der sich vorzüglich mit Federn schmückt, so weiß man, die gemeinsame Gruppenseele, die gewissermaßen ihr Schutzgeist war, wurde vogelartig vorgestellt. Findet man, daß sich eine Völkerschaft vorzüglich mit Fellen schmückt, so hat sie sich ihre Gruppenseele, die gewissermaßen ihr Schutzgeist war, entweder löwenartig oder tigerartig vorgestellt oder in dieser Form gedacht. So daß man also auch darinnen etwas für die Gestaltung der ursprünglichen Kleidung sehen kann, daß man eben frägt: Wie haben sich diese Leute ihre Gruppenseele gedacht? – Und es ist ganz richtig, was Herr Burle gesagt hat: Der eine liebt eine fliegende Kleidung, der andere eine anliegende. – Eine fliegende Kleidung hat sich daraus entwickelt, daß sie sich irgendwelche Vogelkleider machen wollten, Kleider mit Flügeln machen wollten; das hat ihnen gefallen, wenn die Sache flügelartig war. Und es hat sogar auf die Geschicklichkeit der Menschen einen großen Einfluß gehabt, wenn sie sich solche Kleider, die wehen, angeschafft haben. Und wenn sie sich gedreht haben, so haben sie zugleich wohlgefällige Bewegungen mit den Armen ausgeführt. Dadurch sind sie geschickt geworden und so weiter. Man kann schon sagen: Das Schmücken, das ist der Wille zu einem Ausdrücken von Geistigem in Zeitkleidern. Und das bloße Sich-Schützen, gegen das natürlich nichts gesagt werden soll, ist der Ausdruck für das Philiströse bei den Menschen. Je mehr man die Kleidung bloß dazu einrichten will, um sich zu schützen, desto mehr ist man Philister. Je mehr man sich schmücken will, desto weniger ist man Philister und will eigentlich das Geistige, das in der Menschenwürde liegt, in der Kleidung zum Ausdruck bringen.

Es ist ja natürlich, daß sich später in der Zivilisation diese Dinge ganz verschoben haben. Man muß sich zum Beispiel über folgendes klar sein. Denken Sie sich, solche früheren Völkerschaften kommen darauf, daß die Sonne einen besonderen Einfluß hat auf das menschliche Herz, überhaupt auf die menschliche Brust, und sie sagen sich: Nur dadurch bin ich ein herzhafter Mensch, daß die Sonne den richtigen Einfluß gewinnt. Nicht äußerlich auf die Haut, da würde ich ganz behaart werden, aber innerlich verarbeitet wirken die Sonnenstrahlen auf das Herz. – Das Herz wird mit Recht in Zusammenhang gebracht mit der Sonnenwirkung. Was tun nun die Menschen, die noch ganz lebendig etwas wissen von diesem Zusammenhang mit der Sonne? Ja, sehen Sie, die binden sich eine Art Medaillon um den Hals, eine Medaille, welche die Sonne darstellt. Und so haben sie vorne herunterhängend etwas um den Hals gebunden, was eine Sonne darstellt (siehe

Zeichnung). Diese Völker gehen damit herum, indem sie gleichsam sagen: Ich bekenne mich dazu, daß die Sonne auf mein Herz einen Einfluß hat.

Tafel 7

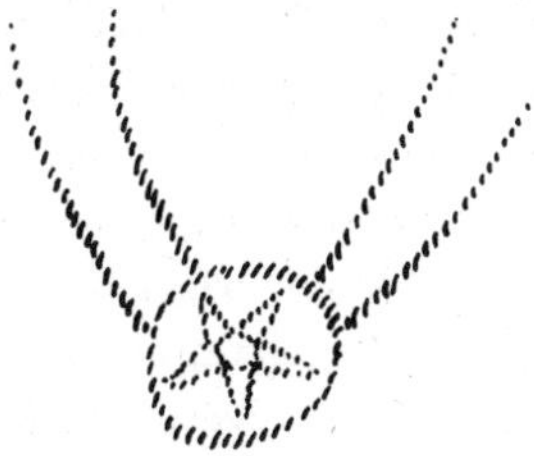

Später hat man das natürlich vergessen. Die zivilisierten Menschen haben das vergessen, daß das ursprünglich ein Zeichen dafür war, daß die Sonne auf das Herz einen Einfluß hat. Aber was da einmal sinnvoll war, das ist Gewohnheit geworden, richtig Gewohnheit geworden. Und aus Gewohnheit legen sich dann die Menschen so etwas an, haben gar keinen Begriff mehr dafür, warum das ursprünglich angelegt worden ist. Diese Gewohnheiten, die entwickeln sich zuerst; später nehmen die Staaten oder die Regierungen Besitz von solchen Gewohnheiten, sie okkupieren diese Gewohnheiten. Darin besteht ja meistens bloß der sogenannte Fortschritt der Staaten und Regierungen, daß sie in Besitz nehmen, was Gewohnheit geworden ist. Irgendeiner findet – es kann immer nur ein Mensch es finden –, sagen wir ein Heilmittel. Das kommt aus seinem Geiste. Die Regierung macht sich daran, dieses Heilmittel für sich in Anspruch zu nehmen und sagt: Nur wenn ich es erlaube, darf es da und dort verkauft werden. – Es geht also das zum Schluß von der Regierung aus.

So ist es auch mit dem Sonnenmedaillon gegangen. Die Menschen haben es ursprünglich aus ihrem eigenen Wissen heraus gemacht, nachher es noch aus alter Gewohnheit gemacht und getragen; und dann haben die Regierungen gesagt: Nein, freiwillig dürft ihr das nicht machen, sondern wir müssen erst die Erlaubnis dazu geben, daß ihr das macht und tragt. – Und so entstanden die Orden! Und so schmückten die Regierungen ihre Angehörigen mit den Orden. Der Orden hat natürlich gar nicht mehr den allergeringsten Sinn. Aber derjenige, der auf die Orden schimpft, sollte zugleich wissen, daß sie ursprünglich ihren guten Sinn hatten, und daß sie aus etwas hervorgegangen sind, was sinnvoll war.

Sehen Sie, so ist es mit vielen ursprünglichen Kleidungsstücken gegangen. Der alte Römer und Grieche hat noch gewußt, wenn er herumgeht und seinen nackten Leib zeigt, so ist das nicht der ganze Mensch, sondern da gibt es einen übersinnlichen Leib. Diesen übersinnlichen Leib hat er in seiner Toga nachgeahmt, und so bildete er sich die Toga. Damit wollte der Römer also den übersinnlichen Leib nachbilden. Die Toga ist nichts anderes als der astralische Leib. Und in dem Faltenwurf, der da kunstvoll der Toga gegeben worden ist, kamen die Kräfte des astralischen Leibes zum Vorschein. Und die neuere Zeit hat, weil sie ja nichts mehr wußte von dem wirklichen geistigen Menschen, nichts Besseres zu tun gewußt, als die alten Kleidungsstücke zu nehmen und, damit sie auch was Neues tut, nach allen Seiten irgendein Stückel abzuschneiden, zunächst dasjenige, was bis nahe an den Boden ging, kürzer zu machen, nachher es möglichst so zu machen, daß man hineinschlüpfen kann, und es allmählich so umzuwandeln, daß der moderne Männerrock daraus geworden ist. Der moderne Männerrock ist nichts anderes als die verschnittene alte Toga, nur erkennt man sie nicht wieder.

Nehmen Sie zum Beispiel den Gürtel. Ja, der Gürtel ist dadurch entstanden, daß der Mensch weiß: Ich bin in der Mitte abgeteilt, so wie kein Tier abgeteilt ist. – Ein solches Zwerchfell zum Beispiel, wie der Mensch es hat, hat kein Tier. Für kein Tier hat diese Abteilung in der Mitte hier eine solche Bedeutung, wie für den Menschen. Vergleichen Sie das nur. Das vergessen die Menschen heute in der unglaublichsten Weise. Es wird zum Beispiel oftmals die Länge des Menschen mit der Länge des Tieres verglichen, um irgend etwas herauszubekommen, wieviel zum Beispiel das Tier Nahrungsmittel braucht und der Mensch. Aber denken Sie nur einmal daran: Da ist ein Tier, und da ist der Mensch. Jetzt mißt einer die Länge des Tieres, und er mißt die Länge des Menschen. Ja, meine Herren, kann man die zwei Dinge miteinander vergleichen? Das ist ja Unsinn. Dasjenige, was man da beim Tier mißt, das ist ja nur *das* beim Menschen; also können Sie nur, wenn Sie die Länge des Menschen messen vom Kopfscheitel bis hier zu dem Lendenmaß, es vergleichen mit der Tierwelt. Oder wenn Sie *das* beim Menschen mit dem Tier vergleichen wollen, können Sie das vergleichen mit dem, was hier die zwei hinteren Gliedmaßen beim Tier ausmacht. Es ist wirklich so, daß die Gedankenlosigkeit manchmal furchtbar weit geht.

Tafel 7

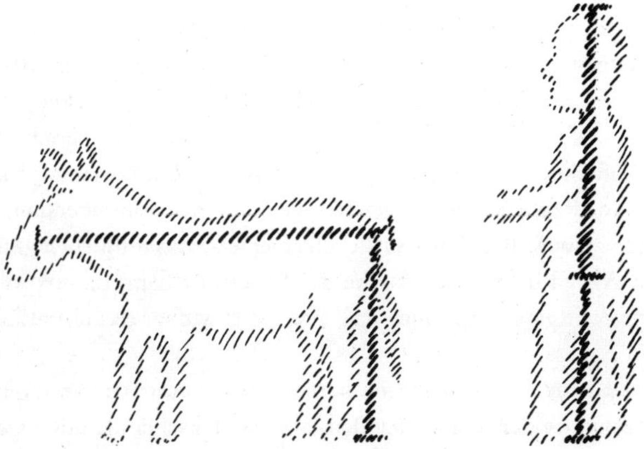

Nun, indem das primitiven Völkern bewusst wurde, was das für eine Bedeutung hat, daß der Mensch da eine Abteilung hat in der Mitte, haben sie das angedeutet durch den Leibesgürtel. So daß auch da eine menschliche Eigenschaft durch den Leibesgürtel angedeutet worden ist.

Und sehen Sie, wenn der Mensch richtig erkannt wird, so weiß man zum Beispiel, daß eine besondere Kraft sogar für das Denken in der Kniebeuge liegt. Und deshalb wurde die Kniebeuge – die wir ja heute nicht mehr besonders schmücken können, weil wir unsere Hosenröhren darüber haben – geschmückt. Daraus ist dann so etwas entstanden wie der englische Hosenbandorden, auf die Weise, wie ich es geschildert habe. Alle diese Dinge haben sich aus einer wirklichen Anschauung heraus gebildet, sind nicht aus einem solch schrecklich abstrakten, theoretischen Denken, wie wir es heute haben, entstanden.

Und, sehen Sie, die moderne Kleidung hat ja auch alle Farben verloren. Ja, warum hat sie die Farben verloren? Weil eben der Sinn für das Übersinnliche sich gerade am besten durch die Farbe ausdrückt. Und je mehr ein Mensch Freude an der Farbe hat, desto mehr ist er eigentlich geneigt, das Übersinnliche irgendwie zu begreifen. Aber unsere Zeit liebt Grau in Grau, möglichst ungefärbte Farben. Das ist aus dem Grunde, den man andeuten kann durch das Sprichwort: In der Nacht sind alle Katzen grau –, weil der moderne Mensch überhaupt nicht mehr ins Licht hineinsieht, ich meine ins geistige Licht. Es ist für ihn alles grau geworden. Das drückt er eben am besten in seiner Kleidung aus. Er weiß nicht mehr, mit welcher Farbe er sich schmücken soll, da schmückt er sich eben mit gar keiner Farbe. Man kommt eben durchaus darauf, daß alles dasjenige, was Kleidung ist, mit dem zusammenhängt, was man in alten Zeiten noch gewußt hat, was man vom übersinnlichen Menschen gewußt hat. Nun ist die allgemeine Zivilisation eben grau geworden. Aber für gewisse Zwecke des Lebens ist dann die ursprüngliche Farbigkeit geblieben, ohne daß man weiß, woher das eigentlich gekommen ist.

Solche Kleider, wie sie im modernen Staat unser Militär trägt, die sind natürlich in der Zeit entstanden, als die Menschen darauf angewiesen waren, sich immer mehr zu verteidigen. Und alle einzelnen Teile der militärischen Kleidung kann man daraufhin prüfen, ob sie irgendwie im Zusammenhang stehen mit Verteidigungsmitteln oder mit Angriffsmitteln; und im Grunde genommen kann man sagen, alle militärische Kleidung ist eigentlich heute überholt, man kann sie nicht mehr verstehen. Sehen Sie, den modernen Privatrock, den versteht man, weil er aus der römischen Toga entstanden ist. Den Militärrock, den versteht man erst dann, wenn man ihn nicht aus der römischen Toga, aus diesem Faltenwurf heraus erklärt, der in die Karikatur verzerrt worden ist, sondern wenn man ihn aus dem Rittertum des Mittelalters erklärt, wo das ganze eine Art von Harnisch war. Da ist der Harnisch umgestaltet worden.

Es ist (in der Fragestellung) auch die Fahne erwähnt worden. Sehen Sie, mit der Fahne hat es ja die folgende Bewandtnis: Auf der Fahne war eigentlich ursprünglich das sogenannte Wappentier – es brauchte nicht gerade ein Tier zu sein –, aber was war das Wappentier? Das war eben die Gruppenseele, diese Seele, die die Menschen zusammengehalten hat. Und die wollten sie auch, wenn sie in Gruppen beisammen waren, in der Abbildung vor sich haben. Da haben sie die Fahne daraus gemacht. Die Fahne ist gerade der Beweis, daß man die gemeinsamen Gedanken, die man hat, in dieser Fahne zusammenfaßt.

Da ist es ja ganz besonders wichtig, daß man sich darüber klar ist: Alte Maler waren eigentlich viel wirklicher in ihrem ganzen Malen, als die heutigen Maler. Heute malt man meistens sogenannte Staffeleibilder, das heißt, man malt Bilder, die dann in Rahmen kommen, die irgenwo hingehängt werden, weil man es so gewohnt worden ist. Im Grunde genommen hat das gar keinen Sinn. Denn warum soll man sich an eine Wand ein Bild hinhängen? So muß man fragen. In alten Zeiten war es so: Es gab Altäre; da hat man an die Altäre das Bild hingemalt, an das man sich erinnern sollte, wenn man vor dem Altar stand. Es gab Kirchen, da ging man herum. Man hat an die Wand gemalt dasjenige, was einem nacheinander in Gedanken kommen sollte, wenn man herumging. Da hatte das einen Sinn, eine Beziehung zu dem, was drinnen in den Leuten vorging.

Und, sagen wir, in alten Ritterburgen – nun, worauf gründete sich denn das Rittertum? Das Rittertum gründete sich darauf, daß die Menschen, die ihm angehörten, immer zu ihren sogenannten Ahnen hinaufsahen. Die Ahnen waren ja viel wichtiger als man selber war. Wenn man eine große Anzahl von Ahnen hatte, war man eben mehr wert. Nun, da sind die Ahnenbilder aufgehängt worden. So hatte das wieder einen Sinn.

Aber als dann dieser Sinn verlorengegangen ist, da kam ja überhaupt erst die Landschaftsmalerei auf. Und die Landschaftsmalerei – an der Wand eine Landschaft hängen zu haben, nicht wahr, man kann ja schon etwas dafür übrig haben. Ich will durchaus nicht schrecklich sein in dieser Beziehung und alle Landschaftsmalerei verschimpfen, aber schließlich kann eine gemalte Landschaft niemals so sein, als wenn man in die Landschaft herausgeht! Und so ist eigentlich im Grunde genommen die Landschaftsmalerei erst aufgekommen in der Zeit, als man keinen rechten Sinn mehr hatte für die Natur.

Wenn Sie sich noch die Bilder von vor ein paar Jahrhunderten anschauen – ja, schauen Sie sich selbst die von *Raffael* oder *Leonardo* an –, da werden Sie sehen: Dasjenige, was gemalt wird, sind die Menschen, und die Landschaft, nur ein bißchen angedeutet, ist eigentlich kindlich gemacht, weil die Menschen damit einverstanden waren, daß die Landschaft draußen in der Natur angeschaut werden soll. Aber in dem Menschen kann man verschiedenes ausdrücken; der Mensch ist nicht bloß Natur, da kann man verschiedenes ausdrücken! Und so konnte Raffael in der Maria vieles ausdrücken. Sie kennen vielleicht das Bild, das in Dresden hängt: Die Maria mit dem Jesuskinde links auf dem Arm, oben Wolken; dann sind unten zwei Gestalten: der heilige Sixtus und die heilige Barbara, dieses Bild, das man die «Sixtinische Madonna» nennt. Ja, meine Herren, der Raffael hat dieses Bild nicht dazu gemalt, daß man es irgendwo hinhänge, sondern er hat überhaupt nur die Maria mit dem Jesuskindlein gemalt, damit eine Fahne gebildet werden könne, die bei Prozessionen vorangetragen werden solle. Nun gibt es diese Prozessionen, wo man auf das Feld zum Altar geht. Da hat man immer eine Fahne gehabt, die vorangetragen wurde. Man hat an dem Altar haltgemacht, wo dann die Leute niederknieten. Dann hat da später irgendeiner diejenigen dazugemalt, die niederknieten, den heiligen Sixtus und die heilige Barbara. Die gehören gar nicht dazu zu dem Bilde, sind auch schrecklich in der Malerei gegenüber dem, was Raffael dazumal selber gemalt hat. Aber das merken die Leute nicht. Mancher bewundert die ziemlich abstoßende Gestalt der Barbara auf diesem Bilde ebenso, wie er bewundert, was Maria und das Jesuskind selber sind!

Das alles sind Dinge, die Ihnen eben zeigen: Man ist auch abgekommen von dem, was in der Malerei noch Sinn hatte. Warum wurde denn von Raffael für eine Kirchenfahne dieses Bild gemalt? Aus dem Grunde, weil die Leute diesen gemeinsamen Gedanken haben sollten, wenn sie bei ihrer Prozession waren, – was dem Sinne entsprach, aus dem man überhaupt Fahnen gemacht hat.

Nun ja, da entsteht dann eben die Begierde, doch noch einen gewissen Sinn zu verbinden mit demjenigen, was einmal erhalten ist aus den alten Zeiten, wo die Dinge einen wirklichen Sinn hatten. Sie können heute in Gegenden kommen, zum Beispiel nach Finnland, da treten einem die Leute in der alten Kleidung wiederum entgegen. Diejenigen, die da besonders national sein wollen, treten in der alten Kleidung auf, die vergessen war, die wieder erneuert wird.

Aber alle die Leute leben ja nicht mehr in der Zeit, in welcher die alten Instinkte vorhanden waren, in der mit der Kleidung ein Sinn verknüpft war. Heute müßte man gerade aus dem, was heute im geistigen Leben ist, eine Kleidung herausfinden, geradeso wie diese alten Völkerschaften eine Kleidung aus ihrem Sinn, aus dem, was sie für das Richtige in der Welt und Menschheit gehalten haben als Kleidung, herausgefunden haben. Aber dazu hat der Mensch heute gar nicht die Fähigkeit, weil er eben nichts weiß von dem wirklichen, das heißt von dem geistigen Menschen. Und so ist es gekommen, daß wir heute Kleidungsstücke haben, die eigentlich ganz sinnlos sind und die nur darauf beruhen, daß man die Sinnlosigkeit bis zum Exzeß treibt.

Der Mensch hat ursprünglich den Gürtel getragen. Der Gürtel drückte das aus, daß hier etwas Besonderes liegt im Menschen. Dieser Gürtel war dazu da, daß er das ausdrückte. Nun haben die Menschen später den Gürtel gesehen, haben gesehen, daß da der Mensch abgeteilt ist; nun haben sie diese Abteilung selber gemacht mit dem Gürtel. Statt daß der Gürtel etwas ausdrückte, führte er bei der Frauenkleidung oftmals dazu, die Frauenkleidung so zu machen, daß sie nichts ausdrückt, sondern hier nur die Leber und den Magen und alles mögliche kolossal zusammendrückt. Man kann schon sagen, ein großer Teil desjenigen, was in der materialistischen Zeit entstanden ist, ist eigentlich aus Sinnlosigkeit heraus entstanden, aus richtiger Sinnlosigkeit heraus entstanden. Es haben selbst Dinge, die wir heute als Unfug ansehen müssen, bei primitiven Völkerschaften eine gewisse Bedeutung gehabt. Nehmen Sie zum Beispiel an, wilde Völkerschaften haben die Eigentümlichkeit, sich nicht dadurch zu bekleiden, daß sie Kleidungsstücke anziehen, sondern sich auf eine andere Art zu bekleiden. Nicht wahr, das Kleid ist eigentlich dasjenige, was schmückt, was etwas dazutut zu dem, was der Mensch ist. Die Bedeutung des Kleides ist eigentlich Andeutung, Offenbarung. Also es soll das Unsichtbare durch das Kleid geoffenbart werden. Man braucht also nicht, um sich zu bekleiden, meinten die wilden Völkerschaften – sie meinen es noch heute, und andere meinen es auch –, unbedingt Stoffe dazu, sondern man kann sich auch bekleiden, indem man allerlei Zeichnungen auf den Körper selber macht. Da schmückt man sich aus durch die sogenannte Tätowierung. Es machen sich die Leute also allerlei Zeichen auf die Leiber.

Ja, meine Herren, diese Zeichen, die sich die Menschen auf die Leiber machen, die hatten ursprünglich eine ganz grosse Bedeutung. Nehmen Sie zum Beispiel an, der Mensch ritzt sich ein Herz ein auf seinen Leib. Nun ja, wenn er bei Tag herumgeht, so hat das keine große Bedeutung im Wachen. Wenn er aber schläft, dann ist das ein sehr bedeutungsvoller Eindruck auf seine schlafende Seele, was er sich in die Haut eingeritzt hat, und dann wird das ein Gedanke in seiner schlafenden Seele, den er natürlich am Morgen wieder vergessen hat, wenn er zum Bewußtsein kommt. Aber es entstand dieses Tätowieren ursprünglich eigentlich aus der Absicht, bis in den Schlaf hinein im Menschen zu wirken. Wiederum hat es später selbst bei den wilden Völkerschaften die Bedeutung verloren, wenigstens soweit, daß die Menschen es nur noch aus Gewohnheit machen, es fortsetzen aus Gewohnheit, aber es hat eben die Bedeutung verloren.

Nun, nicht wahr, alle diese Dinge müssen Sie in Erwägung ziehen. Dann werden Sie sehen, die Kleidung ist zum Teil aus Schutzbedürfnis entstanden, zum größten Teil, größeren Teil entstanden aus dem Bedürfnis, sich zu schmücken. Und das Schmücken hängt zusammen mit dem, daß man das Übersinnliche nach außen offenbar macht. Und die Menschen sind dann eben gerade mit Bezug auf die Kleidung dazu gekommen, nichts anderes mehr zu wissen, als daß der Mensch sie trägt. Und so entstanden die Nationaltrachten. Natürlich wird ein Volksstamm, der mehr genötigt ist, sich zu schützen, anliegende Kleider haben, dicke Kleider haben, den ganzen Leib mehr oder weniger mit Kleidern beladen oder wenigstens diejenigen Teile, die mehr der Kälte ausgesetzt sind. Ein Mensch in milderem Klima wird das Schmücken eben viel mehr ausbilden, wird dünnere Kleider haben, wehende Kleider haben und so weiter. Es wird also etwas von der ganzen Umgebung abhängen, von dem Klima, wie sich der Mensch zum Teil schützt, zum Teil schmückt. Dann vergessen die Menschen dieses. Wenn dann die

Völkerwanderungen kommen, dann kann es vorkommen, daß ein Volk aus der Gegend, wo die Kleidung für die Gegend gepasst hat, in eine andere Gegend einzieht, wo man gar nicht mehr einsieht, warum die Kleidung für diese Völker passen soll; aber sie haben sie eben aus Gewohnheit beibehalten. Und auf diese Weise ist es heute oft sehr schwer, aus der unmittelbaren Umgebung heraus zu finden, warum diese Menschen gerade diese betreffende Kleidung haben. Man kann dann sehen, nicht wahr, die Menschen hören eben auf zu denken. Sie sind so wie der Eisbär, der sein weißes Kleid bekommt, weil das wenig absticht vom nordischen Schnee und es dann für ihn ein Schutz bedeutet gegen allerlei Verfolgungen und so weiter – ja, wenn er es im warmen Klima tragen würde, so wäre es eben nicht ein Schutz, nicht wahr!

So ist es überhaupt: Der Mensch behält das, was er einmal gewohnt ist, durchaus bei, ohne daß er den Sinn davon noch vollständig im Bewußtsein hat. Deshalb ist es heute nicht so leicht, aus der Art und Weise, wie sich der Mensch bekleidet, das Warum zu beantworten, warum sich der eine oder der andere Volksstamm gerade so oder so bekleidet. Da muß man dann, wie gesagt, zurückgehen auf frühere Zeiten.

Sie werden zum Beispiel finden, daß die Magyarentracht der Ungarn eine ganz besondere ist. Die Ungarn tragen etwas hohe Stiefel mit engen Röhren, enganliegende Beinkleider, die so in die Röhren hineingesteckt sind, enganschließenden Rock. Es ist alles modernisiert, hat seinen ursprünglichen Sinn verloren, aber es weist darauf hin, worauf auch die ungarische Sprache hinweist; die hat nämlich meistens in dem, was ursprünglich ist, Jägerausdrücke! Es ist ja sehr merkwürdig: Wenn Sie nach Pest kommen und gehen zum Beispiel über eine Straße, finden Sie etwa eine Aufschrift wie: Kave Ház. Das ist nichts anderes als Kaffeehaus! Das ist natürlich nicht Ungarisch oder Magyarisch, sondern ein bißchen geändert aus dem Deutschen. Kave Ház sagt man dann; so merkt man nicht, daß es eigentlich ein deutsches Wort ist. Aber wenn man absieht von den zahlreichen Worten, die aus dem Lateinischen oder Deutschen kommen in dem Magyarischen, dann kommt man darauf, daß das meistens Jägerausdrücke sind, und man kommt darauf, daß die Magyaren ursprünglich ein Jägervolk sind. Und wenn man auf die Kleidung sieht, so ist es diese, die die ursprünglich bequemste für die Jäger war. Dann ist sie aber modernisiert, umgeändert worden. Da kann man das allenfalls noch begreifen. Aber wenn man vor der heutigen Kleidung steht, kann man nicht mehr viel begreifen.

Nun, Herr Burle, ist einiges klargeworden aus dem, was ich gesagt habe?

Herr Burle: So ziemlich!

Nun, dann wollen wir die Vorträge am nächsten Sonnabend fortsetzen. Vielleicht fällt dem einen oder anderen noch etwas ein, was er fragen möchte.

SIEBENTER VORTRAG

Dornach, 16. Februar 1924

Guten Morgen, meine Herren! Haben Sie etwas Besonderes heute da als Wunsch?

Herr Müller: Ja, eine kleine Anfrage. Neulich hat Herr Doktor über Arsenik gesprochen und über die dickleibigen Kinder. Vor längeren Jahren sah ich auf der Messe immer so dickleibige Kinder. Es ist mir nachträglich aufgefallen, daß die Kinder, die auf der Messe gezeigt wurden, im Alter von höchstens acht, zwölf oder sechzehn Jahren sind. Die Kinder, die dafür künstlich aufgezogen wurden, kamen manchmal aus Ungarn. Und nachdem Herr Doktor sagte, daß man das Arsenik dort so leicht findet im Gestein, möchte ich die Frage aufwerfen, wie alt derartige Kinder werden können, die so künstlich mit Arsenik aufgezogen wurden, um dick zu werden? Wäre es nicht möglich, gegen derartige Personen, die Kinder mit Arsenik aufziehen, gerichtlich vorzugehen und zu erreichen, daß das Gesetz verbietet, es zu betreiben? Oder wird das nur als Geschäftsquell ganz im geheimen benützt?

Herr Doktor hat erwähnt, daß Leute, die in einem bestimmten Stadium innehalten konnten mit Arsen, wieder herunterkamen. Mit diesen Kindern war das nicht der Fall; es waren Kinder, die annähernd zwei Zentner gewogen haben, obwohl sie erst etwa sechzehn Jahre gezählt haben. Ob diese nicht doch einer schlimmen Periode entgegengehen?

Sodann sprach Herr Doktor über Alkohol, daß wir auch Alkohol selber im Körper erzeugen, und über die verschiedenen Wirkungen des Alkohols. Der eine ist furchtbar aufgebracht, schlägt Radau und so weiter, und der andere ist ganz ruhig. Dem nächsten schlägt es auf die Augen, so wie es bei mir der Fall ist. Nach ein, zwei, drei Gläsern habe ich am anderen Morgen harte Körner in den Augen, die man kaum mit den Fingern zerdrücken kann, als die Wirkung von Alkohol.

Dann sagte Herr Doktor, daß man gewissermaßen sämtliche Krankheiten an den Augen ablesen könnte. Jetzt gibt es auch verschiedene Personen, die, wenn sie nur den Urin sehen, meinen, daß sie dann sämtliche Krankheiten erkennen wollen. In Basel hat man auch so einen; ob das seine Richtigkeit hat? Ich kann das nicht glauben.

Dann möchte ich noch fragen, ob etwas daran ist, wenn Leute irgendwo eine Medizin kriegen und sie haben einen festen Glauben daran, ob das zur Heilung beiträgt?

Dann komme ich noch auf die vorletzte Ausführung von Herrn Doktor mit dem Süßwasser zu sprechen. Es gibt einen Teich bei Darmstadt, wo von der chemischen Industrie immer heißes Wasser hereinläuft – er dampft sogar –, und in diesem Teich sind Tausende und Tausende von Goldfischen, und alle vollständig dunkelrot. Wie kommt das? Sie sind vollständig dunkelrot.

Dr. Steiner: Also das erste betrifft die verfetteten Kinder.

Die Sache ist schon so, wie Sie richtig vermutet haben, daß diese Kinder, die also in allerlei Schaubuden einfach gezeigt werden als besondere Merkwürdigkeiten, durch Arsenik oder ähnliche Stoffe – nicht wahr, dem Arsenik sind viele Stoffe ähnlich – künstlich fettgemacht werden. Sie sind ja auch, wie man leicht prüfen könnte, dann nicht besonders stark, sondern sie sind eigentlich nur fett, dick.

Nun sehen Sie, das ist aber noch etwas viel Komplizierteres als das, was ich Ihnen in bezug auf den Arsenikgenuß von Erwachsenen neulich sagte. Das, was ich damals gesagt habe, bezieht sich eben auf den Erwachsenen. Der kommt durch den Einfluß des Arsenik in die Zustände, von denen ich damals gesprochen habe. Bei diesen Kindern, an denen ja tatsächlich eine Art Verbrechen begangen wird – das ist ja nicht zu leugnen –, beruht aber die Wirkung des Arsenik oder ähnlicher Stoffe noch auf etwas anderem. Diese Kinder müssen behandelt werden in dieser verbrecherischen Art so ungefähr in dem Lebensalter, das ich Ihnen ja immer als einen wichtigen Lebensabschnitt angegeben habe: in dem Lebensalter zwischen dem Zahnwechsel, also dem siebenten, achten Jahre und der Geschlechtsreife, das ist dem vierzehnten, fünfzehnten Jahre. Und, nicht wahr, in diesem Lebensalter ist das Kind nicht nur so, daß man es in die Schule schickt, in die gewöhnliche Volksschule, weil es da am besten eben durch die menschliche Entwickelung lernen kann, sondern in diesem Lebensalter findet noch etwas ganz anderes statt.

Erinnern Sie sich, meine Herren, ich habe Ihnen gesagt, der Mensch besteht nicht bloß aus diesem physischen Leib, den man da sieht mit den Augen, den man mit den Händen berühren kann, sondern der Mensch besteht auch aus übersinnlichen, seelisch-geistigen Gliedern. Nun gibt es einen feinen Leib des Menschen, den ich Ihnen genannt habe als den Ätherleib des Menschen. Auf diesen Ätherleib muß man in der menschlichen Entwickelung ebenso hinschauen wie auf den physischen Leib. Wenn ich es Ihnen ganz schematisch aufzeichnen soll, so
Tafel 8 haben wir also den Menschen (siehe Zeichnung) seinem physischen Leib nach; aber um diesen physischen Leib herum und auch drinnen ist nun dieser feine Leib, der Ätherleib. Und weiter haben wir außer diesem physischen Leib und Ätherleib, von denen man schon den Ätherleib ja nicht sieht mit gewöhnlichen Augen, im Menschen den astralischen Leib, der empfinden kann. Die Pflanze hat noch einen Ätherleib,

sie kann wachsen; das kommt vom Ätherleib. Der Mensch und die Tiere haben einen astralischen Leib; sie können empfinden, fühlen. Das kann die Pflanze nicht. Ich habe Ihnen gesagt, daß manche Leute glauben, die Pflanze könne fühlen; sie kann es eben nicht!

Tafel 8

Sehen Sie, meine Herren, man muß sich bei jedem Stoff, der auf den Menschen wirkt, fragen: Auf welches von diesen Gliedern wirkt der betreffende Stoff? Das Arsenik nun wirkt ganz besonders auf den astralischen Leib und auf die Atmung ganz besonders stark. Die Atmung ist eben vom astralischen Leib abhängig. Wenn man also einem Menschen Arsenik gibt, entstehen alle diejenigen Folgen, die durch das Arsenik kommen, auf dem Umweg durch den astralischen Leib.

Wenn der Mensch seine ersten Lebensjahre durchmacht, von der Geburt, sagen wir bis zum Zahnwechsel im siebenten, achten Lebensjahre, da entwickelt sich vorzugsweise der physische Menschenleib. Sie können das sehen, wie sich dieser physische Menschenleib entwickelt. Betrachten Sie ein ganz kleines Kind, das kurz vorher erst geboren ist, Sie werden da noch wenig sagen können, ob es nun dem Vater oder der Mutter ähnlich sieht. Da kommen ja, nicht wahr, die Tanten und Onkel, wenn so ein Kind geboren wird. Der eine sagt: Ach, das ist der

Mutter wie aus dem Gesicht geschnitten – besonders die Füße! – der andere kommt und sagt: Das sieht dem Vater aber zum Verwechseln ähnlich! – Es ist eben so: Das kleine Kind ist noch ganz unentschieden entwickelt in bezug auf seinen physischen Leib, und erst später sieht man, wem es ähnlich wird. Betrachten Sie nur einmal ein so ausdrucksvolles Organ beim Kind, wie es zum Beispiel die Nase ist. Die Nase kann beim kleinen Kind ganz anders aussehen, als sie später wird. Bei manchen kommt es natürlich erst später, aber in der Regel ist es so, daß wenn der Zahnwechsel eintritt, die Nase, die sich verhältnismäßig am spätesten zu ihrer rechten Form, ihrer rechten Gestalt entwickelt, dann schon die gehörige Form hat.

Später, nach dem siebenten, achten Jahre, wird eigentlich der physische Leib nur noch größer, in den Muskeln stärker, aber seine eigentliche Form, seine eigentliche Gestalt hat er schon mit dem siebenten Jahre. Also es ist so, daß sich zwischen dem ersten und siebenten Lebensjahr besonders der physische Leib ausdrückt. Und zwischen dem Zahnwechsel und der Geschlechtsreife, zwischen dem siebenten, achten und dem vierzehnten, fünfzehnten Jahre, da bildet sich vorzugsweise der Ätherleib aus, in dem die Ernährungs- und Wachstumskräfte stekken. Und der astralische Leib bildet sich erst aus zwischen dem vierzehnten, fünfzehnten und dem zwanzigsten, einundzwanzigsten Jahre. Da erst bildet sich so richtig der astralische Leib aus. Nicht als ob er vorher nicht da wäre – der Mensch hat ihn schon von seiner Geburt an –, aber die eigentliche Ausbildung des astralischen Leibes geschieht erst nach dem vierzehnten, fünfzehnten Lebensjahre.

Wenn ein Erwachsener, der das vierzehnte, fünfzehnte Jahr überschritten hat, Arsenik kriegt, so hat er seinen astralischen Leib ausgebildet. Das Arsenik wirkt zwar jetzt auch in ihm, aber der Organismus kann sich doch ein bißchen dagegen wehren. Wenn aber ein Kind zwischen dem siebenten und fünfzehnten Jahre Arsenik kriegt, ist der astralische Leib noch nicht ausgebildet, da wirkt das Arsenik mit aller Kraft auf das Kind ein. Da gibt es gar keine Gegenwirkung im menschlichen Organismus. Und die Folge davon ist, daß die Arsenikwirkung, die also vorzugsweise dahingeht, daß im Menschen die Fettmassen sich ansetzen, alles ins Fett geht, verursacht, daß alles ins Kugelige geht, ins

Breite geht zwischen dem siebenten und dem vierzehnten, fünfzehnten Jahre.

Sie müssen bedenken, die Dinge, die ich Ihnen da sage, die haben für das Leben eine ungeheuer große Bedeutung! Nicht wahr, jeder von Ihnen kann sagen: Nun ja, du erzählst uns da, daß das Arsenik, wenn man es dem Kinde zwischen dem siebenten und vierzehnten, fünfzehnten Jahre beibringt, eine große Bedeutung hat, das Kind fett macht, kugelig macht; aber ich kenne Menschen, die auch, ohne daß man ihnen extra Arsenik beibringt, von Kindheit auf schon furchtbar dick wurden! – Ja, meine Herren, Sie müssen nur bedenken, daß die Stoffe, die es in der Natur gibt, überall wenigstens in kleinen Mengen vorhanden sind. Und man kann sagen: Der Mensch kann überhaupt sich nicht nähren, oder das Kind kann sich auch nicht nähren, ohne daß es etwas nimmt, wo Arsenik drinnen ist. Arsenik ist eben in den Nahrungsmitteln auch drinnen.

Nun wissen Sie ja, daß die Kinder verschiedenen Geschmack, verschiedenen Gusto haben; das eine Kind ißt dies gern, das andere jenes. Und nun gibt es eben Kinder, die lieben diejenigen Speisen besonders, die arsenikhaltig sind. Im späteren Lebensalter kommt es auch noch vor, daß man just dick von dem wird, was einem schmeckt. Wenn Sie Zeug essen, das Ihnen nicht schmeckt, so werden Sie spindeldürr. Wenn Sie Zeug essen, das Ihnen gut schmeckt und Sie auch noch Zeit haben, sich dem hinzugeben, so werden Sie dick und fett. Bei Kindern ist es aber ganz besonders der Fall; und ganz besonders ist es der Fall bei Kindern in diesem Wachstumsalter zwischen dem siebenten und dem vierzehnten, fünfzehnten Jahre. Wenn also Kinder einen solchen Gusto haben auf Speisen, die Arsenik enthalten, so werden sie dick und fett. Aber bei denjenigen Kindern, die ausgestellt werden in Schaubuden, auf Messen und dergleichen – wie der Fragesteller erwähnt hat –, ist das Arsenik künstlich beigebracht, geradeso wie in den Alpenländern, und in Ungarn ist es ebenso der Fall, wo das Arsen in den Gesteinen der Gebirge enthalten ist. Man bringt diesen Kindern also das Arsenik bei, und die Hauptsache ist, daß das Kind gerade in diesem Alter Geschmack am Arsenik kriegt. Es ist abscheulich, aber es ist so: Das Kind fängt allmählich an, nach diesem Arsenik zu begehren, wie wenn es Zucker wäre, nimmt es zu sich, und dadurch geschieht es, daß, bevor noch der astralische Leib richtig ausgebildet ist, das Kind dick und fett wird. Solche Kinder kann man eben dann zeigen, weil sie etwas Abnormes sind und furchtbar schwer werden. Und dann finden die Leute, daß das etwas Merkwürdiges ist. Die Leute wollen ja immer etwas Absonderliches sehen, und was tut man nicht alles in der Welt, um den Leuten einen Genuß zu bereiten! Es gibt ja noch ganz andersgeartete Dinge, die darauf ausgehen, den Leuten einen Genuß zu bereiten. Es gibt zum Beispiel das, daß man in demselben Alter mit Knaben noch etwas ganz anderes macht!

Sie wissen ja, in diesem Geschlechtsreifealter, mit dem vierzehnten, fünfzehnten Jahre, ändert sich auch die menschliche Stimme. Daraus sehen Sie, daß die Geschlechtsreife einen Zusammenhang hat mit der menschlichen Stimme. Bei Knaben ändert sie sich, bei den Mädchen geht das mehr auf die Brustbildung und so weiter über. Aber bei Knaben ändert sich die Stimme. Nun gibt es den Unfug – und zwar wurde er in Rom mit grosser Kunst betrieben –, daß man, um die Stimme knabenhaft zu erhalten, eine richtig hohe Stimme zu erhalten, die Knaben kastriert, das heißt, ihnen die Geschlechtsorgane herausschneidet. Das gibt die berühmten Chorknaben mit ihren ungeheuer hohen Stimmen. Nun, sehen Sie, das ist ja ein noch größerer Unfug. Aber er wird eben unter dem Deckmantel der Heiligkeit gemacht. Ich weiß nicht, ob Sie ihn kennen oder nicht? Nicht wahr, diese Sachen, die gibt es eben auch, und man muß sich nur ganz klar sein darüber, daß es so etwas auch schon in der Welt gegeben hat, und daß wirklich von den Menschen alles mögliche gemacht wird, um sogar die menschliche Natur zur Schaustellung auszunützen.

Bedenkt man nun die Folgen von so etwas, so ist es ja so, daß wenn man nun dem Menschen dieses Arsenik beigebracht hat in jungen Jahren und er dann, nachdem er dick und fett geworden ist, seinen astralischen Leib ausbilden soll, er für den dicken Körper nun viel zu klein ist! Er ist viel zu klein und kraftlos. Und die Folge davon ist, daß wenn dann mit der Geschlechtsreife der astralische Leib anfangen soll sich auszubilden, dieser astralische Leib in der Tat viel zu klein und kraftlos ist für den dicken, verfetteten Körper. Und solche Kinder, die auf diese Weise mit Arsenik gefüttert und durch Schaubuden herumgeschleppt worden sind, die haben dann einen zu kleinen astralischen Leib. Und die Folge davon ist wieder, daß sich gewisse Organe überhaupt nicht ausbilden können. Die Organe werden dann schlaff, ganz schlaff. Und insbesondere werden bei solchen Kindern die Lungen schlaff. Das ist manchmal ein furchtbarer Jammer, denn diese Kinder kommen in einen Zustand, wo sie eigentlich dann mit dem zwanzigsten Jahre oder schon noch früher nicht mehr atmen können. Das ist nicht bloß deshalb, weil die Lungen im Fett drinnen versulzen, sondern das ist aus dem Grunde, weil die Lungen dann schlaff werden, sie haben keine Kraft mehr. Und dann kommt der Zustand, wo für die Lunge etwas ganz Besonderes eintritt. Sehen Sie, meine Herren, die Lunge ist nicht bloß ein Atmungsorgan, die Lunge ist auch ein wichtiges Ernährungsorgan, und die Lunge muß richtig ernährt werden, wenn der Mensch in der richtigen Weise leben soll. Die meisten Lungenkrankheiten beruhen gar nicht darauf, daß die Atmung nicht gesund ist, sondern sie beruhen darauf, daß die Lunge nicht ordentlich ernährt wird.

Nun wird sie bei diesen Kindern vom siebzehnten, achtzehnten Jahre an überhaupt nicht mehr ordentlich ernährt, weil durch die Verfettung aller Organe die Nahrungsstoffe gar nicht bis zu der Lunge kommen. Sie kommen nämlich zu der Lunge sozusagen zuletzt, trotzdem sie ernährt werden muß. Die Nahrungsmittel machen nämlich im menschlichen Körper, wie ich Ihnen ja auch auseinandergesetzt habe, alle möglichen Verwandlungen durch. Sechs bis sieben Verwandlungen machen sie durch. Und die Lunge braucht diese siebenmal verwandelten Nahrungsstoffe, die edelsten Dinge. Bei diesen Kindern kommt es aber gar nicht mehr bis zu dieser Verwandlung. Daher sterben solche Kinder mindestens im Anfang der Zwanzigerjahre. Und man kann unbedingt sagen, daß solche Kinder, die in dieser Weise in Schaubuden ausgestellt werden, in einem Lebensalter Anfang der Zwanzigerjahre sterben müssen. Sie sterben entweder an Entkräftung oder sie werden lungenkrank. Sie sterben zumeist an Lungenkrankheit. Damit hängt zusammen, was Sie sagten, daß man solche Menschen später nicht mehr sieht, weil sie eben früher sterben.

Es ist nun natürlich schwer, gegen solche Dinge gleich gerichtlich vorzugehen. Dafür sollten die Menschen sorgen, daß es aufhört, wie überhaupt die Menschen selber mehr beitragen sollten zum richtigen sozialen Leben, als überall gleich nach dem Gesetz zu schreien. Das ist nicht das Richtige, gleich nach dem Gesetz zu schreien. Aber ich bin auch überzeugt, daß ja das, was ich Ihnen zum Beispiel jetzt gesagt habe, die wenigsten Menschen wissen. Die wenigsten Menschen wissen, wie viel schädlicher das Arsenik in dem Alter gerade ist, in welchem man es diesen Kindern beibringt, als zum Beispiel selbst in späterem Lebensalter. Und ich habe noch immer den Glauben: Wenn man die Menschen aufklärt über diese Sachen, dann wird die Sache auch ohne das Gesetz, ohne Zwang, ohne überall den Knüppel dahinter zu haben, besser. Aber wie können die Sachen besser werden, wenn man nicht aufklären kann!

Nicht wahr, Sie sagen: Nun ja, wir haben wenig gelernt, wir können das nicht wissen; das werden schon die Universitätsprofessoren wissen. – Ja, aber die wissen es erst recht nicht. Die wissen es halt eben nicht. Und daher kommt es, daß solche Dinge nicht verbreitet werden. Und das ist wichtig, daß solches wirklich in weitesten Kreisen eingesehen wird. Solche Dinge muß man unbedingt wissen.

Nun, etwas ähnliches, aber doch wiederum ganz verschieden, ist ja der Fall beim Alkohol. Über den Alkohol haben wir ja schon früher gesprochen. Aber nicht wahr, bei dieser Arsenikvergiftung, die also in einer Verfettung dann besteht, bringt es natürlich der andere den Kindern erst bei, und wenn einer als Erwachsener sich Arsenik beibringt, so tut er es eigentlich mit vollem Bewußtsein. Und man muß schon sagen: Da würde doch die Aufklärung ungeheuer stark wirken. So zum Beispiel könnte man schon sagen, daß einer, der nur einfach aus Eitelkeit, wie ich es Ihnen erzählt habe, sich Arsenik beibringt, aufgeklärt werden könnte; er würde es wahrscheinlich, wenn er die Folgen ganz genau kennen würde, unterlassen. Beim Alkohol dagegen ist ja die Sache deshalb schlimm, weil die Aufklärung da nicht gerade außerordentlich viel nützt, wenn sie nicht dahin führt, daß der Mensch gar keinen Alkohol trinkt. Denn wenn er anfängt ein, zwei Gläser zu trinken, dann kommt er eben in einen Zustand, wo die Aufklärung nachläßt, ihre Wirksamkeit zu tun, und dann trinkt er weiter. Deshalb ist es gerade beim Alkohol so außerordentlich schwer, mit der Aufklärung sehr viel zu machen. Nicht wahr, es müßte schon auch die Aufklärung wirken, und daß gerade da so viel zum Gesetz gegriffen wird, ist eigentlich eine traurige Tatsache für die Kraft der Menschheit. Es gibt heute schon Länder – denken Sie nur an Nordamerika –, da werden geradezu Alkoholeinfuhrverbote erlassen, damit die Menschen vernünftig bleiben. Ja, wenn es dahin kommt mit der Menschheit, daß die Menschheit nur noch vernünftig bleibt, überhaupt brauchbar bleibt, wenn man ihr alles einzelne vom Gesetz vorschreibt, dann ist eigentlich die Menschheit auf der Erde nicht mehr viel wert.

Mit dem Alkohol ist es ja so: Ich habe Ihnen gesagt, der Mensch erzeugt selber Alkohol in seinem Leib. Das ist ja deshalb, weil der Mensch zu seiner Konservierung Alkohol braucht. Und Sie können schon sicher sein, meine Herren, von dem Alkohol, den Sie in sich selber erzeugen, werden Sie niemals besoffen! Der hat gerade diejenige Menge, die Sie brauchen, um die Nahrungsmittel in sich zu konservieren, um alles dasjenige dauerhaft zu erhalten, was der Mensch dauerhaft braucht. Sie können sich ja denken, nicht wahr, wozu man den Alkohol braucht, den man selber erzeugt. Sie werden auch schon da oder dort einmal gesehen haben, daß wenn man ein totes Tier aufbewahren will oder irgendein menschliches Glied aufbewahren will, so kann man es nicht an die Luft stellen, sondern man setzt es in Spiritus, in Alkohol. Also der Alkohol, der erhält das totgewordene Lebendige in seiner Gestalt. Das ist ja überhaupt ein sehr wichtiges Gesetz der Natur. Wenn Sie das totgewordene Lebendige der gewöhnlichen Natur überlassen, was geschieht damit? Der menschliche Leib geht in dem Augenblick, wo er der Erde überlassen ist, zugrunde, wird aufgelöst. Und so ist es mit allem Lebendigen. In dem Augenblick, wo der Ätherleib aus dem Lebendigen heraußen ist, wird das Lebendige zerstört; nur dann nicht, wenn ein solches Mittel angewendet wird wie der Alkohol. Der Alkohol hat also in sich die Kraft, die anderen Kräfte, die ein lebendiges Glied zusammenhalten, eben auch seinerseits zusammenzuhalten.

Daraus können Sie schon sehen, der Alkohol ist nichts Irdisches. Ja, das können Sie aber auch noch aus etwas anderem sehen, daß der Alkohol eigentlich nichts gewöhnlich Irdisches ist. Der menschliche Leib und der tierische Leib und der pflanzliche Leib werden vom Irdischen zerstört; aber vom Alkohol werden sie, wie man sagt, konserviert, erhalten, bewahrt vor der Zerstörung.

Aber wie entsteht denn der Alkohol? Nun, da brauchen Sie sich ja nur den Weinstock anzuschauen. Der Alkohol entsteht gerade dort, wo die Sonne am besten den Weinstock bescheinen kann. Und Sie wissen ja, in Norddeutschland gedeihen keine Weine, weil es da schon zu kalt wird, weil da schon die Sonne nicht mehr die entsprechende Kraft hat. Wenn Sie bei Grünberg in Schlesien eine Linie ziehen, parallel dem Äquator –, von dem Grünberger werden die wenigsten Leute betrunken, weil der so sauer ist, als er nur sein kann! Nur da, wo die Sonne die Kraft ausübt auf die Pflanzen, da kann der Wein entstehen. Also wird der Wein erzeugt nicht von dem Irdischen, sondern gerade von dem Außerirdischen, dem Sonnenhaften, von dem, was außerhalb der Erde ist. Der Mensch muß überhaupt sehr vorsichtig sein, wenn er dasjenige, was außerhalb der Erde ist, in sich aufnimmt.

Wie kommt das nun zustande, wenn der Mensch selber seinen Alkohol in sich erzeugt? Das kommt auf die folgende Weise zustande, und da werde ich Ihnen etwas sagen, was Sie wahrscheinlich ganz besonders interessieren wird, nur muß man ein bißchen aufpassen, um es zu verstehen. Sehen Sie, wo ist Sonnenkraft, meine Herren? Ja, Sonnenkraft ist überall, wo die Sonne hinscheint. Aber nicht nur da, wo die Sonne hinscheint, ist Sonnenkraft, sondern die Sonnenkraft kann ja in einer anderen Weise noch da sein. Beobachten Sie einmal – machen wir es recht anschaulich: An einem recht heißen Sommertag stelle ich den Stuhl da in die brennende Sonne hinaus, lasse ihn da draußen ein paar Stunden stehen, und dann lade ich Sie ein, sich auf den Stuhl zu setzen. Sie setzen sich drauf. Donnerwetter, denken Sie, der ist aber warm geworden! Nun, nicht wahr, da ist es nicht so, daß Ihnen die Sonne auf das betreffende Organ scheint und Sie warm macht. Wenn Sie sich so lange hingestellt hätten in der entsprechenden Positur, so wäre es Ihnen dann an dem entsprechenden Organ auch so warm geworden, wie es dem Stuhl geworden ist; da hätten Sie es dann an Ihrem eigenen Leib erlebt. Aber das ist ja nicht der Fall; der Stuhl ist warm geworden. Also sehen Sie, da ist ein ganz gewöhnlicher lebloser Körper, der hat die Sonnenwärme in sich aufgenommen und gibt sie nachher an Sie ab.

Bei der Steinkohle ist das sehr viel komplizierter. Die Steinkohle hat einmal vor Tausenden und aber Tausenden von Jahren als Palmbaum oder als anderer Baum dagestanden. Wie ist das geworden? Nun, da war die Erde (siehe Zeichnung), da war der Palmbaum oder so ein palmenähnlicher Baum, der ist von der Sonne beschienen worden. Nachher ist er zugrunde gegangen, in die Erde hineingekommen. Aber geradeso, wie bei dem Stuhl die Sonnenwärme bleibt, so bleibt da drinnen in dem Palmbaum die Sonnenwärme, geht mit unter die Erde.

Tafel 8

Der Palmbaum verkohlt; die Sonnenwärme bleibt drinnen. Und nach Jahrtausenden graben Sie die Kohle so aus der Erde heraus, geben Sie sie in Ihren Ofen, und die Sonnenwärme kommt Ihnen zurück. Sie heizen ja heute mit derjenigen Sonnenwärme, die vor Jahrtausenden auf die Erde geschienen hat. Das bedenkt man oftmals nicht. Bei dem Stuhl, der Ihnen das Gesäß erwärmt, wenn Sie sich draufsetzen, da merken Sie es noch, daß die Sonne etwas zurückgelassen hat von ihrer Kraft. Bei der Steinkohle merken Sie es nicht mehr. Sie müssen also sagen: Wo in der Erde Steinkohle drinnen ist, überall wo die Steinkohle drinnen ist, da ist ganz alte Sonnenkraft. In den Steinkohlenlagern liegt überall ganz alte Sonnenkraft.

Ja, meine Herren, Sie essen aber Pflanzen. Da tun Sie die Pflanzen in sich hinein. Ihr eigener Organismus wirkt schneller als die Erde; da wird sehr schnell mit Leben begabte Kohle aus den Pflanzen verwandelt, und Sie bekommen nämlich dann in Ihrem eigenen Leibe sehr kohlehaltige Kohlensäure. Diese Kohlensäure, die Sie da drinnen haben, die verkohlt nur nicht so wie die Steinkohle in der Erde, sondern sie bleibt Kohlensäure. Nun haben Sie in der Kohlensäure Kohle, die tragen Sie in sich, und Sauerstoff, der ja aus der Luft kommt und auch aus den Nahrungsmitteln. Kohlenstoff und Sauerstoff heißt er. Aber im menschlichen Körper haben Sie auch Wasserstoff drinnen, Sie trinken zum Beispiel Wasser. Dieser Wasserstoff verbindet sich mit dem Kohlenstoff und dem Sauerstoff. Und Sie brauchen nur an dasjenige zu denken, was auch im menschlichen Leibe ist, und was unter gewissen Bedingungen anfängt stinkig zu werden. Sie brauchen ja nur an das, was vom tierischen Leib ist als Eier, zu denken – wir haben ja neulich davon gesprochen –, die werden stinkig. Das ist der Stickstoff. Nur stinkt er da nicht in der Luft, weil er mit anderen Stoffen in entsprechender Weise verbunden ist.

Nun, sehen Sie, meine Herren, Sie gehen da herum, brauchen zu Ihrem Leben Sauerstoff, Kohlenstoff, Stickstoff, und bilden drinnen in Ihrem Organismus Alkohol. Der Alkohol wird im menschlichen Organismus deshalb gebildet, damit wir nicht immer innerlich zerfallen. Der Leib würde sich ja auflösen, wie er sich als Leichnam auflöst, wenn nicht Alkohol und alkoholähnliche Stoffe entwickelt würden. Das ist natürlich so. Nun müssen wir aber fragen: Auf welche von diesen Leibern wirkt denn der Alkohol eigentlich? Sehen Sie, auf den physischen Leib wirkt ja der Alkohol außerordentlich gut zunächst, wenn er in mäßiger Weise getrunken wird, denn dann kann sich der Mensch, wenn er selber zuwenig Alkohol erzeugt, ein gutes Erhaltungsmittel im Alkohol beilegen, und dem physischen Leib schadet der Alkohol eigentlich gar nicht. Auf den physischen Leib wirkt der Alkohol im Grunde genommen gar nicht schlimm ein. Wenn der Alkohol – das bedenken die Leute zu wenig – dem physischen Leib schaden würde, dann würde es um den Weinstock schlecht stehen, denn der Weinstock hat ja auch einen physischen Leib. Der Weinstock ist nun ganz besoffen – das ist er doch, weil er lauter Alkohol in sich hat –, aber sein physischer Leib leidet gar nicht darunter. Nun ja, aber der Ätherleib, der leidet auch nicht unter dem Alkohol. Es ist nur der astralische Leib, der beim Erwachsenen unter dem Alkohol leidet. Beim Kind ist es deshalb so schädlich, wie ich gleich erwähnen werde, weil da noch etwas anderes geschieht. Aber beim Erwachsenen wirkt der Alkohol auf den astralischen Leib wiederum ein, geradeso wie das Arsenik, und namentlich auf das Ich selber. Und das Ich lebt in der Blutzirkulation. So daß der Alkohol auf die Blutzirkulation ungeheuer stark einwirkt.

Bei Kindern ist es deshalb schlimm, weil der Alkohol schon in sich einen astralischen Leib enthält. Die Pflanze hat nur einen Ätherleib, aber der Alkohol, der im Weinstock ist, hat schon einen astralischen Leib. Der wirkt so wie dasjenige, was im Blute brodelt. Kann man das nicht verstehen? Nicht wahr, das kann man doch verstehen: Der wirkt schon wie dasjenige, was im Blute brodelt. Und daher kommt es, daß das Kind, wenn es früh Alkohol trinkt, eigentlich einen astralischen Leib kriegt, den es erst mit dem vierzehnten, fünfzehnten Jahre ganz ausgebildet kriegen soll; und es hat ihn nicht in seiner Gewalt. Daher ist der Alkohol für das Kind ganz besonders schädlich, weil das Kind unter dem Einfluß des Alkohols gleich einen astralischen Leib kriegt.

Daraus aber ersehen Sie, daß der Alkohol eigentlich so richtig in dem Seelischen, in dem Geistigen des Menschen wirkt. Da wirkt er. Da zerstört er die Atmung, die Blutzirkulation, die ja vom Geistig-Seelischen ausgehen. Da wirkt der Alkohol hinein.

Jetzt müssen Sie es sich ja nicht so vorstellen, als ob der Kopf beim Menschen ein Organ für sich wäre, und die Brust ein Organ für sich wäre, sondern es geht, obzwar der Mensch dreigliedrig ist, doch alles wieder ineinander. Nicht nur der Unterleib des Menschen muß ernährt werden, sondern der Kopf des Menschen muß ganz besonders ernährt werden. Und wenn nun der eine Mensch Alkohol trinkt und er hat einen solchen Unterleib, daß der Alkohol ganz besonders gut verarbeitet wird im Unterleib –, sagen wir einmal, ein Mensch ist ein solcher, der ganz gut zwei, drei Gläschen Alkohol vertragen kann. Ich weiß nicht, ob Herr Müller das von sich sagen wollte? Aber wahrscheinlich vertragen Sie eine geringe Menge Alkohol ganz gut?

Herr Müller verneint es, indem er sagt, daß schon beim ersten Glas Bier bei ihm sich die Körner in den Augen am andern Morgen bildeten.

Also dann ist es eigentlich das Gegenteil bei Ihnen; Sie vertragen eigentlich gar keinen Alkohol?

Wird bestätigt von Herrn Müller.

Nun ja, dann sind Sie ein Beispiel für diejenigen, die den Alkohol nicht außerordentlich gut vertragen. Nun, nicht wahr, wenn einer den Alkohol nicht gut verträgt, den Alkohol also eigentlich nicht ganz gut verdaut, dann kommt der Alkohol unverdaut bis in den Kopf herein, beeinflußt dann auch die Augen und bewirkt, daß die Schleimmassen heraufdrängen nach dem Kopf. Ebenso, wie sonst beim guten Alkoholtrinker das Blut in Wallungen kommt, so kommen da bei demjenigen, der wenig verträgt, die Schleimmassen in Wallungen, und die verdichten sich außen, so daß sie eben körnig werden. Das sind Schleimmassen, die dicht geworden sind. So kann es demjenigen gehen, der den Alkohol eigentlich schon mit dem ersten Gläschen wenig verträgt. Nehmen wir aber an, es verträgt ihn einer gut. Dann tritt auch das ein, daß die Sache in den Kopf geht, aber dann geht das ins Blut hinein; und dann kommen nicht diese Körnchen, sondern dann wird die ganze Blutzirkulation des Kopfes angeregt, und es sondert die ganze Blutzirkulation des Kopfes Stoffe ab, die schädlich sind. Dann kommt der allgemeine Dusel, der allgemeine Katzenjammer, und der Mensch kommt eben in den Zustand, wo er immer weitertrinkt. Das ist also dasjenige, wobei man die Wirkung des Alkohols auf den einen oder auf den anderen Menschen unterscheiden kann.

Nicht wahr, man möchte sagen: Eigentlich sollte man diese Unterscheidungen gar nicht nötig haben, so furchtbar stark aufzusuchen, denn unter allen Umständen sollte man, wo eine besonders abnorme Wirkung des Alkohols eintritt, eigentlich den Alkohol mehr lassen. Es ist nicht gut, wenn man irgendeine Wirkung vom Alkohol hat, daß man ihn dann weitertrinkt.

Aber wie gesagt, es wirkt heute der Alkohol auf den astralischen Leib und auf das Ich. Das Ich fühlt sich angeregt. Dem Menschen schmeckt der Alkohol, und deshalb fühlt er geradezu, daß er vom Alkohol etwas hat, was ihn über das Irdische hinaushebt. Dieses Gefühl, das ist nämlich eigentlich sehr interessant; denn ich mußte Ihnen ja sagen: Der Alkohol kommt nicht vom Irdischen, sondern er kommt vom Nichtirdischen. Deshalb fühlt sich auch der Mensch über das Irdische hinausgehoben. Der Alkohol wird ein Sorgenbrecher, nicht wahr. Also der Mensch kommt eigentlich durch den Alkohol ein bißchen aus sich heraus, und das tut dem Menschen außerordentlich wohl, wenn er ein bißchen über sich hinauskommt. Und das ist dasjenige, was nun auch zu dem Alkoholunfug im weitesten Maße führt.

Nun war noch eine Frage, die wir behandeln müssen. Das ist diese, daß Herr Müller davon gesprochen hat, daß in der Nähe von Darmstadt, wenn ich Sie richtig verstanden habe, ein Teich sich befinde, und daß dort warme Industrieabwässer diesen Teich durchziehen? Aus dem, was ich schon gesagt habe, können Sie entnehmen, um was es sich handelt. Ich habe schon das vorletzte Mal versucht, Ihnen klarzumachen, daß, wenn ich sage, die Fische in dem Meer haben nicht die direkte Sonne, man natürlich nicht glauben darf, diese Fische hätten nun gar keine Sonnenwirkung; sondern geradeso, wie die Kohle nach Jahrtausenden und aber Jahrtausenden noch die Sonnenwirkung in der Erde drinnen hat, so hat das Wasser schon auch noch die Sonnenwirkung in sich. Und da, muß man sagen, muß der Fisch nur anders eingerichtet sein als die Tiere, die auf dem Land leben. Nun, das sehen Sie ja auch, daß die Fische anders eingerichtet sind. Wenn die Fische solche Lungen hätten wie die übrigen Tiere und der Mensch, da könnten sie ja natürlich im Wasser nicht leben. Sie wissen ja, daß die höheren Tiere und der Mensch, wenn sie dauernd im Wasser leben, eben ersaufen. Die können also da drinnen nicht leben. Die Fische können darinnen leben, weil sie nicht Lungen, sondern Kiemen haben; dadurch bringen sie die Luft, die im Wasser drinnen ist und die immer die Sonnenkräfte noch in sich enthält, in sich herein.

Nun wissen Sie ja, wie man Goldfischchen zieht. Man kann Goldfische nicht im gewöhnlichen Wasser ziehen, da kriegt man einfach keine Goldfische. Im Schatten können Sie Goldfische höchstens fortpflanzen, aber nicht ziehen. Da nehmen dann die Kinder von den alten Goldfischen ihre lebendige Farbe, wenn Sie sie ohne Sonne ziehen wollen;

aber Sie merken dann, wenn Sie die Goldfische im sonnenlosen Wasser halten, daß sie nach drei bis vier Monaten ganz blaß werden. Richtig ihre lebhafte Farbe bekommen die Goldfischchen, wenn sie unmittelbar Sonne ins Wasser hineinbekommen. Das ist ein Unterschied. Nicht wahr, wenn ich hier einen Teich oder auch nur ein kleines Bassin habe, und da scheint mir die Sonne hinein (siehe Zeichnung), so ist für den Fisch an derselben Stelle etwas anderes, als an einer andern Stelle ist: Dahier muß er alte Sonnenkräfte benützen, die länger schon im Wasser sind; hier kriegt er neue Sonnenkräfte, die kürzer im Wasser sind.

Tafel 8

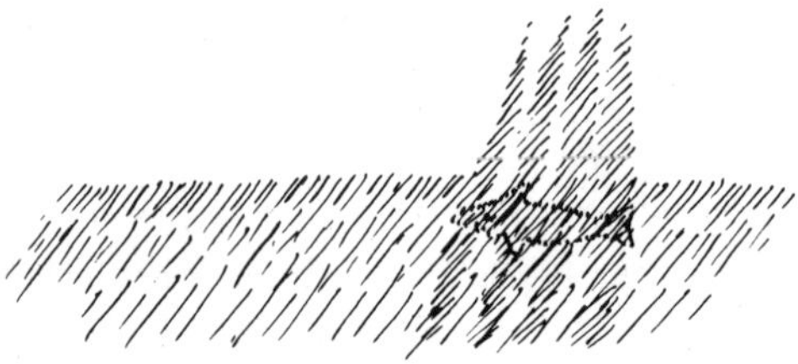

Nun, bei der Darmstädter Fabrik, die ihre warmen Wasser in den Teich hineinfließen läßt, da ist es aber noch etwas ganz Besonderes. Sie werden ja zugeben, daß dasjenige, was lange Zeit unter einem gewissen Zwang gelebt hat in bezug auf sein Leben, wenn es wiederum zu freiem Leben kommt, ganz besonders stark zappelt und sich entwickelt. Denken Sie nur einmal, wie es wäre, wenn Sie einen Menschen lange angebunden hätten. Er kann kein Glied bewegen, wenn man ihn einsperrt. Wenn er wiederum frei wird, da erfreut er sich seines Lebens, da genießt er sein Leben ganz besonders. Und jetzt denken Sie an das Wasser, das von der Darmstädter Fabrik in den Teich hineinfließt. Dieses Wasser, das hat seine Sonnenwirkung auf ganz besondere Art bekommen. Diese Darmstädter Fabrik ist ja zunächst auch mit Kohle betrieben, es geht ja alles auf die Kohle zurück. Diese Wärme, die da drinnen ist, die ist aus der Kohle. Die Kohle hat jahrtausende- und aberjahrtausendealte Sonnenkräfte aufbewahrt. Diese Sonnenkräfte fließen nun als warmes Wasser in den Teich hinein. Und es ist schon so, daß diese Sonnenkräfte, die wieder herausgeholt werden aus der Kohle, nachdem sie Jahrtausende in dem Gefängnis der Kohle gesessen haben, ganz besonders wirksam sind. Sie können also nichts Besseres tun, als diese wirksamen Sonnenkräfte mit dem warmen Wasser in den Teich hineinfließen zu lassen. Ja man könnte das sogar ganz künstlich ausbilden. Man könnte es so künstlich ausbilden, daß man überhaupt in die Bassins, in denen man die Goldfische zieht, gewärmtes Wasser hineingießt. Und namentlich wenn man es strömen läßt, wenn also die Sonnenkräfte in Bewegung kommen, dann wirken sie besonders anregend auf die Goldfische, und die bekommen die lebendigste Farbe.

Sie können folgenden Versuch machen. Denken Sie sich einmal, Sie nehmen ein großes Bassin; da lassen Sie zuerst langsam warmes Wasser einfließen unten, ruhig stehend, und dann das gewöhnliche Wasser drüber; und dann geben Sie Goldfische hinein. Dann nehmen Sie ein zweites Bassin, lassen warmes Wasser hinein, aber lassen ständig einen Strom von Wasser hineinfließen, und dann probieren Sie, welche Fische lebhaftere goldgelbe Farbe bekommen haben: nicht diejenigen, die im ruhigen Wasser sind, sondern die, welche das ständig durchgehende warme Wasser haben, denn das hält die Kräfte lebendig.

Das wirkt ja alles bei dem Industrieunternehmen auf selbständige Weise, denn da fließen immer neue warme Wasser hinein. Es ist also gar nicht wunderbar, daß da die Goldfische ganz besonders gedeihen. So sind eben einmal diese Naturwirkungen. Nur wenn man diese Dinge wirklich richtig versteht, kommt man auf diese Naturwirkungen drauf.

Sie werden sich jetzt sagen: Ja, was ist es denn eigentlich, was da in den Sonnenstrahlen wirkt? – Ja, meine Herren, das ist eben gerade der Äther, der auch in unserem eigenen Ätherleib wirkt! Was in den Sonnenstrahlen wirkt, das ist der Äther. Und wie bei uns der Äther erst das Astralische anregt, so ist es auch da draußen in der Natur.

Der Weinstock selber hat den Ätherleib in sich; aber dadurch, daß er sich mit der Sonnenwärme berührt, wird im Weinstock schon etwas Astralisches, etwas eigentlich Außerirdisches ausgebildet, und das wirkt als Alkohol. Und so kommt man eigentlich nur dadurch auf ein Verständnis der Dinge, daß man sowohl im Menschen wie draußen in der Natur auf den Menschen Rücksicht nimmt.

Und da komme ich jetzt in eine ganz andere Sache hinein, in eine kleine Ergänzung, die ich Ihnen jetzt im letzten Augenblick noch geben will in bezug auf Herrn Burles Frage über die Kleidung. Sehen Sie, ich habe Ihnen ja das verschiedenste über die Kleidung gesagt, aber es ist nämlich interessant, daß die Kleidung wirklich aus dem Instinkt der Menschen heraus so entstanden ist, daß sie dem ganzen Wesen des Menschen, der ganzen Natur des Menschen entspricht. Der Mensch hat drei Glieder schon als physischer Mensch. Er hat seinen Kopf, seine Brustorgane, wo vorzugsweise Atmung und Blutzirkulation sind, also innere Bewegung, und er hat die äußere Bewegung in den Gliedmaßen. Der Mensch besteht also schon seinem physischen Leibe nach aus drei Teilen: aus dem Kopf, aus dem Brustsystem – ich nenne es immer das rhythmische System, weil sich alles im Rhythmus bewegt – und der äußeren Bewegung der Organe, der äußeren Bewegungsorganisation.

Nun, sehen Sie, wirksam ist im Kopf ganz besonders der Ätherleib, in der Brust, in der Blutzirkulation und in der Atmung der astralische Leib und in den willkürlichen Bewegungen das Ich. Wenn Sie alle Kleidung, mit Ausnahme der etwas gar zu einfachen Kleidung der wilden Menschen – nicht wahr, der ganz Wilden – betrachten: Sie können immer sehen, was auch für Firlefanz darauf gemacht ist, im wesentlichen besteht alle Kleidung aus drei Stücken, irgendwie aus drei Stücken. Es ist natürlich überall etwas verändert; Sie müssen nur bedenken, daß das im Laufe der geschichtlichen Entwickelung der Menschheit sich furchtbar verändert hat, es ist Firlefanz dazugebracht worden, Wischiwaschi dazugebracht worden, aber eigentlich besteht jede Kleidung aus drei Teilen. Das eine ist dasjenige, was ursprünglich aus dem Schurzfell entstanden ist – und die Männer bei den alten Ägyptern haben im wesentlichen nur Schurzfelle getragen. Wofür ist das die Kleidung beim Menschen? Für die Gliedmaßen. Der Mensch hat ausgedrückt, daß er mit den Füßen gehen kann, indem er die Füße bedeckt hat. Die Kraft der Füße, der Bewegungsorganisation, sollte mit dem Schurzfell ausgedrückt werden.

Interessant ist, daß solche Dinge sich dann forterben, und daß die Freimaurer bei ihren Versammlungen das Schurzfell als eine besondere Auszeichnung tragen. Das ist eine alte ägyptische Erbschaft. Geradesowenig meistens, wie die Leute heute wissen, warum sie sich Orden anheften, ebensowenig wissen die Leute, warum sie sich das Schurzfell anlegen. Das Schurzfell wird angezogen als Zeichen, daß man mit seinen Gliedmaßen besonders stark wirken soll. Und aus dem Schurzfell ist alles entstanden, was in irgendeinder Weise die Gliedmaßen betrifft, zum Beispiel unsere Hosen, allerdings so stark verändert, daß sie uns eher hindern am Gang, als fördern. Das bezieht sich also auf die Gliedmaßen. Das Schurzfell haben die Ägypter besonders künstlich ausgebildet, das sie in besonderer Weise anliegend gemacht haben an die Gliedmaßen; sie haben die Arme dann hineingestreckt, und es ist so das Schurzfell entstanden, das heraufgeht, Brustlatz kriegt, Ärmel, so daß auch die oberen Gliedmaßen darin eingespannt werden.

Das zweite, meine Herren, das ist, daß der Mensch das Brustsystem in der Kleidung zum Ausdruck bringt. Und dieses Brustsystem bringt er am besten in alledem zum Ausdruck, was hemdartig ist und über den Kopf gezogen wird. Das war besonders bei den alten Assyrern ausgebildet. Da wurde das hemdartige Kleidungsstück ausgebildet, wo man oben durchschlüpft und was dann glatt hinuntergeht. Das ist der Ausdruck für das Brustsystem, für die innere Bewegung. Daher werden auch die Falten so gemacht. Die Griechen haben dann das übernommen von Asien herüber und haben diesen künstlichen Faltenwurf hinzugefügt, der gewissermaßen sogar die Blutadern nachahmen sollte in ihrem wichtigsten Verlauf. Es war so gehalten, daß die wichtigste Blutzirkulation und die Strömung da drinnen nachgemacht wurde.

Das dritte ist der Mantel, der Mantel, der übergeworfen wird. Nun, der Mantel, der übergeworfen wird, der ist ursprünglich nicht bloß über die Schultern geworfen worden, sondern auch über den Kopf. Sie können das in gewissen Landesgegenden sehen, da wird es noch in derselben Art gemacht. Der Mantel wird so über den Kopf geworfen, daß er auch den Kopf bedeckt. Im Mantelwurf, da drückt sich wiederum der Gedanke für alles, was aus dem Kopf kommt, aus; im Schurzfell mehr der Wille, der in den Gliedern lebt; in dem Hemdartigen, das wir haben – nicht wahr, es ist nur noch wenig in unserer Weste enthalten, aber bei dem Priesterkleid, bei dem Kleid der katholischen Priester können Sie es noch sehr gut ausgebildet finden –, das ja in der weiblichen Kleidung noch immer vorliegt, da ist die Brustkleidung. Und die Kopfkleidung ist der Mantel. Nur natürlich hat das Wandlungen durchgemacht. Denken Sie sich den Mantel, der geworfen wird um die Schultern und auch über den Kopf, da herübergeworfen wird (siehe Zeichnung), er bedeckte ursprünglich den Kopf. Wenn es ein roter Mantel ist, ist es sehr schön. Die rote Farbe, die ist so, daß man gar nicht danach trachtet, sie

Tafel 8

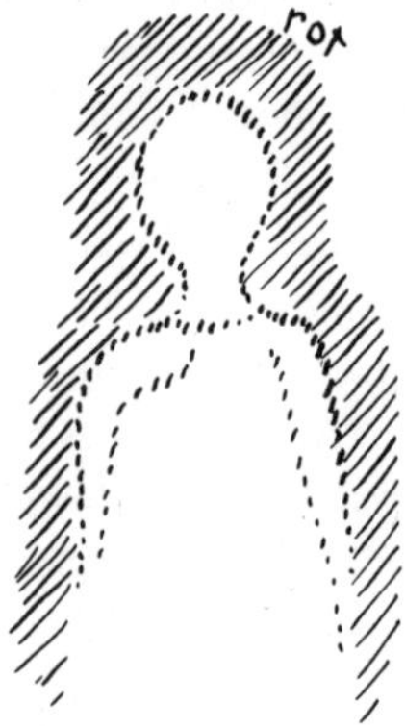

zu entstellen. Es ist dann die Zeit gekommen, von der ich das letzte Mal gesprochen habe, wo die Menschen nicht mehr aufmerksam sind auf die Farben. Da haben sie sich auch einen schwarzen Mantel oder einen blauen gemacht. Und was haben sie getan? Sie haben den Mantel hier abgeschnitten und die Kopfbedeckung extra gemacht! Der Hut ist daraus geworden. Das kann man ihm natürlich heute nicht mehr ansehen. Aber ich muß doch noch sagen: Wenn ich einen Menschen mit Frack und Zylinderhut daherkommen sehe, so sage ich mir immer: Donnerwetter, wie hast du dich verändert! – denn ursprünglich war Frack und Zylinderhut ein Mantel. Dann ist der Mantel heruntergeschnitten worden, hat seine schreckliche Form bekommen vom Frack, und oben ist der Zylinderhut geblieben, der bedeckt den Kopf. Da kann man es ursprünglich noch sehen. Sehen Sie einmal einen Zylinderhut mit einem Frack zusammen, und versuchen Sie dann den Zylinderhut vorne auseinanderzuschneiden, daß Sie das ganze über den Kopf werfen können, dann haben Sie das, woraus Frack und Zylinder entstanden ist. So muß man zurückgehen auf die alte Kleidung, dann kriegt man heraus, woraus die Kleidung entsteht; obwohl ich nicht glaube, daß Herr Burle so viel Frack und Zylinder trägt, daß er aus dem Grunde gefragt hat, wie es sich verhält. (Heiterkeit.) Aber es sieht schon so aus bei den Leuten, als ob der Kopf selber abgeschnitten wäre, wenn sie in Frack und Zylinderhut herumgehen.

Nächsten Mittwoch neun Uhr früh dann die Fortsetzung.

ACHTER VORTRAG

Dornach, 20. Februar 1924

Guten Morgen, meine Herren! Nun, Sie haben vielleicht wieder eine Frage?

Herr Müller fragt, wovon es herrühren könnte, wenn eine Veränderung der Pupillen stattfindet?

Dr. Steiner: Das ist schon eine sehr persönliche Frage! Sie müßten einmal hinunterkommen ins Klinisch-Therapeutische Institut; wenn ich einmal wieder hinuntergehe, werde ich es Ihnen sagen, damit Sie dann hinkommen können. Das ist eine ärztliche Sache.

Weitere Frage: Was der Längsstreifen bedeutet an den Seiten der Fische?

Weitere Frage: Ein Mann hat furchtbar viel Alkohol getrunken, ist vor acht Wochen jetzt gestorben. In den letzten Tagen, bevor er gestorben ist, hat er Schokolade und Zukker gegessen, was er sein Lebtag nicht getan hatte. Wie kam das wohl?

Dr. Steiner: Nun, was die Frage wegen des Längsstreifens bei den Fischen betrifft, so müssen Sie sich über folgendes ganz klar sein. Wenn man irgendeines der Wesen betrachtet, sei es der pflanzlichen, sei es der tierischen Welt, so muß man sich fragen, wie diese Wesen der Außenwelt gegenüberstehen. Sehen Sie, die Pflanzen haben ihre grüne Farbe zunächst in den Blättern. Diese grüne Farbe in den Blättern rührt davon her, daß die Pflanze ein ganz bestimmtes Verhältnis zum Licht und zu der Wärme hat. Die Pflanze nimmt auf der einen Seite dasjenige, was aus dem Licht kommt, auf und gibt anderes zurück, nimmt es nicht auf. Und davon rührt die grüne Farbe der Pflanze her.

Ebenso können Sie sich fragen: Woher rührt das eine oder das andere bei den Fischen? Nun mache ich Sie nur darauf aufmerksam, daß Sie sehen werden, daß Fische, welche mehr im trüben Wasser leben, eine viel dunklere Farbe haben als diejenigen, die im durchhellten Wasser leben. Diejenigen Fische, die mehr die Dunkelheit aufsuchen, sind so bläulich, schwarz sogar. Diejenigen Fische, die mehr das Helle aufsuchen, sind selbst in ihrer Farbe heller. Man kann daher schon sehen, wie der äußere Einfluß von Licht und Wärme auf die Fische wirkt.

Und betrachten Sie einmal andere Tiere, die in Gegenden leben, wo viel Schnee ist, zum Beispiel die Eisbären. Sie nehmen selber eine weiße Farbe an. Alles dasjenige, was lebt, ist irgendwie der Umgebung ausgesetzt.

Nun, bei den Fischen ist es ein ganz deutliches Verhältnis ihrer eigenen Wesenheit zu ihrer Umgebung. Und diese Streifen am Rand sind dazu da, um die Fische in feiner Weise empfindlich zu machen für Licht und Wärme, die in ihrer Umgebung sind. Die Fische werden also dadurch besonders empfindlich. Nicht so sehr nützt ihnen das – ich habe schon einmal davon gesprochen – für die Art, wie sie sich fortbewegen, wohl aber für die Art, wie sie innerlich Licht und Wärme verarbeiten, so daß das also eine Art von Nervenorgan ist.

Was Ihre andere Frage betrifft über den Mann, der das ganze Leben Alkohol getrunken hat und nun anfing, vor seinem Ende ganz fromm zu werden und die fromme Schokolade und Zucker aß – Sie sagen: die letzten Tage vor seinem Tode –, nun, diese Erscheinung kann man leicht verstehen, wenn man sie mit zahlreichen anderen vergleicht, die durchaus im Leben vorkommen. Ich habe viele Menschen kennengelernt, die alt geworden sind. Indem sie alt geworden sind, haben sie zum Beispiel ihre Schrift immer mehr und mehr zitterig werden sehen. Die Schrift wurde zitterig; sie konnten nicht mehr recht schreiben, und man merkte gerade an der Schrift, daß sie alt geworden sind. Sie hatten früher vielleicht eine Schrift, wobei sie schrieben, sagen wir: Lehfeld Tafel 9
(scharf, deutlich), und dann schrieben sie: Lehfeld (zitterig). Dann aber, die letzten Tage vor ihrem Tode, stellte sich heraus, daß sie wieder in eine gewisse scharfe Schrift hineinkamen; sie konnten plötzlich wiederum gut schreiben. Ich habe viele Menschen kennengelernt, die ihre früheren scharfen Schriftzüge vor dem Tode wiederum bekommen hatten. Ebenso ist in zahlreichen Fällen beobachtet worden – ich teile Ihnen da nicht gerade eine eigene Beobachtung auf diesem Gebiete mit, aber gut beglaubigte Beobachtungen, die gemacht worden sind –, daß Menschen, die als Kind irgendeine Sprache gelernt haben – als Kind sind sie vielleicht in irgendeinem fremden Land gewesen, haben eine Sprache gelernt und haben sie wieder vergessen; das kommt ja vor; nehmen wir an, sie hätten so als vierzig-, fünfzigjähriger Mann durchaus keine Mög-

lichkeit gehabt, in dieser Sprache sich mit irgend jemand anderem zu verständigen –, plötzlich ein paar Tage vor ihrem Tode anfangen, in dieser Sprache wiederum ganz verständlich zu reden. Es kam wiederum heraus! Ja, sehen Sie, das sind doch sehr bedeutsame Erscheinungen. Was geht denn da eigentlich vor? Dieses geht vor, daß der Mensch, wenn er stirbt, seinen physischen Leib, also das eine Glied seines Wesens, für die Erde zurückläßt; das löst sich in der Erde auf, das wird in der Erde zerstört. Vom nächsten Glied seines Wesens, dem Ätherleib, habe ich Ihnen gesagt, daß er ein paar Tage nach dem Tode sich allmählich im allgemeinen Weltenäther auflöst. Und dann bleiben vom Menschen noch zurück, um durch die geistige Welt zu gehen, der astralische Leib und das eigentliche Ich. Die gehen dann durch die geistige Welt.

Da findet ja eine vollständige Trennung der einzelnen Glieder des Menschen statt. Und derjenige, der dafür ein Auge hat, kann schon beobachten an jemandem, dessen Tod nahe ist, wie sich die verschiedenen Glieder, physischer Leib, Ätherleib, astralischer Leib, voneinander lösen. Nun, was ist das, wenn einer seine Schrift ändert ein paar Tage vor seinem Tode? Ja, meine Herren, mit dem physischen Leib schreiben wir nicht! Womit schreiben wir denn eigentlich? Wir schreiben mit dem Ich! Wir bedienen uns des physischen Leibes nur als Werkzeug des Ichs, wenn wir schreiben. Und unser Ich, das wird ja nicht alt! Mit Ihrem Ich sind Sie heute noch so jung wie Sie geboren worden sind. Das Ich wird ja nicht alt. Der astralische Leib wird auch nicht in demselben Maße alt wie der physische Leib. Aber der physische Leib ist es, dessen man sich bedienen muß als Werkzeug, wenn man schreiben will, Also der physische Leib, der muß mit seiner Hand die Feder ergreifen. Nun wird der Mensch, indem er alt wird, immer schwächer und schwächer, und er kann nicht mehr recht an seinen physischen Leib heran. Aber nicht nur das, sondern im physischen Leib selber lagert sich allerlei ab. Und die Folge davon ist, daß der Mensch seine Finger nicht mehr recht gebrauchen kann. Er wird ungeschickt, zittert, statt daß er feste Striche macht, wenn er schreibt. Ist nun der Mensch dem Tode nahe, dann lockert sich schon der Ätherleib vom physischen Leib heraus. Da geschieht eine Lockerung. Das kann zuweilen ein paar Tage vor dem

Tode geschehen; manchmal geschieht es im letzten Augenblick. Man darf nicht sagen, daß man etwa einen Menschen, dem man tagelang vor seinem Tode ansieht, er könnte auch sterben, nicht mehr versuchen sollte zu heilen; es kann wiederum das, was sich gelockert hat, zusammengefügt werden. Man muß immer, solange ein Mensch lebt, unter allen Umständen versuchen, ihn zu heilen. Aber die Sache ist doch so, daß bei vielen Menschen tagelang vor dem Tode sich der Ätherleib lockert.

Nun, wenn sich der Ätherleib lockert, dann wird der Mensch stärker. Daß der Mensch stärker wird, wenn sich sein Ätherleib lockert, das können Sie auch noch aus etwas anderem sehen. Es gibt eine Sorte von Verrückten, die entwickeln eine ungeheure Stärke, eine ganz außerordentliche Stärke. Sie könnten oftmals erstaunt sein über das, was ein solcher Verrückter an Stärke leisten kann. Nicht nur, daß die Prügel, die er verabreicht, furchtbar viel stärker sind als diejenigen von andern, sondern Möbelstücke, bei denen es keinem Menschen einfällt, daß er sie heben kann, die hebt zuweilen ein Verrückter mit Leichtigkeit. Also Sie sehen, da tritt etwas Merkwürdiges ein, was einen solchen Menschen von einem normalen Menschen unterscheidet. Was tritt beim Verrückten ein? Nun, beim Verrückten ist der Ätherleib immer etwas locker, oder der Astralleib ist gelockert. Nun ist der Mensch durch den physischen Leib nicht gerade stark, sondern schwach. Er muß den physischen Leib bedienen durch den Äther- oder Astralleib. Man sagt ganz richtig im Volksmund: «Es ist eine Schraube bei ihm los» – es ist etwas gelockert. Das Volk spricht zuweilen sehr richtig, weil ein Instinkt des Übersinnlichen beim Volke vorhanden ist, und in solchen alten Volkssprüchen sollte man nicht etwas Verächtliches sehen, sondern etwas, was durchaus stimmt. Wenn nun der Verrückte seinen Äther- oder Astralleib gelockert hat und dadurch stark wird, so ist er eben als Verrückter in derselben Lage, in der einer ist, dessen Ätherleib sich schon gelockert hat, weil er in ein paar Tagen stirbt. Und wenn er im Ätherleib stärker wird, kann er wieder besser schreiben. Wenn er im astralischen Leib stärker wird – da ist ja alles drinnen, was man vergessen hat –, da zieht er dann aus dem astralischen Leib heraus, was er vergessen hat und kann wiederum die früher gehandhabte Sprache sprechen.

Aber nun nehmen Sie Ihren Fall. Sehen Sie, ich habe ja den Mann nicht gekannt und weiß daher nicht, wie er gelebt hat. Vielleicht haben Sie ihn gekannt? Sie können ja dann auf gewisse Fragen antworten. Haben Sie ihn gut gekannt? – Nun, sehen Sie, bei einem solchen Menschen kommt es sehr stark in Betracht, ob er vielleicht eine Frau oder jemand anders in der Umgebung gehabt hat, vielleicht könnten Sie es selber gewesen sein, der ihm fortwährend vorgeredet hat, wie schädlich es ist, so viel Alkohol zu trinken? (Das wird bestätigt.) Nun, da haben wir gleich irgend etwas, was uns auf die Spur führen wird. Er hat in seiner Umgebung Leute gehabt, die ihn immer ermahnt haben, er solle nicht so viel trinken, weil das nicht das Richtige ist und er sich damit schadet. Bei dem Mann ist das, wie man sagt, bei dem einen Ohr rein-, bei dem andern Ohr rausgegangen. Wiederum eine volkstümliche Redensart, die gar nicht so unbegründet ist. Es ist schon so, daß der Mensch für gewisse Dinge so gestimmt ist, daß sie bei dem einen Ohr rein-, bei dem andern Ohr rausgehen. Warum? Nun, weil der astralische Leib die Dinge überhört. Das Ohr ist ja nur das Werkzeug des Hörens. Der astralische Leib überhört es.

Nun kommt es aber doch vor, daß der astralische Leib die Sache hört, aber der physische Leib nicht mittut, weil der betreffende Mensch zu schwach ist. Nun denken Sie jetzt. der Mann hat meinetwillen von Herrn Erbsmehl selber gehört: Du bist ein ganz verrückter Kerl – ich sage es jetzt ganz radikal, nicht wahr –, weil du dich alle Augenblicke besäufst! Das geht nicht, das ist menschenunwürdig! – und so weiter, und der Mann hat das alles heruntergeschluckt. Das ist so geschehen, das geschieht ja schon einmal im Leben, daß die Leute die Sache herunterschlucken und dann wieder weitermachen. Aber sein astralischer Leib hat etwas davon behalten. Vielleicht haben Sie es so stark gesagt und so oft, daß der astralische Leib und der Ätherleib gar nicht wegkommen konnten, ohne das zu behalten. Solange die im physischen Leib drinnen ganz ohne Hindernis steckten, so lange haben sie nichts gehört. In dem Augenblick, wo der physische Leib so wurde, daß der Ätherleib und der astralische Leib gelockert wurden, ja, da plötzlich kam durch den Ätherleib und den Astralleib der Gedanke in den Menschen hinein: Der Herr Erbsmehl könnte doch recht gehabt haben!

Vielleicht ist das ganz verrückt, daß ich das ganze Leben hindurch so viel getrunken habe. Jetzt will ich einmal – nun, das können Sie sich ja denken, wenn die Dinge gelockert sind – Buße tun! – Da sagen dann der astralische Leib und der Ätherleib: Aha, jetzt trinkt er keinen Alkohol, jetzt trinkt er Schokolade und Zuckerwasser! – Vielleicht hätte er auch Limonade getrunken, wenn welche dagewesen wäre.

Dadurch, daß so etwas auftreten kann, wird gerade für den, der die Dinge verständig ansieht, der Beweis geliefert, daß da im Menschen allerlei sitzen kann, was nicht herauskommt. Den gegenteiligen Fall habe ich Ihnen auch einmal erzählt. Der gegenteilige Fall war, wo die Geschichte nicht im Astralleib und Ätherleib drinnenblieb, sondern zu stark in den physischen Leib hineinging, wo man gewissermaßen viel zu viel auf die Sache hinhörte. Der gegenteilige Fall ist der: Einem ehemaligen Bekannten von mir – er war ein sehr gelehrter Herr – passierte es eines Tages, daß ihn das Bewußtsein und das Gedächtnis verließen. Er wußte nicht mehr, wer er einmal war, was er getan hat; von seiner ganzen Gelehrsamkeit wußte er nichts mehr. Alles hatte er vergessen. Er wußte nicht einmal, daß er er selbst ist, daß er er ist. Aber trotzdem, sein Verstand war klar. Der Verstand wirkte ganz klar. Er ging zum Bahnhof, löste sich ein Eisenbahnbillett und fuhr weit. Geld hatte er sich auch mitgenommen, das, was er noch gehabt hat. Er konnte weit fahren. Als er angekommen war an der Station, wohin das Billett gelautet hatte, kaufte er sich ein neues. Und das tat er mehrmals, wußte gar nichts von dem, was er tat. Der Verstand ist aber so abgesondert vom eigentlichen Menschen, daß alles ganz verständig geschah, wie die Tiere verständig handeln – wie ich Ihnen oftmals an manchem guten Beispiel gezeigt habe –, ohne daß sie ein Ich haben. Nun, da fand er sich einmal wiederum, das Gedächtnis kam wiederum. Er wußte, wer er ist. Seine Gelehrsamkeit rückte auch wiederum im Kopfe herauf; aber er befand sich in Berlin in einem Obdachlosenasyl! Da ist er zuletzt gelandet. Abgereist ist er von Stuttgart. Man konnte nachher konstatieren, daß er dort abgereist ist. In bewußtlosem Zustande ist er in Budapest und so weiter gewesen. Den Weg von Berlin nach Stuttgart hat er wiederum machen können. Dann hat ihn jemand von seiner Familie abgeholt, die furchtbar in Ängsten war. Er hat das wieder machen können. Er hat dann allerdings durch Selbstmord geendet. Das eine Mal kam es durch Bewußtlosigkeit heraus, das andere Mal durch Selbstmord.

Aber was geht denn da vor in einem solchen Fall? Ja, sehen Sie, diesen Mann, von dem ich Ihnen jetzt erzählt habe, den habe ich tatsächlich so vor mir, daß ich ihn eigentlich jederzeit malen könnte. Der Mann hatte Augen, von denen man glauben konnte, sie wollten immer mehr tiefer in den Kopf hinein. Er hatte hier vorne so etwas, wie wenn die Nase sich eingegraben hätte – das alles natürlich sehr leise angedeutet – in den physischen Leib. Er sprach mit einem in einer ganz merkwürdigen Weise. Er sprach mit einem so, daß er ganz anders überzeugt war von seinen Worten als ein anderer Mensch. Man hatte das Gefühl, der schmeckt seine eigenen Worte immer auf der Zunge und verschluckt sie, so gern hat er sie. Es gefällt ihm so, wenn er etwas spricht, er schluckt das alles in sich hinein. Und wenn man ihm irgendwie widersprach, da wurde er recht böse. Aber er zeigte äußerlich nicht viel von diesem Bösewerden, sondern sein Gesicht verzerrte sich. Wenn irgendwo auf der Straße ein Wagen knatterte, dann fuhr er furchtbar zusammen; wenn Sie ihm irgendeine Neuigkeit erzählten, dann fuhr er ebenso zusammen, ob sie nun freudig oder traurig war.

Sehen Sie, dieser Mensch hatte zuviel zugehört, und alles drückte sich gleich in seinem physischen Leibe aus. Und dadurch hatte er die Gewohnheit, daß der astralische Leib immer ganz tief in den physischen Leib sich eingrub; er behielt nichts für sich, wie Ihr Alkoholiker, sondern alles grub sich in den physischen Leib ein, bis der physische Leib soweit war, daß er auch sein eigenes Ich eine Zeitlang verrückte.

Da haben Sie den entgegengesetzten Fall. Bei diesem Alkoholiker blieben die Ermahnungen im astralischen Leib sitzen und kamen hervor, als er sich lockerte. Bei jenem anderen, von dem ich Ihnen erzählt habe, setzte sich der astralische Leib so tief in den physischen Leib hinein, daß der physische Leib dann auch für sich fortging.

Sie sehen also, es sind im Menschen überall die Anzeichen dafür vorhanden, daß diese höheren Glieder, diese übersinnlichen Glieder mit seinem physischen Leib und mit seinem Ätherleib in einer innigen Verbindung stehen. Dieses alles zeigt Ihnen aber, daß man das Leben wirklich nur kennenlernen kann, wenn man auf solche Lebenszusammenhänge hinschaut, die einem direkt verraten: Da ist ein physischer Leib im Menschen, da ist ein Ätherleib im Menschen, da ist ein astralischer Leib, da ist ein Ich.

Sie können an dem Fall, wo der Betreffende plötzlich ganz andere Appetite bekommt unter dem moralischen Druck dessen, was er im Leben im astralischen Leib gelassen hat, auch sehen, wie noch andere Erscheinungen eintreten können. Da gibt es zum Beispiel folgendes. Ich will Ihnen jetzt eine interessante Geschichte erzählen. Da gab es einmal eine Frau, die handelte mit Gemüsen und ähnlichen Dingen. Es ist noch die Zeit, die schon weit hinter uns liegt. Die Frau ging mit ihrem Gemüsekorb von Haus zu Haus. Nun, sie war immer so, daß man sie eben nahm als eine Frau, die nun so ist, wie eine Gemüsehändlerin eben das Leben auffaßt. Sie lachte, wenn irgend jemand etwas Witziges sagte; sie war sonst gleichgültig im Leben. Sie trug ihr Gemüse in die Häuser, nahm ihr Geld entgegen und verbrachte so das Leben. Da kam sie einmal in eine Wohnung und wollte Gemüse verkaufen. Es war sonst niemand da als der Herr des Hauses, der ihr aufmachte. Und dieser Herr des Hauses, der hatte einen ganz besonderen Blick. Der schaute die Leute nämlich sehr streng an und hatte schon öfter bemerkt gehabt, wenn er die Leute mit seinem besonderen Blick anschaut, dann werden die Leute über etwas gesprächig, über das sie sonst schweigen. Nun stellte sich das Folgende heraus; das ist eine sehr gut beglaubigte Sache. Diese Gemüsefrau kam zu dem Mann; der schaute sie an. Sie erschrak. Er sagte gar nichts, schaute sie nur an. Er sah, daß sie erschrak, redete kein Wort, sondern schaute sie weiter an. Nun erschrak sie nicht nur, sondern sagte: «Schauen Sie mich nicht so an! Schauen Sie mich bitte nicht so an, ich will Ihnen alles sagen!» Er sagte nichts, schaute sie aber weiter an. Da sagte die Frau: «Ja, aber ich hab's ja nur aus Angst getan.» Er sagte wieder nichts, er schaute sie nur weiter an. «Schauen Sie mich nicht so an, ich hätte es ja wirklich nicht getan, wenn ich's nicht aus Angst getan hätte!» Er sagte wieder nichts, schaute sie nur weiter an. «Ja, ich will Ihnen auch alles sagen, aber schauen Sie mich nicht so an!» Er schaute sie an. «Ich will Ihnen alles sagen! Ja, sehen Sie, ich hätte es ja nimmermehr ermordet, wenn ich es nicht, wenn ich es nicht aus Angst getan hätte!» Weiteres Anschauen. «Ja, ich habe mich so vor den Leuten gefürchtet, das Kind hätte etwas ganz Schlimmes von mir gesagt, und da habe ich es aus Angst getan. Ich war ja gar nicht ordentlich bei Bewußtsein!» Und sehen Sie, diese Frau hat ihm einen Kindesmord, den sie begangen hat, von A bis Z erzählt! Was ist denn da vorgegangen?

Die Sache ist so: Dieser Mann hatte einen gewissen scharfen Blick. Wenn der Mensch seine gewöhnlichen Augen hat, nun ja, da redet er mit den anderen, er stößt sie nicht besonders. Wenn einer einen Blick hat, den er leicht fixieren kann, der dann durchdringend wird, dann magnetisiert, könnte man sagen, dieser Blick den Ätherleib des Menschen. Und im Ätherleib sitzt das Gewissen. Wenn der Ätherleib einfach richtig eingeschaltet ist in den physischen Leib, nun ja, nicht wahr, da wird der Mensch, wenn sich so etwas regt, das gleich hinunterstoßen. Wenn aber der Ätherleib magnetisiert wird durch solch einen Blick, dann lockert sich dieser Ätherleib. Und wenn der Mensch nun etwas auf dem Gewissen hat, dann lockert sich das mit und geht herauf und beunruhigt den astralischen Leib und das Ich. Und die Folge davon ist, daß durch diese mit dem Ätherleib geschehene Lockerung des Gewissens der Mensch Geständnisse ablegt, die er sonst nicht ablegen würde.

Das sind die Dinge, die wiederum zeigen, wie der Ätherleib, wenn er künstlich herausgelockert wird aus dem physischen Leib, selbständig wirkt und wie eigentlich der physische Leib vieles verbirgt im Menschen, was der Mensch in sich trägt. Und das kommt dann, wenn sich der Ätherleib lockert, unter Umständen – nicht immer, aber unter Umständen – vor dem Tode heraus.

In diesen Sachen ist auch viel Mißbrauch getrieben worden. Wenn Sie so ein bißchen Lebensbeobachter gewesen sind vor dem Krieg, da konnten Sie auf den Reisen in jedem Hotel oder dort, wo sonst die Briefe aufgeschichtet sind, daß sich das die Leute abholen, daß sie es nehmen, überall immer wieder dasselbe finden: irgend etwas, was die Aufschrift hatte von einer amerikanischen Gesellschaft. Da steckte überall dasselbe. Was war dazumal geschehen? Nun, da war eine amerikanische Gesellschaft begründet worden, die hatte Filialen.

In Berlin war eine solche Filiale, in Frankfurt, in den meisten größeren Städten waren solche Filialen. Es muß also das Geschäft gut gegangen sein! Da wurde angekündigt, daß derjenige, der Macht über die Menschheit gewinnen will, Büchelchen kriegt von dieser amerikanischen Gesellschaft. Er braucht nur so und so viel Geld einzuschicken, dann kriegt er Büchelchen, und in diesen Büchelchen ist die Anweisung darinnen, wie er Macht über die Menschheit kriegt. Nun, alle Reisenden, alle Agenten, die haben sich gedacht: Das ist doch eine schöne Sache, Macht über die Menschen zu gewinnen. Donnerwetter, da werden wir viel verkaufen, da wird uns kein Mensch widerstehen können! – Diese Büchelchen fingen gleich damit an, daß Anweisungen darinnen waren, wie der Betreffende seine Augen so einstellen solle, daß er dem andern nicht in die Augen schaut, sondern auf den Punkt, der zwischen den Augen liegt, soll er starr hinblicken; dann wird der andere magnetisiert, und er kommt unter seinen Einfluß und tut, was der will. Nun, wissen Sie, die Weinreisenden und die andern Reisenden haben sich das alles kommen lassen. Und man konnte sehen, daß also namentlich in Hotels, wo solche Agenten gewohnt haben, immer massenhaft diese Briefe und Sachen verschickt wurden. Die meisten haben ja deshalb doch nicht bessere Geschäfte gemacht, sondern die amerikanische Gesellschaft hat dabei die guten Geschäfte gemacht. Den meisten hat es ja nichts genützt, Einigen könnte es aber doch genützt haben; und die haben etwas getan, was unter keinen Umständen ein Mensch machen soll, denn das ist eine Versündigung gegen die menschliche Freiheit. Kein Mensch darf anstreben, über einen andern Menschen auf eine solche Art eine Macht zu bekommen! Und wenn es ihm die Natur gibt, wie jenem Menschen, von dem ich Ihnen erzählt habe, so kann es ja unter Umständen schlimm genug werden, aber es ist dann die Natur, die so etwas gibt wie einen besonderen Blick; da wird es viel weniger mißbraucht als bei demjenigen, der die Sache erlernen will. Nun, während des Krieges haben diese Torheiten abgenommen, und sie sind jetzt eigentlich gar nicht mehr vorhanden. Aber man kann schon sagen, gerade von diesen Dingen kann man auf der einen Seite lernen, wie die Menschen selber das Geistige ausnützen, und wie die ärgsten Materialisten – denn das waren ja zumeist Materialisten, die sich da diese Dinge haben kommen lassen – da, wo es sich darum handelt, mit dem Geist Profit zu machen, auch an den Geist sich wenden. Sie glauben nicht an ihn, aber sie wenden sich an den Geist, wenn es sich darum handelt, mit dem Geist Profit zu machen! Ich habe Sie also darauf aufmerksam machen wollen, wie ungeheurer Mißbrauch mit diesen Dingen getrieben werden kann.

Aber dabei kommt noch vieles andere in Betracht. Dasjenige, was da bewußt angestrebt wird von den Menschen und was in diesem Büchelchen bewußt angestrebt wird, das hat doch, wenn auch nicht in so hohem Grade, mancher Mensch, der damit auch etwas erreicht, für sich praktiziert. Vielleicht sind Sie doch schon ab und zu Teilnehmer gewesen von Versammlungen, wo Redner geredet haben. Nun, Sie werden mir zugestehen, daß die Überzeugung, die vom Redner ausgeht, nicht immer die einzige Rolle spielt, sondern daß da furchtbar viel von dem mitspielt, was als ein Einfluß von dem Redner ausgeht. Und das ist schon so, die beliebtesten Volksredner sind manchmal solche Leute, die auf eine unrichtige Weise Einfluß bekommen auf Volks- oder auf sonstige Menschenmassen. Man macht ja in dieser Zeit ganz besondere Erfahrungen.

Es ist zum Beispiel jetzt dieses der Fall, daß ich Aufsätze über mein eigenes Leben schreibe im «Goetheanum». Diese Aufsätze, die vielleicht der eine oder andere von Ihnen gelesen hat, die streben mit einer gewissen Absicht an, möglichst einfach zu erzählen, ohne Schmuck, höchst einfach, nirgends besonders stark aufgetragen. Nun hat sich schon ein Kritiker gefunden, der das besonders tadelt, der da sagt, ich bringe nicht wie *Goethe* Dichtung und Wahrheit, sondern Wahrheit mit aller Nüchternheit. Ja, das strebe ich gerade an! Und ich strebe gar nicht an, dasjenige zu erreichen, was von einem solchen Kritiker verlangt wird. Bei einem solchen Kritiker heute ist gerade dasjenige vorhanden, was gegenüber einem nüchternen Stil ein «besoffener» Stil ist. Und, nicht wahr, dieser besoffene Stil, der ist nämlich heute überhaupt fast überall vorhanden. Es kommt den Leuten gar nicht mehr darauf an, irgendwie durch das, was sie sagen, zu wirken, sondern sie brauchen Worte, die den andern überwältigen. Da fängt schon der unrichtige Einfluß an. Wenn man nämlich so schreibt, wie ich mich bestrebe zu schreiben, dann wirkt man auf das Ich, das einen freien Willen hat. Wenn man aber einen besoffenen Stil schreibt, dann wirkt man auf den astralischen Leib, der nicht so frei ist, sondern der unfrei ist. Man kann auf den astralischen Leib namentlich dann wirken, wenn man den Leuten gegenüber so redet, daß man weiß, das hören sie gern.

Solche Leute, die auf diese Weise nicht überzeugen, sondern überreden wollen, die gebrauchen meistens das als Sätze und Worte, was den andern gefällt, während der, der die Wahrheit sagen will, nicht immer das sagen kann, was den andern gefällt. Denn in unserer Zeit ist es sogar so, daß die Wahrheit den Menschen in der Regel nicht gefällt. Also schon an der Art und Weise, wie der Mensch seine Sätze schreibt, kann man sehen: Wenn der Mensch seine Sätze so schreibt, daß sie logisch sind, daß der eine Satz aus dem andern folgt, dann wird er auf das Ich des andern Menschen wirken, das frei ist. Wenn der Mensch seine Sätze so schreibt, daß er nicht logisch ist, sondern vor allen Dingen darauf bedacht ist, das zu schreiben, was dem andern gefällt, was bei dem andern die Begierden, Triebe, Instinkte, Leidenschaften erregt, dann wirkt er auf den Astralleib des andern, der nicht frei ist. Und das ist ein Kennzeichen unserer Zeit, daß so vielfach von Freiheit geredet wird, und daß die größte Sünde gegen die Freiheit eigentlich heute ausgeht von dem öffentlichen Reden in Wort und Schrift. Es wird eigentlich überall im öffentlichen Reden Wort und Schrift, Wort und Schreiben mißbraucht.

Also sowohl die gewöhnlichen Lebensverhältnisse verstehen Sie besser, wenn Sie unterscheiden können zwischen Ich und astralischem Leib so, daß man auf das eine oder andere wirkt, wie Sie auch besser verstehen können eine solche Erscheinung, wenn vor dem Tode der Mensch wieder anfängt seine Schriftzüge zu kriegen, oder eine Sprache wieder anfängt zu sprechen, die er vergessen hat, oder unter einem moralischen Einfluß, den er sein ganzes Leben nicht beachtet hat, dasjenige ißt, was er sonst nie gegessen hat. Da können Sie sehen, wie das Ich in dem physischen Leib drinnensteckt und sich lockert.

Weitere Frage: Herr Doktor hat das letzte Mal von Arsenik gesprochen. Heute ist in der Schweiz die Opiumfrage aktuell geworden. Im «Goetheanum» ist vor einiger Zeit ein Artikel von Dr. *Usteri* gestanden über die Mohnpflanze in Verbindung mit dem Opium. Könnte man über das Opium etwas hören?

Weitere Frage: Vor ungefähr zwei Jahren ist die *Einstein*-Theorie in das Publikum gekommen. Heute hört man wenig mehr davon. Hat sich eigentlich diese Theorie bewährt, oder ist sie auch hinuntergeschwommen?

Dr. Steiner: Nun, nicht wahr, über die Einsteinsche Theorie müßte ich lange reden, denn es ist schwer, die Einsteinsche Theorie kurz auseinanderzusetzen. Wenn man sie richtig verstehen will, braucht man nämlich mathematische Kenntnisse. Aber bei der Einsteinschen Theorie war das Merkwürdige dieses, daß alle Leute davon geredet haben und nichts davon verstanden haben, sondern nur auf Autorität hin darüber geredet haben, denn wie gesagt, man braucht einige mathematische Kenntnisse. Aber insofern man ohne mathematische Kenntnisse etwas verstehen kann – es ist heute dazu nicht mehr die Zeit –, will ich doch etwas auseinandersetzen, damit Sie sehen, inwiefern sie auf der einen Seite auf Wahrheit beruht, auf der andern Seite ein großer Irrtum ist. Gesprochen wird heute immer noch davon. Beim großen Publikum ist es so, daß es anbeißt, wenn irgend etwas durch die Zeitung verbreitet wird; aber es hält nichts fest. Das Publikum hat es heute vergessen, aber die einschlägigen Universitätsprofessoren sind heute Einsteinianer. Also bei den eigentlichen Gelehrten ist die Einsteinsche Theorie heute viel verbreiteter als vor Jahren. Ich werde das nächste Mal, soweit man es ganz populär tun kann, einiges davon auseinandersetzen. Ich muß dazu nur mehr Zeit haben, als wir es heute haben. – Hat jemand noch eine Frage sonst?

Frage: Besonders den Unterschied zwischen Alkohol und dem Opium, den möchte ich wissen. Nach dem Artikel von Dr. Usteri ist anzunehmen, der Mohnsaft zieht hinauf, der Alkohol zieht hinunter.

Dr. Steiner: Sehen Sie, meine Herren, da müssen wir uns fragen: Wenn der Mensch Alkohol trinkt, was für ein Glied seiner Wesenheit wird da beeinflußt? Das Ich. Und das hat zu seinem Werkzeug physisch die Blutzirkulation. In der Blutzirkulation offenbart sich physisch der Einfluß des Alkohols auf das Ich. So daß der Mensch in dem, was eigentlich sein Leben ausmacht, in der Blutzirkulation, durch den Alkohol ganz besonders stark beeinflußt wird.

Beim Opium ist das so, daß es besonders stark gerade auf den astralischen Leib wirkt, und zwar so auf ihn wirkt, daß der Mensch ihn eben herauszieht aus dem physischen Leib. Sehen Sie, da ist es so, daß er dann dieses Herausziehen des astralischen Leibes aus dem physischen Leib als ein sehr großes Wohlgefühl empfindet. Er hat seinen physischen Leib für einige Zeit los, und das empfindet er als Wohlgefühl.

Der Mensch sagt leicht, Sie werden das schon gehört haben: der Schlaf ist süß. Aber beim Schlaf ist es ja so, daß der Mensch diese Süßigkeit gar nicht so recht empfinden kann, weil er eben schläft! Er kann diese Süßigkeit nicht empfinden; er kann sie nur im Nachgeschmack haben. Und weil er sie im Nachgeschmack hat, so kommt es eben vor, daß die Leute sagen, der Schlaf ist süß. Aber wenn nun der Mensch den Mohnsaft, das Opium zu sich nimmt, dann spürt er diese Süßigkeit; denn eigentlich ist er so im Leib, wie wenn er schlafen würde, und ist zugleich wach. Dadurch kann er die Süßigkeit genießen, und dadurch fühlt er diese Süßigkeit und fühlt sich ungeheuer wohl darinnen. Es ist, wie wenn sein ganzer Leib mit Zucker durchdrungen wäre, mit einem ganz besonderen Zucker, durch und durch mit Süßigkeit. Aber zugleich ist sein astralischer Leib frei vom physischen Leib, und dadurch nimmt er, wenn auch nicht deutlich, allerlei wahr. Er hat nicht gewöhnliche Träume, sondern er nimmt die geistige Welt wahr. Er macht große Reisen durch die geistige Welt durch. Das gefällt ihm. Dadurch wird er hinaufgehoben, wie Sie sagen, in die geistige Welt. Beim Alkoholtrinken hingegen wird sein physischer Leib ganz in Anspruch genommen, bis ins Blut hinein. Da wird sein astralischer Leib nicht frei. Da wird alles noch mehr vom physischen Leib in Anspruch genommen. Daher wird der Mensch, wenn er Alkohol trinkt, eben ganz vom physischen Leib in Anspruch genommen, viel mehr als er sonst in Anspruch genommen wird. Das ist eben der Unterschied. Beim Opium wird das Geistig-Seelische frei, genießt erstens den physischen Leib in seiner Süßigkeit, zweitens aber macht es Reisen, wobei es zwar etwas ungeordnet, aber immerhin in die geistige Welt hineinkommt. Und die Orientalen haben vieles von dem, was sie in nicht richtiger Weise, aber doch von der geistigen Welt beschreiben, vom Opiumgenuß, Haschisch und dergleichen.

Das sind die Dinge, die Ihnen wiederum zeigen, wie man solche Dinge gar nicht anders verstehen kann, als daß man eben auf die höheren Glieder der menschlichen Natur Rücksicht nimmt.

Nun wollen wir am nächsten Samstag um neun Uhr die Sache fortsetzen.

NEUNTER VORTRAG

Dornach, 23. Februar 1924

Guten Morgen, meine Herren! Vielleicht ist dem einen oder andern wieder etwas eingefallen, das er fragen will? Oder noch etwas zu dem, was wir neulich besprochen haben?

Herr Müller fragt, ob Herr Doktor vielleicht etwas sagen möchte über eine Frage, die er neulich gestellt hat: Es gibt so Quacksalber, die sehen aus dem Urin die Krankheiten der Menschen.

Dr. Steiner: Ja, das haben Sie neulich gefragt. Ich habe die Frage nur übersehen, oder ich habe keine Zeit mehr dazu gehabt, sie zu beantworten.

Herr Müller sagt weiter als Fragesteller: Im Baselbiet gibt es einen Mann, der hat mit seiner Praxis, Urinuntersuchung, und dem, was er als Heilmittel gegeben hat, gute Erfolge erzielt. Was ist davon zu halten?

Dr. Steiner: Nun, zu dieser Frage bezüglich der Urinuntersuchung habe ich folgendes zu sagen. Die Urinuntersuchung ist nicht etwa bloß beschränkt auf Quacksalber und dergleichen, sondern sie spielt heute ja auch eine große Rolle in der als wissenschaftlich anerkannten Medizin. Nur ist eben doch ein großer Unterschied zwischen der Art und Weise, wie die heutigen Mediziner und die Leute, von denen Sie eigentlich sprechen – und Sie sprachen im Grunde genommen von Nichtmedizinern –, die Dinge behandeln, und das beruht auf folgendem. Die Urinuntersuchung spielte überhaupt bei allen Krankheitsuntersuchungen von jeher, seit uralten Zeiten eine außerordentlich große Rolle. Nur müssen Sie dabei das Folgende bedenken. Wenn Sie zurückgehen auf die alte Medizin, wie sie bestanden hat noch bis ins 18. Jahrhundert – denn die Medizin ist eigentlich erst im 18. Jahrhundert in Italien in den Materialismus hinein reformiert worden –, so werden Sie finden, daß sowohl das Erkennen der Krankheiten wie auch das Heilen auf ganz anderen Prinzipien beruhte. Heute wird diese alte Medizin von der Wissenschaft ganz verachtet. Das ist bis zu einem gewissen Grade auch durchaus berechtigt, aber es ist eben nicht ganz berechtigt. Und man muß sich schon den Unterschied klarmachen zwischen der alten Medizin und der neueren Medizin, um das zu verstehen, was sie eigentlich heute meint. Die alte Medizin wußte nämlich ganz genau, daß der Mensch nicht bloß dieser physische Körper ist, den man mit den Augen sieht, mit den Händen greift, sondern auch ein übersinnliches Wesen ist, das den Körper durchdringt, wie wir es jetzt ja auch schon immer betont haben.

Sie werden die Unterschiede zwischen dieser alten Medizin und der neueren Medizin schon finden, wenn Sie ganz weit im menschlichen Leben zurückgehen, nämlich wenn Sie zurückgehen bis zu der Zeit vor der Geburt. Ich meine jetzt nicht das Geistige vor der Geburt, sondern das Physische, den Leib des Menschen im Mutterleibe. Heute sieht die Medizin und die Naturwissenschaft überhaupt das Wesentliche beim Menschen, wie er im Mutterleib entsteht, das Wesentliche sieht sie in dem, wie sich das Ei allmählich aufbaut. Zuerst hat man es nur mit dem Eikeim zu tun, der befruchtet worden ist. Das ist also eine kleine, nur mit dem Mikroskop bemerkbare Zelle. Diese Zelle vermehrt sich dann und bekommt eine Art von Becherform. Und diese Becherform stülpt sich etwa in der dritten Woche an der einen Seite etwas auf. Dann wird der Mensch in der sechsten, siebenten Woche ähnlich einem kleinen Fischchen. Auf der einen Seite bildet sich dann der Kopf aus (siehe Zeichnung), hier bilden sich dann die ersten Nervenstränge; und so geht es weiter. Und auf diese Art, Gestaltung nach Gestaltung beobachtend, sucht heute eben die Naturwissenschaft der Enstehung des Menschen und auch des Tieres näherzukommen.

Tafel 10

Aber außer dem, was auf diese Weise vorhanden ist, ist ja um den Menschen herum im Mutterleibe fortwährend vorhanden eine dickliche Flüssigkeit. Diese dickliche Flüssigkeit ist so vorhanden (es wird gezeichnet), dann erst ist ringsherum die Gebärmutter. Diese dickliche Flüssigkeit, mit allerlei dicklichen Einschlüssen, fließt dann bei der Geburt als die sogenannte Nachgeburt ab. Die betrachtet man als einen Abfall, als etwas, was keine Bedeutung hat, weil man überhaupt alles, was am lebenden Wesen heute vorkommt, das heißt so vorkommt, daß es herauskommt, als einen Abfall betrachtet.

Aber das ist nicht der Fall, sondern die Sache ist so: Hier, in dem, wie die Zelle sich vermehrt und der physische Menschenleib sich bildet, da wirkt drinnen die äußere Naturkraft, währenddem in der umgebenden Flüssigkeit, die dann abgestoßen wird als Nachgeburt, das Geistig-Seelische wirkt. Dieses Geistig-Seelische ist zunächst in der Umgebung des kleinen Menschenleibes; nachher zieht es erst in den Menschenleib hinein. Und man muß den Geist eigentlich in dem suchen, was dann später als Nachgeburt abgestoßen wird. Das ist natürlich sehr überraschend, aber es ist außerordentlich wichtig.

Es wird heute so sehr verneint, das Geistige zu untersuchen, daß ein Freund von mir sich unter meinen Angaben die Aufgabe gestellt hat, diese Nachgeburt zu untersuchen, wie sie allmählich den Geist abgibt an den eigentlichen Embryo, das eigentlich Physische. Man könnte das ganz gut wissenschaftlich untersuchen; aber das scheitert nur an dem, daß da, wo man Menschenkeime bekommt – es ist ja nicht in sehr vielen Fällen der Fall –, dadurch, daß die Mutter stirbt oder operiert werden muß, die heutigen Naturforscher sogleich alles, was ringsherum ist, wegnehmen, und man kriegt keinen Menschenkeim zu untersuchen, um das herauszubekommen. Also selbst die Art und Weise, wie die Dinge behandelt werden, ist heute störend für die wirkliche Wissenschaft. Das Materialistischwerden, möchte ich sagen, fängt schon an bei der Untersuchung der Entstehung des Menschen.

Nun wissen Sie aber, daß der Mensch auch, während er lebt, absondert. Dasjenige, was abgesondert wird, ist ja etwas, was nicht besonders beliebt ist in der äußeren Welt aus dem Grunde, weil es nicht gut riecht. Fast alle Absonderungen riechen nicht gut. Man betrachtet heute – aber das natürlich mit einem vollständigen Recht – alle Absonderungen als etwas, was halt eben abgesondert, weggewaschen werden muß und so weiter.

Die Absonderungen am Menschen sind also zunächst dasjenige, was Sie angeführt haben: der Urin, die Schweißabsonderungen, nicht wahr, auch die derben Absonderungen, die Fäkalien und einiges andere noch. Schließlich ist ja auch das, was Sie von den Nägeln herunterschneiden, eine Absonderung des Menschen. Es ist eben eine feste Absonderung. Aber manche Dinge, die auch Absonderungen sind, erkennt man wiederum nicht als Absonderungen an, aber sie sind in Wirklichkeit doch Absonderungen.

Sehen Sie, als das edelste Organ im Menschen sieht man oftmals das Auge an. Nun, Sie brauchen sich nur zu überlegen, wie leicht ein Auge herausgenommen werden kann. Es liegt fast ganz abgesondert in der Augenhöhle drinnen. Und dasjenige, was als Flüssigkeit im Auge ist – ich habe es Ihnen erklärt –, das ist auch eine Absonderung. Und daß in dem, was die verschiedenen Organe im Gehör, im Ohr sind, auch Absonderungen sind, daß da die Absonderung mitspielt, können Sie schon aus der Bildung des Ohrenschmalzes entnehmen, das eben die äußerste Absonderung ist. Also wir haben es beim Menschen überhaupt überall mit Absonderungen zu tun; auf der einen Seite wird der Mensch aufgebaut, auf der anderen Seite löst er sich aber auf, sondert er ab.

Nun, was folgt daraus? Ich habe Ihnen neulich einmal etwas gesagt, was Ihnen lehrreich sein könnte in dieser Beziehung. Ich habe Ihnen gesagt: Die Menschen sehen die Nerven, das ganze Gehirn als etwas an, was gerade solch ein Organ ist wie die anderen Organe, wie die Leber oder Milz. Das ist aber nicht wahr, meine Herren. Das Gehirn ist eine Absonderung. Das ganze Gehirn, habe ich Ihnen gesagt, ist eine Absonderung! Und wenn man das Gehirn mit etwas vergleichen will, so muß man es nicht vergleichen mit dem Darm, sondern mit dem, was im Darm drinnen ist. Also wenn Sie ein Stück Darm haben, so ist da die Darmwand, und da ist der Darminhalt (siehe Zeichnung S. 159, oben). Die Sache ist so, daß die Darmwand so gewellt ist. Beim Gehirn, beim Nerv, da fehlt die Wand; sie ist auch da, aber sie ist durchsichtig, sie ist nicht sichtbar, und nur der Inhalt ist da (siehe Zeichnung, unten). Sie können ganz richtig sagen: Womit ist denn eigentlich unser Gehirn angefüllt? Mit einem ganz besonders gearteten Darminhalt ist es angefüllt! Und wenn Sie den Darminhalt Dreck nennen, so können Sie sagen, ist das Gehirn Dreck. Das ist durchaus absolut wissenschaftlich richtig. Denn die Denktätigkeit besteht nicht in einer Tätigkeit des Gehirns, sondern die Denktätigkeit besteht darinnen, daß das Gehirn vom Denken ausgesondert wird, abgesondert wird. Je mehr Sie von unten nach oben im Menschen gehen, desto mehr ist der Mensch Absonderung.

Tafel 10

Nun habe ich Ihnen vom sinnlichen und vom übersinnlichen Menschen gesprochen, von dem Menschen, den man sieht, und von dem Menschen, der auch in uns ist, den man nicht sieht. Dasjenige, was man am Menschen sieht, ist das, was fortwährend aufgebaut wird, was von dem kommt, was sich zum physischen Menschenleib ausbildet. Dahier kriegt er die Armstumpfe (siehe Zeichnung S. 156), da die Beinstumpfe. Aber was das Übersinnliche ist, der astralische Leib und das Ich, die sind zum Absondern da, die sondern fortwährend ab. Nur der physische Leib und der Ätherleib bauen auf. Der astralische Leib und das Ich bauen wieder ab.

Wenn man ein Haus aufbaut, bemüht man sich darum, es möglichst schnell aufzubauen und möglichst lange darinnen zu wohnen. Nach und nach baut die Natur auch ab, sonst müßten Sie die Häuser heute noch sehen, die im alten Indien gestanden haben. Aber von unseren Häusern, die vor dreihundert Jahren hier gestanden haben, werden Sie wenige noch finden. Beim Menschen ist es so, daß das Aufbauen und das Abbauen gleichzeitig vor sich geht. Erst wird aufgebaut: Wir essen, nehmen die Dinge auf; die kommen bis zur Leber, da werden sie umgewandelt. Dann beginnt schon das Abbauen wieder, das Aussondern. Und in diesem Auf- und Abbau besteht eigentlich die ganze Tätigkeit des menschlichen Wesens. Wenn wir bloß aufbauen würden, dann wären wir stumpf und dumm. Lauter blöde Kerle wären wir. Nicht einmal blöde Kerle wären wir, sondern wir wären ganz geistlos herumgehende Pflanzen, wenn wir bloß aufbauen würden. Daß wir abbauen, daß wir zum Beispiel im Gehirn fortwährend aussondern, daß wir also Absonderungsorgane haben, Drüsen, darauf beruht überhaupt das, daß wir nicht blöde Kerle sind, sondern daß wir gescheite Menschen sind, mit Unterschieden natürlich. Aber das Geistige beruht auf dem Abbauen, nicht auf dem Aufbauen. Und daher sind die Absonderungen von ganz besonderer Wichtigkeit.

Sehen Sie, die Sache ist so: Ganz dieselbe Tätigkeit, die vor sich geht, wenn da die Nachgeburt ausgesondert wird, geht vor sich bei jeglichem Abbau. Wenn immer mehr zerstört wird, um den Aufbau des menschlichen Wesens herum, dann wirkt der Geist. Und wenn der Geist dann im menschlichen Körper selber wirken kann, wenn der Mensch geboren wird, dann braucht man die Nachgeburt nicht mehr; dann wird sie eben abgestoßen. Aber es wird das ganze Leben hindurch abgestoßen. Es wird abgestoßen in den mehr oder weniger fest-weichlichen Darmabsonderungen, es wird abgestoßen im Urin, es wird abgestoßen im Schweiß zum Beispiel. Welche Bedeutung der Schweiß als Absonderung hat, das können Sie beobachten, wenn Sie einmal einen richtigen Angsttraum haben. Beobachten Sie es nur einmal, wenn Sie einen richtigen Angsttraum haben. Wenn Sie zum Beispiel träumen, daß jemand Ihnen nachläuft, der Sie umbringen oder wenigstens tüchtig durchprügeln will. Sie laufen ihm davon, Sie laufen im Traum, laufen, laufen, laufen; flugs wachen Sie auf, aber nicht anders, als daß Sie völlig in Schweiß gebadet sind. Da geht diese Tätigkeit, die so gesteigert ist, daß Sie solche Bilder haben, die Ihnen Angst machen, in Schweißausbrüchen vor sich. Und diese Schweißausbrüche sind die körperliche Begleiterscheinung von dem, was der Angsttraum ist. Oder denken Sie an einen schwer Lungenkranken, der nicht im letzten Stadium ist, aber dessen Lunge nicht in Ordnung ist. Die Lunge kann nicht gut atmen, dadurch preßt sich diese Lunge zusammen: Er leidet sehr unter Angstträumen. Aber er ist auch immer, wenn er schläft, in Schweiß gebadet. So haben Sie den Zusammenhang zwischen den Schweißabsonderungen und diesen geistigen Tätigkeiten, Bildern, die im Traum kommen. Ja dann, meine Herren, ist der Ätherleib tätig, weil der Angsttraum eigentlich erst im Moment des Aufwachens entsteht. Man glaubt nämlich nur, das Träumen habe fast die ganze Nacht gedauert. Der ganze Traum spielt sich ab im Moment des Aufwachens.

Das kann man beweisen, wie sich Träume im Moment des Aufwachens abspielen. Ich habe Ihnen früher einmal, wo viele von Ihnen noch nicht da waren, einen charakteristischen Traum erzählt, aus dem Sie sehen, wie man im Aufwachen erst den ganzen Traum durch den Kopf schießen hat. Da steht ein Student an der Türe des Hörsaals. Ein anderer kommt auf ihn zu, rempelt ihn an. Nun, das ist eine furchtbare Beleidigung unter Studenten, wenn man angerempelt wird! Das kann nur mit einem Duell ausgehen; anders geht das nicht. Nun also, sofort, wie der ihn anrempelt, sucht sich der eine einen Sekundanten; der andere muß sich auch einen Sekundanten suchen – das ist eine lange Geschichte, die der Student träumt –, das ganze wird verabredet, die Sekundantenverhandlungen, alles; scheinbar dauert das furchtbar lange. Er träumt, wie sie in den Wald hinausgehen, wie sie sich da aufstellen, Distanz bestimmt wird, abgeschritten wird, wie groß die Entfernung ist. Die Pistolen werden geladen – alles das träumt er –; wie dann angesetzt wird, der erste Schuß fällt, da wacht er auf! Flugs merkt er, daß er, weil er unruhig geworden ist im Schlaf, den Stuhl umgeworfen hat; aber der fällt noch während er aufwacht. Also das Stuhlumfallen hat den ganzen Traum gemacht; in dem Moment schoß der ganze Traum durch den Kopf. Der Traum dehnt sich nur innerlich aus zu der Länge. In Wirklichkeit träumt man eigentlich im Moment des Aufwachens. Und deshalb ist es auch so, daß solche Kranke im Aufwachen nun die Angstträume haben; sie schlafen, wachen auf, und dabei kommen sie in diese Schweißabsonderung. Das ist der Ätherleib, der da tätig ist. Wenn wir von selber früh aufwachen, so gehen wir mit unserem Ich und astralischen Leib, die aus dem physischen Leib heraußen sind in der Nacht, wieder hinein, und dadurch brechen wir in Schweiß aus. Also beim Schwitzen ist es der Ätherleib, der hauptsächlich zuwege bringt, daß wir geistige Wesen sind, denn die Steine und die Pflanzen träumen ja nicht, sind deshalb auch keine geistigen Wesen.

Dann aber die Urinabsonderung. Sehen Sie, das merkt man aus dem Grunde nicht so stark wie beim Schweiß, weil der Schweiß nichts anderes tun kann als herausgehen, und er bedeckt dann die Haut. Würde aber die Haut kleine Säcke haben, wo der Schweiß im Innern sich absondert, und würde darüber noch eine feine Haut das zudecken, so würde man das gar nicht bemerken. Es könnte so sein, daß man im Innern der Haut kleine Säcke hätte. Da ginge der Schweiß hinein, und zu gewissen Zeiten – man könnte feine Muskeln haben – preßt man die Haut, da könnte der Schweiß abrinnen. Gleichsam wie der Schweiß durch den Ätherleib, so wird der Urin durch den astralischen Leib abgesondert. Aber man merkt nicht, daß wenn man zum Beispiel lebhaftere Gefühle hat, mehr Urin abgesondert wird, als wenn man schwache Gefühle hat, weil sich der Urin nicht gleich nach außen ergießt. Sehen Sie, die Sache ist so: Wenn einer in Begeisterung ist und er in dieser Begeisterung bleibt – gleichgültig ob sie sich äußerlich in Taten auswirkt, oder ob man etwas betrachtet –, und der Mensch hätte nicht die Urinblase, so müßte der Mensch gerade in der Begeisterung fortwährend Urin lassen. Es wäre eine sehr schlimme Einrichtung. Der Mensch könnte in kein Museum gehen, denn wenn er dort die Bilder sieht, in Begeisterung kommt, so müßten lauter Toiletten in der Nähe sein! Da ist es eben so, daß in der menschlichen Natur für diese Absonderung, die bewirkt wird, gesorgt ist. Sie sammelt sich in der Urinblase an und kann zu gewissen Zeiten abgelassen werden. Aber der Urin ist vorzugsweise vom astralischen Leib abgesondert, und der füllt den Menschen überall aus, der Urin kommt von überall her, sammelt sich in den Nieren und geht dann in die Urinblase.

Und die Absonderung des Darmes, die steht ganz besonders unter dem Ich – beim Tiere auch unter dem Astralleib, aber beim Menschen unter dem Ich. Und nicht bloß der Darm ist am Absondern betätigt, sondern der ganze Mensch ist betätigt. Im ganzen Menschen wird fortwährend abgesondert. Der Darm ist nur der Ableitungsapparat. So daß man sagen kann, gerade an der Absonderung sieht man, daß beim Schweiß der Ätherleib tätig ist, beim Urin der Astralleib tätig ist, und beim Fäkalienabsondern das Ich tätig ist.

Wenn Sie das bedenken, so werden Sie nicht darauf kommen, die

Absonderungen als etwas so Unwichtiges anzusehen. Denn nehmen wir an, der Mensch hat einen normalen Urin. Ja, dann ist der Astralleib im Menschen auch auf normale Weise tätig. Aber von dem, wie der Astralleib tätig ist, hängt es ab, ob der Mensch gesund oder krank ist. Alles in Gesundheit und Krankheit hängt im Grunde genommen davon ab, wie der Astralleib tätig ist.

Wenn wir zum Beispiel Eier essen und die Eier verdaut werden sollen, da muß das Ei zunächst in den Mund, dann in den Magen gehen; dann geht es in die Gedärme, und da wird es, wie ich einmal gesagt habe, als Ei ganz zerstört. Das Eiweiß wird zerstört. Aber dann bei dem Weg, den das zerstörte Eiweiß macht in die Leber hinein, wird es wieder neu aufgebaut, und es entsteht aus dem tierischen und pflanzlichen Eiweiß auf dem Wege vom Darm in die Leber Mencheneiweiß. Das Mencheneiweiß geht dann erst ins Blut hinein.

Tafel 10

Wenn Sie den menschlichen Organismus ansehen, so ist hier das Zwerchfell (siehe Zeichnung), hier sitzt die Leber, und hier sitzt das Herz; sie sind nur durch das Zwerchfell getrennt. Was vom Darm in die Leber kommt, wird umgewandelt aus tierischem und pflanzlichem Eiweiß – ich will das hier gelb machen – in menschliches Eiweiß (dunkler gelb). Das wird in der Leber zusammengehalten, und dann geht das ins Herz hinüber.

Die Sache ist nun so: Wenn wir Eiweiß essen, dann muß unser astralischer Leib arbeiten, damit das tierische und pflanzliche Eiweiß richtig in menschliches Eiweiß verwandelt wird. Ist der astralische Leib faul, kann er nicht ordentlich arbeiten, so wird in der Leber das tierische Eiweiß nicht in menschliches Eiweiß umgewandelt, sondern das tierische Eiweiß geht direkt in die Niere und wird mit dem Urin abgesondert. Untersucht man nun den Urin – das macht die moderne wissenschaftliche Medizin auch –, so findet man im Urin Eiweiß.

Oder denken Sie, meine Herren, Sie essen Kartoffeln. Die Kartoffel wird zumeist im Munde schon umgewandelt, denn die Stärke ist überhaupt ein wichtiges Nahrungsmittel, ist nicht bloß da zum Hemdenstärken. Die Kartoffel besteht ja fast ausschließlich aus Stärke. Auf dem Wege vom Mund in den Magen und in die Gedärme hinein wird nun die Kartoffel allmählich in Zucker umgewandelt. Aus der Kartoffelstärke wird zuerst Dextrin und nachher Zucker. Die Kartoffeln sind nur im Mund schlecht; im Gedärm sind sie ungemein süß, weil sie da in Zucker umgewandelt werden. Aber wenn nun in den Gedärmen die Kartoffelstärke in Zucker umgewandelt worden ist, und wenn die Leber nun Kartoffelzucker oder irgendeinen anderen Zucker in Menschenzucker umgewandelt hat, dann übergibt sie dem Gesamtkörper, der dadurch wärmer wird, der dadurch seine innere Wärme hat, diesen inneren Zucker. Damit das aber geschehen kann, dazu muß der astralische Leib wieder ordentlich arbeiten. Arbeitet er nicht ordentlich, dann wird das nicht bewirkt, daß das ordentlich in Menschenzucker verwandelt wird, sondern der tierische und namentlich der pflanzliche Zucker geht direkt in die Niere. Der Zucker wird abgesondert, und der Mensch wird Diabetiker, zuckerkrank. Sie können wiederum aus dem Zuckergehalt des Urins finden, daß der Mensch krank ist.

Das alles ist etwas, was die heutige Medizin auch macht und was sie als etwas außerordentlich Wichtiges ansieht. Das ist das erste sogar, was man heute tut: Man untersucht den Urin auf Eiweiß und Zucker. Dann hat man gleich einen Anhaltspunkt dafür, ob der Mensch diese oder jene Krankheit haben kann.

Oder nehmen Sie folgendes: Sehen Sie, wenn wir den Kopf gesund haben wollen, was ja schließlich für den physischen Menschen hier auf der Erde auch nicht etwas ganz Unwichtiges ist – die Menschen wollen schon einmal den Kopf gesund haben, weil sie glauben, daß der Kopf das wichtigste Organ ist beim Menschen; also wollen sie den Kopf gesund haben –, wenn wir den Kopf gesund haben wollen, dann müssen wir eine Substanz, die fortwährend sich in uns erzeugt, nämlich die Kleesäure, durch die Brust in den Kopf heraufbringen. Ein gesunder Kopf muß eine bestimmte Menge Kleesäure haben. Wir erzeugen die Kleesäure selber in uns, wie wir auch den Alkohol erzeugen, den wir brauchen. Aber dazu muß wieder der Kopf in richtiger Weise arbeiten, damit die Kleesäure, Oxalsäure erzeugt wird. Arbeitet er nicht richtig und bleibt sie unten, bekommen wir einen Kopf, der blutarm ist, und die Kleesäure wird in den Urin geleitet, geht ab.

Daraus sehen Sie, meine Herren, daß man auch heute durch die gewöhnlichste chemische Untersuchung des Urins auf die wichtigsten Krankheiten kommt. Aber diese Chemie, die man heute hat, die hat es ja früher nicht gegeben. Und eine Medizin hat es doch auch gegeben!

Nun ist die Sache so: Nehmen Sie einmal an, ein Mensch habe Fieber; ich will einen drastischen Fall nehmen. Was heißt das, ein Mensch hat Fieber? Das heißt nicht, sein Astralleib ist schwach und flau geworden, träge, sondern er ist gerade in einer übermässigen Tätigkeit, so daß er bis ins Ich herauf wirkt. Dann wird das Ich wie gepeitscht, wenn der Astralleib in übermäßiger Tätigkeit ist. Aber das Ich bewirkt die Blutzirkulation. Und ein übermäßig tätiger Astralleib, der überall in die Organe hereinwill und nicht kann und daher in sich brodelt wie das sturmgepeitschte Meer, der erzeugt in sich Fieber. Jetzt hat der Mensch Fieber von seinem gepeitschten Astralleib. Was wird die weitere Folge sein? Das Blut wird zu schnell durch den Körper gejagt. Es wandelt sich das Blut nicht ordentlich um. Das Blut hat nicht Zeit, die Organe zu bilden, geht wiederum als Blut vom Herzen in die Niere und von da in den Urin, und wir bekommen einen Urin, der sehr dunkel gefärbt ist. Wer nun die dunkle Farbe des Urins zu beurteilen weiß, der weiß, daß unter allen Umständen, ob er ein bißchen dunkler oder stark dunkel ist, das Fieber im menschlichen Organismus flutet.

Nehmen Sie an, der astralische Leib wird ganz träge, er wird nicht mehr ordentlich arbeiten. Da geht das Blut ganz langsam durch den Körper, der Puls wird kaum bemerkbar. Man kann es dann am Puls abtasten, wie das Blut überall langsam durchgeht. Im Körper schoppt sich alles zusammen. Der Körper bekommt Schmerzen an allen möglichen Stellen; der Urin wird hellgelb oder sogar weiß. Nun, zwischen dem, daß der Urin dunkel ist und weiß ist, gibt es alle möglichen Nuancen, Farbennuancen. Wenn sich einer auf diese Farbennuancen einschult und nimmt den Urin und schaut ihn durchs Licht an, kann er schon aus den Farben des Urins das allerverschiedenste ablesen.

Das Blut will ja fortwährend dasjenige, was von den Organen weggeht, wieder ersetzen. Dadurch hat das Blut fortwährend die Tendenz, fest zu werden. Wenn das Blut nun zu schnell durch die Organe schießt, kann es an die Organe nichts abgeben. Aber es will fest werden. Wenn es dann als Urin aus den Nieren herauskommt, wird der Urin bei einem solchen Blut flockig. Schaut man jetzt wieder durch, hat man einen flockigen Urin. Geht der Astralleib träge und der Puls wird schwach, dann hat man keinen flockigen Urin, sondern einen fast wasserhellen, reinen Urin.

Also nicht nur aus der Farbe, sondern auch aus dieser Wolkigkeit oder Reinheit des Urins kann man viel schließen. Wenn der Urin, wenn man durchschaut, ausschaut wie ein gewittriger Sommertag, wo dunkle Wolken stehen, und wo alles mögliche da drinnen sich zeigt, wo alles brodelt im Urin, also wenn es so ist wie ein sturmbewegter Sommertag, dann hat der Mensch irgend etwas, was starkes Fieber bringt. Und kann man da beurteilen, was los ist, so kann man daraus auf die Krankheit schließen. Schaut der Urin, wenn man durchsieht, entzückend klar aus wie ein heller Sommertag, an dem die Sonne alles beleuchtet, so kann man daraus schließen, daß der Mensch nach der anderen Seite krank ist, daß er sehr leicht neigt zu allerlei zugrundegehenden Organen; das eine Organ wird untätig, das andere Organ wird untätig und so weiter.

Also Sie sehen, die Sache ist diese, daß wer sich eingeschult hat auf dasjenige, was da im Urin abgesondert wird, aus dem Urin sehr viel sagen kann. Aber das ist eben gerade der Unterschied zwischen der heutigen neueren Medizin und der alten: Die alte Medizin hat den Urin angeschaut, so wie man einen Sommertag als einen hellen oder als einen sturmgepeitschten Sommertag anschaut, hat also mehr im groben beurteilt, aber hat dadurch, daß sie sich eingeschult hatte, mehr aus dem Bestande geurteilt. Die heutige, mehr materialistische Medizin untersucht den Urin chemisch, findet Eiweiß, Kleesäure, Zucker und so weiter drinnen. Also der Unterschied ist der, daß der eine das nach der Anschauung gemacht hat, mehr nach der Art, wie es sich ihm gibt, und der andere macht es mehr nach der Chemie.

Nun ist es natürlich so: In der früheren Zeit, wo man auf diese Anschauung noch große Rücksicht genommen hat, da haben die Menschen das ordentlich gelernt, waren noch keine Scharlatane. Heute sind diejenigen, die das machen, zumeist Scharlatane; wobei ich nicht sagen will, daß alle Scharlatane sind. Es kann sich einer so gut einschulen, daß er tatsächlich viel absehen kann, alle möglichen Krankheiten; das ist persönliche Schulung, da muß einer aber viel Erfahrung gehabt haben, und diese Erfahrung muß er angewandt haben.

Nun ist der Unterschied: Die Menschen geben ja heute nicht viel auf den Geist. Der Geist ist ja nahe daran, abgeschafft zu werden. Dasjenige, was die Chemie bietet, das kann jeder lernen. Einen Stoff chemisch zu untersuchen, das lernt man einfach in den drei, vier, fünf, sechs Jahren, in denen man an der Universität ist. Das kann im Grunde genommen jeder Dummkopf leisten, den Stoff chemisch zu untersuchen. Und darnach strebt man ja auch. Der Geist soll abgeschafft werden. Jeder soll das gleiche können. Das war früher nicht der Fall. Früher hat man den Geist sehr geachtet. Aber man muß eben Geist haben, um den Urin ansehen zu können. Das ist der Unterschied: Früher hat man die Menschen geistig gemacht, indem man sie belehrt hat; heute macht man sie zu Handlangern. Die Geschichte ist diese: Man braucht, wenn man arbeiten will, die Hand, und die Hand sollte vom Geiste geführt werden. Es ist heute viel die Rede von Handarbeit und Kopfarbeit, aber die Dinge sollten gar nicht unterschieden werden. Derjenige, der Handarbeit verrichtet, der sollte Gelegenheit bekommen, wiederum sich so geistig auszubilden, daß er ebenso an den Geist herankommt wie der sogenannte Kopfarbeiter. Diese Unterschiede können nur dadurch unter den Menschen gemacht werden, daß wirkliche geistige Arbeit wiederum geschätzt wird. Aber man will heute den Geist abschaffen.

Nun, meine Herren, daraus sehen Sie, daß die frühere Medizin eben mehr darauf gegeben hat, daß die Dinge unmittelbar angeschaut werden. Aber das hat noch eine andere Folge gehabt. Ich weiß nicht, ob Sie wissen, daß die heutige sogenannte wissenschaftliche Medizin ziemlich hohe Nasen macht, na, man kann sie gar nicht so hoch machen, die Nase, wie der heutige Mediziner sie macht, mit der er auf die alte «Dreckapotheke» heruntersieht, weil man früher aus allerlei Absonderungen die Heilmittel herstellte. Und man hat sich gesagt: Der Mensch sondert die Absonderungen ab. Bringt man sie in der richtigen Weise in den Körper zurück, dann wollen sie gleich wiederum heraus. Was tun sie aber da? Dadurch bringen sie zum Beispiel einen trägen Astralleib in eine regelmäßige Tätigkeit oder einen trägen Ätherleib in eine regelmäßige Tätigkeit.

Jetzt können Sie sagen: Findet man also bei einem Menschen, daß der astralische Leib träge geworden ist, so könnte man ihm ja Schweiß geben als Heilmittel –, das könnten Sie sagen. Und Sie könnten sagen: Nun ja, das ist halt die alte Dreckapotheke, die hat ja wirklich so etwas Verwandtes! – Ja, der Unterschied ist da kein sehr großer. Wenn Sie nämlich die heutigen Produkte, die man zu Heilmitteln verwendet, aufsuchen würden, so würden Sie finden, daß das dieselben Produkte sind, die im Schweiß drinnen sind, nur setzt man sie von außen, vom Mineralischen zusammen. Die Alten haben direkt den Schweiß verwendet. Und er war in vieler Beziehung wirksamer als dasjenige, was man erst zusammensetzt, weil – wie ich Ihnen in vielen Fällen gezeigt habe – die Natur viel gescheiter ist als der Mensch. Der Mensch kann sich in seinen Heilmitteln das zusammensetzen, was die Natur zusammensetzt. Da war es bei den Alten sehr merkwürdig, die haben also etwas geschätzt, was heute gar nicht mehr geschätzt wird. Die Alten haben gesagt: Wenn ein Mensch richtig in Schweiß kommt, dann hat er eigentlich um sich herum nun eine ganze Schweißdecke (siehe Zeichnung). – Nun, das ist das erste. Aber der Mensch sondert überall an seiner Oberfläche Schweiß ab. Wenn man diesen Schweiß, den der Mensch da absondert, festhalten könnte und könnte den Menschen wegnehmen – denken Sie sich, das wäre so: hier schwitzt einer furchtbar; da ist sein Körper an der ganzen Oberfläche mit Schweiß bedeckt –, denken Sie, wenn ich diesen Menschen herausnehmen könnte, und der Schweiß bliebe hier bestehen: Das wäre ja der ganze Abdruck vom Menschen, da würde im Schweiß der ganze Mensch dastehen! Sehr interessant, nicht wahr? Es ist also so, daß der Schweiß immerfort die Absicht hat, die menschliche Gestalt nachzuahmen.

Tafel 10

Die Alten haben dabei noch etwas anderes gemacht. Die haben jetzt nicht nur den Schweiß so angesehen, sondern sie haben schon den Urin so angesehen. Nun haben sie zum Beispiel hier ein Gläschen Urin gehabt (siehe Zeichnung S. 170). Die Alten haben nun noch eine bessere Anschauung gehabt im Geiste; und siehe da: Aus diesem Urin ist ihnen herausgekommen so etwas wie ein Gespenst vom Menschen! Was der Schweiß von selber bildet, indem er an der Oberfläche sein kann, das ist wie aus dem Urin herausgestiegen. Tatsächlich sah man das in alten Zeiten, wenn man ein Fläschchen Urin hatte. Ja, da stieg – ich weiß nicht, ob Sie diese Sage kennen, daß die Göttin, die Venus, aus dem Meerschaum emporgestiegen ist? –, so stieg ein menschliches Astralgespenst aus dem Urin auf. Und bei einem Menschen, der nach einer gewissen Krankheit hinneigte, sagen wir bei einem Menschen, der nach Auszehrung hinneigte, war dieses Astralgespenst dünn und dürr. Bei einem Menschen, der, sagen wir nach krankhafter Dicke hinneigte, da war dieses Gespenst nach allen Seiten schwellend. Nennen Sie das meinetwillen eine Einbildung; es kann ja eine Einbildung sein, wenn Sie wollen, daß einer, wenn er einen hellen Urin sieht, ein anderes Gespenst herauskommen sieht, als wenn er dunklen Urin sieht. Aber er sieht es halt. Und er hat danach als alter Arzt die Krankheiten beurteilt.

Tafel 10

Und genauso ging es in der Zeit, als man noch untersucht hat nicht nur den Urin, sondern die Fäkalien, die Darmabsonderungsprodukte. Die waren in alten Zeiten ganz besonders wichtig für die Bestimmung der Krankheiten. Denken Sie sich einmal, jemand hatte die Darmabsonderungen genommen. Da drinnen kann man finden, bei dem einen ist viel Schwefel drinnen, Eisen drinnen. Je nachdem dieses drinnen ist, können Sie einen schwefligeren Darminhalt haben. Die Hunde haben zum Beispiel viel Schwefel in ihrem Darminhalt, der dann nach außen geht. Je mehr Schwefel drinnen ist, desto weißlicher und fester ist der Darminhalt. Je nachdem mehr Kohle, Kohlehaltiges drinnen ist, desto weichlicher und dunkler ist der Darminhalt; die Katzen haben dies. Nun, so kann man nach dem Darminhalt, der nach außen kommt, aus den Fäkalien, noch viel besser als aus dem Urin, auf die Krankheit zurückschließen.

Auch beim Darminhalt haben die Alten, sagen wir, eine Vision gehabt; sie haben eben solche Visionen gehabt. Das ist etwas sehr Merkwürdiges! Beim Schweiß haben sie gesagt: Wenn der Mensch Schweiß absondert, so hüllt er sich in sein eigenes Gespenst ein. Wenn der Mensch Urin absondert, so ist darinnen sein Gespenst, das aufsteigt. Und beim Darminhalt ist es so, daß es sogar vollständig nach allen Seiten sich abgrenzt und bestimmte Farben hat. Und nach diesen – nennen Sie es Visionen oder Träume, wie Sie wollen –, aber nach diesen Träumen wurden in alten Zeiten viel die Krankheiten bestimmt.

Und in unbestimmter, manchmal ganz dummer Art und Weise machen – indem sie es lesen in alten Büchern, die man heute kaum mehr verstehen kann – solche Leute, wie die von Ihnen erwähnten, das nach. Es gibt auch solche, die nach dem Kot die Krankheiten bestimmen; es kommt dabei meistens nicht viel heraus. Aber es kann einer sich eine große Erfahrung sammeln; dann kann etwas dabei herauskommen. Nur die heutige Wissenschaft gibt nichts darauf, weil sie lieber alles chemisch untersucht. Aber, wie gesagt, es ist bei der heutigen medizinischen Wissenschaft die Urinuntersuchung geradeso wichtig wie bei der unwissenschaftlichen Medizin, die eben ein Überbleibsel ist aus alten Zeiten.

Sie werden nun, wenn Sie in alten medizinischen Büchern blättern und lesen, auf einen Ausdruck stoßen, den Sie gewöhnlich nicht verstehen werden. Allerlei Mystiker und solche Leute, die immer sagen, sie haben alle Weisheit, nicht nur Wissenschaft, sondern Weisheit mit Löffeln gegessen, die werden Ihnen immer vorreden, was sie in alten Büchern gelesen haben. Das hat nicht viel Wert, weil sie die alten Bücher nicht verstehen. Aber wenn Sie darin lesen, werden Sie auf einen Ausdruck stoßen. Es steht da immer wieder und wieder der Ausdruck Mumie. Es wird einem erzählt: Ist die Mumie hell, dann ist der Mensch von allerlei Krankheiten befallen, die ihn zur Auszehrung und so weiter treiben; ist die Mumie ganz dunkel, schwärzlich, dann ist der Mensch von Fieber, von hitzigen Krankheiten befallen. Es wird überall erzählt, wie die Mumie ist, und danach die Krankheiten beurteilt.

Was ist denn die Mumie? Wenn der heutige Mensch das liest, so weiß er ja nur, das sind die ägyptischen Mumien. Nun ja, was macht er daraus, wenn er da liest, daß die Mumie hell oder dunkel ist? Er kommt gar nicht darauf, was gemeint ist. Aber was haben die alten Leute, die die alten medizinischen Bücher geschrieben haben, gemeint? Die Gestalt, die im Schweiß ist, und die Gestalt, die ihnen aus dem Uringlas heraus auftauchte und aus den Fäkalien, die haben sie die Mumie genannt. Die Mumie war gerade der geistige Mensch. Und der geistige Mensch wird aus den Absonderungen sichtbar. Und die Alten haben gesagt: Wenn das Kind geboren wird, da geht die Nachgeburt ab, und da geht der letzte Rest des geistigen Menschen weg. – Und wenn die Menschen das heute untersuchen könnten, so würden sie finden: Wenn ein kleines Kind geboren wird, dann gibt es manchmal ganz wenig, was nachgeht an Nachgeburt und damit an Übersinnlichem. Es gibt aber auch manche, wo recht viel weggeht. Die letzteren, wo recht viel weggeht – da geht schon bei der Geburt der Geist fort –, die werden dann Materialisten.

Und so ist es, meine Herren: Mit der Absonderung hat die geistige Tätigkeit im Menschen, die astralische und Ich-Tätigkeit außerordentlich viel zu tun. Und wenn man gesprochen hat von der alten Dreckapotheke, so deutet das eben darauf hin, daß man heute das nicht mehr schätzt, was einmal geschätzt worden ist. Abfallserscheinungen, die schätzt man heute nicht mehr. Es ist ja auch in mancher Beziehung gut, wenn man sie nicht zu stark schätzt, denn es kommt dann allerlei vor. Ich kannte einen Menschen, der hat das Waschen abschaffen wollen, weil er gesagt hat – nachdem er gehört hatte, daß der Geist in der Absonderung lebt –, daß man dasjenige, was abgesondert wird, bewahren soll, also auch den Schmutz. Und die Folge davon war, daß er den Schmutz außerordentlich geschätzt hat! Ja, meine Herren, all das erscheint manchmal als Narrheit. Aber es ist nicht immer Narrheit. Nehmen Sie zum Beispiel die Pferde. Die Pferde, nicht wahr, haben unten ihre Hufe, und von den Hufen geht es dann ins Weiche der Pferdezehe über. Da sammelt sich Schmutz an. Und es kann sein, wenn Sie beim Pferd den Schmutz fortwährend abschaben, daß es krank wird. Sie müssen einen Instinkt dafür haben, wie lange Sie den Schmutz lassen müssen, damit das Pferd wiederum nachkommen kann, diesen Schmutz zu erzeugen. Also da zeigt sich Ihnen am Pferde ganz handgreiflich, möchte ich sagen, wie bedeutsam der Schmutz, die Absonderung ist. Die Sache ist bedeutsam für das Geistige im Menschen, sie ist auch bedeutsam für Gesundheit und Krankheit. Aus der Absonderung ist eben Gesundheit und Krankheit zu finden. Und die Alten haben das Geistige in der Absonderung eben die Mumie genannt. Wenn Sie das Wort Mumie in alten Schriften finden, werden Sie es von jetzt ab verstehen, weil ich Ihnen gesagt habe, wie die Mumie eigentlich entsteht: daß sie gerade aus den Absonderungsprodukten entsteht.

Sie sehen, es liegt in der Frage, die Herr Müller gestellt hat, eine ganz große Wissenschaft, aber eine Wissenschaft, die man nur bewältigen kann, wenn man auf das Geistige eingeht. Sonst ist eben einfach alles dasjenige, was abgesondert wird, Absonderungsprodukt; man kümmert sich nicht darum. Aber in der Absonderung zeigt der Mensch, welchen Geistes er ist. Und daß das so bei den Fäkalien ist, das zeigt Ihnen ja schon der oberflächliche Anblick. Vergleichen Sie Pferdefäkalien mit den Rinderfäkalien. Die Rinderfäkalien sind größer, breiten sich aus. Die Pferdefäkalien sind fast kleine Häupter, runden sich. Sie können nicht anders, wenn Sie einen Sinn haben für Schönheit – nicht wahr, die Schönheit liegt ja nicht darinnen, daß man bloß geruchlose Dinge schön findet –, wenn Sie einen Sinn haben für Schönheit überhaupt, können Sie nicht anders sagen als, wenn Sie einen Kuhfladen sehen: Die ganze Kuh! Darinnen bildet sie sich ab mit ihrem breiten Auftreten, mit ihrer lässigen Tätigkeit, mit ihrem Hang, sich niederlegen zu wollen; sie ist ganz drinnen in den Fäkalien. Und das Pferd, dieses Springingerl unter den Tieren, das immer loswill von der Erde, das hinaus in die Welt hüpfen und springen will –, ein Pferdeapfel zeigt das ganze Pferd! Und so ist es bei den Fäkalien von allen Tieren, man kann in ihnen das ganze Tier erkennen. Und daraus können Sie ersehen, was die Alten unter Mumie verstanden haben und was eben einfach astralisch ist. Das übersinnliche Tier, der übersinnliche Mensch, das lebt in den Absonderungen.

Mit der Geisteswissenschaft kann man diese Dinge bewältigen. Nur darf natürlich nicht das herauskommen, daß nun wiederum die Feinde sagen, die Geisteswissenschaft beschäftigt sich mit Schweiß, Urin und so weiter, und die ist daher eigentlich eine Dreckwissenschaft. Das möchten ja die Feinde am allerliebsten!

Also, meine Herren, indem Sie die Frage aufgeworfen haben, mußte ich Sie hinweisen auf das, was wahr ist. Aber Sie können auch bei jeder Gelegenheit darauf hinweisen, daß es sich nicht um irgendwelche besonderen Betrachtungen desjenigen handle, was dreckig ist, sondern was das Geistige ist. Denn der Mensch wird ohnmächtig, wenn der Aufbau in ihm zu stark ist. Dann entstehen die Geschwulstbildungen in ihm, wenn er nur aufbaut. Er muß entsprechend abbauen. Er *muß* abbauen. Der Mensch wird ohnmächtig, dauernd ohnmächtig und geistesabwesend, wenn sich eine Geschwulst im Gehirn bildet, weil dann nur aufgebaut wird. Die Geschwulst wird aufgebaut, wenn im Gehirn nicht richtig abgebaut wird. Und die Gehirnnerven entstehen als Abbauprodukte, als geistige Abbauprodukte. Nur wenn es zu stark losgeht, dann kommt das Blut zu stark hinein; es entsteht die Entzündung. Und da haben Sie den Unterschied zwischen Geschwülsten und Entzündungen. Haben Sie einen dunklen Urin, neigen Sie irgenwo zu Entzündungen im Körper. Haben Sie einen hellen Urin, neigen Sie zu Geschwülsten. Das ist eines. Aber so können Sie vom Urin aus auf alle Krankheiten schließen, wenn Sie den Urin nur richtig untersuchen.

Am Mittwoch also weiter.

ZEHNTER VORTRAG

Dornach, 27. Februar 1924

Guten Morgen, meine Herren! Hat sich jemand etwas ausgedacht für heute?

Herr Burle stellt eine Frage nach der Relativitätstheorie, wie es heute damit stehe; man habe so viel darüber gelesen, besonders früher. Jetzt sei es vielleicht schon wieder vergessen; wenigstens höre man nicht mehr so viel darüber wie früher.

Dr. Steiner: Nun, sehen Sie, die Sache mit der Realtivitätstheorie ist eine schwierige, und Sie werden heute wahrscheinlich dann sehr aufpassen müssen und zuletzt doch sagen, auch wenn Sie recht aufpassen, daß Sie sich darin nicht auskennen. Aber das ist bei vielen Leuten der Fall, die heute von der Relativitätstheorie reden. Die reden doch so von ihr, daß sie sie oftmals als die größte Errungenschaft unserer Zeit preisen, aber sie nicht verstehen. Ich will mich bemühen, sie so populär wie möglich auseinanderzusetzen. Wie gesagt, es wird heute schwer sein, aber wir werden das nächste Mal dann schon wieder zu interessanteren Sachen kommen.

Die Einsteinsche Theorie bezieht sich auf Bewegungen, die irgendein Körper ausführt. Sie wissen ja, daß Körper sich dadurch bewegen, daß sie ihren Ort im Raume verändern. Wenn wir also eine Bewegung aufzeichnen wollen, so sagen wir: Ein Körper ist an einem Ort a und be- Tafel 11
wegt sich an einen andern Ort b hin. Wenn Sie einen Eisenbahnzug vorbeifahren sehen und draußen irgendwo stehen, so werden Sie zunächst gar keinen Zweifel daran haben, daß der Eisenbahnzug an Ihnen vorbeisaust, sich bewegt, und Sie stillstehen. Aber Sie können ja leicht zum Zweifel darüber kommen, im Augenblick natürlich nur, wenn Sie nicht tiefer nachdenken, wenn Sie irgendwo in einem Eisenbahncoupé sitzen und zunächst schlafen, dann aufwachen und zum Fenster hinausschauen: Da fährt ein Eisenbahnzug vorüber. Sie haben das deutliche Gefühl, ein Eisenbahnzug fährt vorbei. Das braucht deshalb noch nicht wahr zu sein, sondern bevor Sie eingeschlafen waren, stand Ihr Zug still, und während Sie geschlafen haben, ist Ihr Zug selber in Be-

wegung gekommen. Sie haben während des Schlafes nicht bemerkt, daß Ihr Zug in Bewegung gekommen ist, und der andere Zug fährt scheinbar vorbei. Wenn Sie genauer zusehen, so ist der Zug, der draußen steht, ganz in Ruhe, während Ihr Zug fährt. Sie glauben also, während Sie in Bewegung sind, Sie seien in Ruhe, und der andere Zug, der wirklich in Ruhe ist, der fahre. Sie wissen, es kann einem ja auch passieren, daß man zum Fenster hinausschaut und glaubt, daß man in dem Zug, in dem man gerade drinnen ist, ruhig drinnen ist, und der ganze Zug fährt in der entgegengesetzten Richtung. So schaut es für das Auge aus. Da sehen Sie schon, daß nicht immer dasjenige stimmt, was wir Menschen von der Bewegung aussagen. Sie wachen auf und Sie bilden sich das Urteil: Der Zug, der da draußen ist, der fährt. Gleich darauf müssen Sie sich korrigieren: Das ist ja gar nicht wahr, der steht still; ich fahre!

Solch eine Korrektur des Urteils ist einmal in einer großen, oder sogar öfter in einer großen Weise in der Weltgeschichte vorgekommen. Wir brauchen nur sechs bis sieben Jahrhunderte zurückzugehen, da waren alle Leute der Ansicht, daß die Erde fest im Raum stillsteht, und daß sich der ganze Sternenhimmel vorbeibewegt. Diese Ansicht ist, wie Sie vielleicht gehört haben, im 16. Jahrhundert korrigiert worden. Es ist *Kopernikus* gekommen und hat gesagt: Das alles stimmt nicht; die Sonne, die Fixsterne stehen in Wirklichkeit still, und wir mit unserer Erde fliegen in rasender Geschwindigkeit durch den Weltenraum. Wir glauben auf der Erde in Ruhe zu sein – geradeso wie einer vorher glaubte, im Eisenbahnwagen in Ruhe zu sein und der andere Zug fahre – und haben das jetzt korrigiert. Der Kopernikus hat die ganze Astronomie korrigiert, hat gesagt: Das ist nicht wahr, daß die Sterne sich bewegen; die stehen still. Die Erde aber mit den Menschen saust mit einer Riesengeschwindigkeit durch den Weltenraum.

Da haben Sie die Möglichkeit gleich gegeben, daß man ja aus dem Anblick nicht sofort sagen kann, was eigentlich in bezug auf die Bewegung richtig ist: ob man selber in Ruhe ist und ein sich vorbeibewegender Körper wirklich in Bewegung ist, oder ob man selber in Bewegung ist und ein Körper, von dem man glaubt, daß er vorbeisause, in Ruhe ist.

Nicht wahr, wenn Sie das bedenken, dann werden Sie sich sagen: Ja, da kann ja bei allem eine Korrektur notwendig sein, was wir als Bewegung anerkennen. – Nehmen Sie nur einmal das eine, wie lange es gebraucht hat, bis die ganze Menschheit dazu gekommen ist, das Urteil zu korrigieren in bezug auf die Erde. Das hat ja Jahrtausende gedauert. Wenn Sie im Eisenbahnzug sitzen, so dauert es vielleicht nur ein paar Sekunden, bis Sie Ihr Urteil korrigieren. Es ist also verschieden, wie lange man braucht, um solch ein Urteil zu korrigieren.

Das hat solche Leute wie *Einstein* dazu veranlaßt, zu sagen: Wir können ja gar nicht wissen, ob das, was von uns in Bewegung gesehen wird, wirklich in Bewegung ist, oder ob wir, die wir dastehen in Ruhe, nicht irgendwie auf eine geheimnisvolle Art in Bewegung sind und der andere in Ruhe. Also ziehen wir aus dieser Ungewißheit den letzten Schluß.

Nun ja, meine Herren, dann könnte es ja so sein: Nehmen wir an, dahier wäre ein Auto (es wird gezeichnet). In dem Auto fährt man von Haus Hansi bis herauf zum Goetheanum. Aber wer weiß denn zu sagen, daß das Auto wirklich herauffährt? Wer kann das mit Gewißheit sagen? Es könnte ja das Auto auch ganz stillstehen, es könnten nur die Räder sich drehen, und das ganze Goetheanum, zu dem man hinkommt, könnte sich in umgekehrter Richtung herunterbewegen. Es müßte nur einmal so etwas herauskommen, wie es für die Erde bei Kopernikus herausgekommen ist! (Heiterkeit.)

Tafel 11

Solche Dinge hat der Einstein genommen, er hat gesagt: Man ist eigentlich nie in Gewißheit darüber, ob sich der eine oder der andere Körper bewegt. Man weiß immer nur, daß sie in Beziehungen zueinander sich bewegen, daß sie ihre Entfernungen verändern; das ist das einzige, was man weiß. – Natürlich, das weiß man, wenn man zum Goetheanum fährt, weil man näherkommt dem Goetheanum; aber ob das zu einem oder man zu ihm kommt, das kann man nicht wissen. Nun, sehen Sie, dasjenige, wovon man sagen kann, es ist in wirklicher Ruhe oder in wirklicher Bewegung, das ist absolut. Also was ist eine absolute Ruhe oder eine absolute Bewegung? Das wäre eine Ruhe oder Bewegung, von der man sagen könnte: Im Weltenraum steht der Körper still oder es bewegt sich der Körper. Aber das ist natürlich immer eine fatale Sache; denn zur Zeit des Kopernikus hat man noch geglaubt, daß nun wiederum die Sonne stillsteht und die Erde sich herumbewegt. In bezug auf die Erde ist es richtig, aber in bezug auf die Sonne ist das nicht richtig, denn die Sonne bewegt sich sehr schnell, saust mit einer riesigen Geschwindigkeit gegen einen Sternenweltenraum, der im Sternbild des Herkules ist – wir natürlich alle mit. Auf der einen Seite drehen wir uns um die Sonne herum, aber mit der Drehung um die Sonne sausen wir mit ihr durch den Weltenraum. Also von der Sonne ist auch nicht zu sagen, daß sie mit absoluter Ruhe im Weltenraum stehe. Und so sagten Einstein und diejenigen, die der Ansicht waren, daß das so ist: Man kann überhaupt von nichts sagen, ob es in absoluter Ruhe oder Bewegung ist, sondern kann nur sprechen davon, daß die Dinge in relativer Ruhe sind – relativ, das heißt bezüglich zueinander –, es erscheint einem in Ruhe oder Bewegung.

Sehen Sie, meine Herren, einmal glaubte jemand während eines Kurses, der in Stuttgart abgehalten wurde, daß wir Anthroposophen nichts Ordentliches über die Relativitätstheorie wissen, und da hat er auf eine sehr einfache Weise, weil er ein fanatischer Anhänger der Relativitätstheorie war oder ist, den Leuten klarmachen wollen, wie die Relativitätstheorie, die Einsteinsche Relativitätstheorie wirklich gilt. Was Tafel 11 links machte er da? Er nahm eine Zündholzschachtel und sagte: Da habe ich ein Streichholz. Jetzt halte ich die Schachtel ganz ruhig und fahre mit dem Streichholz gegen sie zu. Es fängt Feuer. Jetzt aber mache ich ein zweites Experiment. Jetzt halte ich das Streichholz ganz ruhig und bewege die Schachtel zu mir. Es fängt wieder Feuer. Es geschieht dasselbe. Dasjenige, was geschehen ist, das ist, daß Feuer entstanden ist. Aber die Bewegung, die ich dabei ausgeführt habe, ist nicht absolut, die ist ganz relativ. Das eine Mal, wenn da die Schachtel ist, und da das Streichhölzchen, bewege ich das Streichholz so her, das andere Mal die Schachtel. Es kommt gar nicht darauf an, damit Feuer entsteht, ob die Schachtel oder das Streichholz sich bewegt, sondern nur, ob sie relativ zueinander, in Beziehung zueinander sich bewegen.

Das kann man aber auf die ganze Welt anwenden. Man kann für die ganze Welt sagen: Die Sache ist so, daß man nicht weiß, ob das eine oder das andere sich bewegt, oder ob das eine stärker oder schwächer, oder ob das andere stärker oder schwächer sich bewegt. Man weiß nur immer, wie sie sich im Verhältnis zueinander bewegen, ob sie näher oder ferner zueinander kommen; mehr weiß man nicht. Und ob der eine Körper schneller oder langsamer sich bewegt, weiß man nicht. Nehmen Sie an, Sie fahren in einem furchtbar schnell dahinsausenden Eilzug, und draußen fährt ein Personenzug vorüber, Sie schauen hinaus zum Fenster. Sie kriegen kein Urteil darüber, was da eigentlich vorliegt, denn in dem Augenblick, wo Sie mit dem Eilzug so hinfahren und der Personenzug so herfährt, haben Sie das Gefühl, Ihr Eilzug fahre viel langsamer als er früher gefahren ist. Probieren Sie es nur einmal. In dem Augenblick haben Sie das Gefühl, jetzt fährt auf einmal der Zug langsam. In der Wahrnehmung wird dem Schnellen so viel von seiner Schnelligkeit weggenommen, als wie der da ihm entgegenkommt. Also Sie kriegen ein ganz falsches Urteil über die Schnelligkeit der Bewegung in Ihrem eigenen Zug. Wenn dagegen daneben einer langsamer fährt, da haben Sie das Gefühl, Ihr Zug fahre schneller. Also Sie haben nie ein Urteil, wenn Sie zwei Bewegungen sehen, wie sie sich eigentlich zueinander verhalten, sondern Sie kriegen nur immer ein Urteil darüber, wie sich die zwei Körper in ihren Entfernungen voneinander verhalten.

Jetzt kann man bei dieser Sache stehenbleiben und kann sagen: Donnerwetter, der Einstein war ein gescheiter Kerl, der ist endlich darauf gekommen, daß im Weltenall überhaupt nicht von absoluten Bewegungen geredet werden kann, sondern nur geredet werden kann von relativen Bewegungen. – Gescheit ist das schon, und es ist ja, wie Sie einsehen können, für vieles auch richtig. Denn kein Mensch kann sagen, wenn er irgendwo, sagen wir einen Stern in Ruhe sieht, es sei ein Stern in Ruhe. Wenn Sie sich mit einer gewissen Geschwindigkeit bewegen, so bewegt sich der Stern scheinbar in der entgegengesetzten Richtung; aber er könnte sich ja auch herbewegen. Also Sie kommen gar nicht darauf, irgendwie aus dem Anblick sagen zu können, der Stern ist in Ruhe oder in Bewegung. Das ist notwendig, daß man das weiß; denn damit, daß man das endlich heute weiß, müßte man ja die ganze Ausdrucksweise ändern, die man in gewissen Wissenschaften hat. Ich will Ihnen das an einem Beispiel zeigen.

Wie bekommt man denn überhaupt Kenntnisse von den Sternen? Sehen Sie, Kenntnisse von den Sternen kann man ja nicht bekommen, wenn man die Ansicht hat, die einmal der Fürst gehabt hat, der auf die

Sternwarte gegangen ist, und dort hat ihm der Astronom selbstverständlich, weil es der Fürst des Landes war, die Beobachtungen, die er an den Sternen machte, zeigen müssen. Nun, da ließ er auch den Fürsten durch das Fernrohr sehen, und man beobachtete einen Stern. Wenn man das Fernrohr irgendwohin richtet, dann sieht man zunächst nichts. Dann wartet man ein bißchen; dann kommt der Stern in das Fernrohr hinein, wie man sagt, dann geht er auf der andern Seite wieder heraus. Der Fürst hat sich das angeschaut. Dann hat er gesagt: Ja, jetzt verstehe ich ganz gut, daß Sie etwas wissen über die Sterne, daß Sie wissen, wo die Sterne stehen und wie sie sich bewegen, das kann ich jetzt ganz gut einsehen. Aber wie Sie, wenn Sie so weit entfernt sind, darauf kommen, was für einen Namen die Sterne haben, das kann ich noch immer nicht begreifen. – Mit solchen Ansichten kann man natürlich nicht Astronomie betreiben. Aber wie geschieht es denn, wenn
Tafel 12 man Sterne beobachtet? Da hat man das Fernrohr; da sitzt der Astronom, da – mit dem Kopf von oben – guckt er rein, und da ist hier ein Fadenkreuz; und wenn der Stern scheinbar so geht, sieht man noch nichts, und wenn er hier ist, sieht man den Stern. Wenn er gerade da sichtbar ist, wo die Fäden sich kreuzen, dann bestimmt man den Ort des Sternes.

Nun glaubte man immer, wenn man früher beobachtete, man könnte sagen: Entweder hat sich die Erde bewegt, man ist mit dem Fernrohr vorwärtsgegangen und ist mit dem Objektiv – so nennt man das Glas, das weit weg ist; das Glas, das nah ist, nennt man Okular – so weit gerückt, daß man den ruhenden Stern jetzt drinnen sieht. Früher hat man geglaubt, der Stern bewegt sich. Heute muß man sagen: Über die Ruhe oder Bewegung des Sternes weiß man nichts. Man kann nur sagen: Im Anblick fällt das Fadenkreuz meines Fernrohrs zusammen mit dem Anblick des Sternes; die zwei decken sich. Nichts weiter kann man sagen als dasjenige, was man unmittelbar vor sich hat. Über die ganze Welt wäre man dadurch ungewiß.

Das hat eine große Tragweite. Das ist wichtig für unsere Anschauung von der Bewegung nicht nur der Himmelskörper, sondern sogar der Körper auf unserer Erde. Und die Folgerungen, die dann Einstein und diejenigen, die ebenso denken wie er, daraus gezogen haben, sind sehr weitgehende. Sie haben zum Beispiel gesagt: Ja, wenn die Bewegung bloß relativ ist, wenn sie nicht absolut ist, dann kann man überhaupt über nichts etwas Wirkliches aussagen, auch nichts über die Gleichzeitigkeit oder verschiedene Zeiten. Wenn ich zum Beispiel in Dornach eine Uhr habe und in Zürich eine Uhr habe und die gleiche Zeigerstellung habe, so bin ich ja noch gar nicht sicher, daß nicht, weil sie voneinander entfernt sind, in Wirklichkeit da nur eine irrtümliche Beobachtung vorliegt; vielleicht gibt es gar keine Gleichzeitigkeit!

Also Sie sehen, aus dieser Sache wurden die weitgehendsten Folgerungen gezogen. Und es frägt sich: Kommen wir denn überhaupt nicht heraus aus dieser Sache? Können wir denn heute gar nicht irgend etwas sagen über die Dinge selbst, wenn sie sich bewegen? Das ist die wichtige Frage. Daß man aus dem Anblick über die Bewegungen nichts sagen kann, das ist einmal ganz sicher. Und im weitesten Sinne gilt schon auch: Wenn ich mit dem Auto gegen das Goetheanum herauf fahre, so kann es ebensogut sein, daß mir das Goetheanum entgegenkommt.

Ja, aber eines, meine Herren, tritt doch ein. Schon dieses Beispiel mit der Streichholzschachtel, das ich Ihnen angeführt habe, das stimmt doch nicht ganz. Denn sehen Sie, ich hätte mögen dem Herrn, der das so fein gemacht hat, zurufen: Nagle doch die Streichholzschachtel einmal an den Tisch und probiere dann, ob du hin- und herfahren kannst! Da mußt du schon mindestens eine große Kraft anwenden, wenn du mit dem ganzen Tisch hin- und herfahren mußt. – Also irgendwo liegt da doch ein Haken.

Diesen Haken können Sie bemerken, wenn Sie nur aufmerksam auf die Sache eingehen. Nehmen Sie an, man fährt mit dem Auto von Dornach nach Basel, und nun könnte man sagen: Es ist nicht wahr, daß das Auto sich bewegt; sondern das Auto bleibt stehen, dreht nur die Räder, und Basel kommt ihm entgegen. – Schön. Aber dagegen spricht eines: Das Auto wird nach einigen Jahren ruiniert. Und daß das Auto ruiniert wird, das können Sie nur darauf zurückführen, daß nicht die Straße sich bewegt, sondern das Auto sich bewegt und ruiniert wird durch das, was innerlich in ihm geschieht. Also wenn Sie nicht bloß hinschauen auf die Bewegung, sondern im Körper selber nachschauen, was die Bewegung tut, da kommen Sie schon darauf, daß Sie den Einsteinschen Schluß nicht ganz festhalten können. Also können Sie bemerken, daß das Auto doch sich ruiniert, nicht bloß die Räder ablaufen, weil sie sich drehen. Nun könnte einer sagen: Ja, die würden sich natürlich auch drehen, wenn einem der Berg entgegenkäme oder Basel einem entgegenkäme, oder sonst würde sich die Sache abnutzen. Da kann man aber immer noch sagen: Vielleicht ist die Geschichte doch so. Bei leblosen Körpern läßt sich die Sache gar nicht so entscheiden, und für leblose Körper kann man nur sagen, die Sache ist ungewiß, wie stark sich der eine oder der andere bewegt. Aber der lebendige Organismus! Denken Sie einmal, Sie gehen selber zu Fuß nach Basel hinein, und ein anderer bleibt hier stehen in Dornach, bleibt die ganzen zwei Stunden stehen, während Sie nach Basel hineingehen. Jetzt, wenn nicht Sie sich hineinbewegt hätten, sondern Basel Ihnen entgegengekommen wäre, so hätten Sie ja fast gar nichts anderes gemacht als derjenige, der stehengeblieben ist. Aber Sie sind müde geworden; eine Veränderung hat sich in Ihnen vollzogen. An dieser Veränderung, die sich in Ihnen selber vollzieht, können Sie doch wahrnehmen, daß Sie sich bewegt haben. Und bei lebendigen Körpern kann man schon an der Veränderung, die in ihnen vorgeht, doch in einer gewissen Weise feststellen, ob sie nun wirklich in Bewegung sind oder nur in scheinbarer Bewegung, in Ruhe sind.

Aber das ist es auch, was dazu führen muß zu erkennen, daß man überhaupt aus der äußeren Betrachtung der Welt nicht einmal von etwas, was so klar erscheint wie die Bewegung, sich eine Theorie bilden darf, sondern man muß sich die Theorie bilden von den inneren Veränderungen. Nun, da haben Sie eben wiederum das, daß man auch mit der Relativitätstheorie sich sagen muß: Derjenige, der nur die äußere Seite der Sache betrachtet, kommt überhaupt auf nichts. Man muß das Innere betrachten. Da wird man eben gerade durch diese Relativitätstheorie dazu geführt, wenigstens den Anfang zu machen mit der Geisteswissenschaft, mit der Anthroposophie, weil man durch die Anthroposophie ja überall darauf hingewiesen wird, das Innere zu betrachten.

Die Einsteinsche Theorie hat zu außerordentlich merkwürdigen Konsequenzen geführt. Besonders interessant wird zum Beispiel die Sache, wenn Einstein seine Beispiele aufführt. Da hat er ein Beispiel aufgeführt, das besteht darin, daß er nachweisen will, daß die Ortsveränderung überhaupt keine Bedeutung hat. Weil eben für den Anblick es gar nicht entschieden werden kann, ob ein Körper seinen Ort verändert oder nicht, könne also die Ortsveränderung auch keine Bedeutung haben. Deshalb sagt Einstein: Wenn ich eine Uhr, die eine bestimmte Zeigerstellung hat, hinausschleudere in den Weltenraum, daß sie mit der Geschwindigkeit des Lichtes hinausfliegt und dann umkehrt und wieder zurückkommt, so hat diese Bewegung für das Innere der Uhr keine Bedeutung gehabt. Die Uhr kommt unverändert zurück. – So macht Einstein seine Beispiele: Ob ein Körper sich bewegt oder nicht, wir können es ja nicht entscheiden. Die Uhr ist dieselbe, ob sie in Ruhe ist oder sich bewegt, es ist für sie gleich. – Ja, aber, meine Herren, man müßte Sie nur einmal einladen, eine Uhr anzuschauen, die mit Lichtgeschwindigkeit in den Weltenraum hinausfliegt und wieder zurückkommt! Die Uhr, ja, von der werden Sie überhaupt gar nichts mehr sehen. Die wird so pulverisiert sein, daß Sie sie nicht mehr sehen.

Was heißt das aber? Das heißt, man kann überhaupt nicht so denken. Man kommt zu Gedanken, die gedankenlos sind. Und so finden Sie auf der einen Seite, daß Einstein ein furchtbar gescheiter Mensch ist, und daß er Schlußfolgerungen zieht, Urteile macht, die den Leuten furchtbar berückend sind. Nicht wahr, die gewöhnlichen Menschen, die nicht sehr gute Mathematiker sind, die verstehen ja nicht viel von der Einsteinschen Theorie; und dann fangen sie an, in irgendeinem populären Buch über die Einsteinsche Theorie zu lesen, lesen die erste Seite, da gähnen sie nachher; lesen die zweite Seite noch zur Hälfte, dann hören sie auf. Und dann sagen sie: Das muß aber was furchtbar Gescheites sein. Denn wenn es nicht etwas furchtbar Gescheites wäre, dann müßte ich es doch verstehen. Außerdem sagen das viele Leute, daß es etwas furchtbar Gescheites sei. – Daher kommt das Urteil über die Relativitätstheorie. Aber es gibt auch solche Leute, die das verstehen. Und unter solchen Leuten, die das verstehen, findet Einstein gerade seine Anhängerschaft, und die Anhängerschaft wird jeden Tag größer. Es ist nicht so, wie Herr Burle meint, daß es wieder vergessen ist. Vor ein paar Jahren, wenn Sie mit Universitätsprofessoren sprachen, wollten die noch nichts wissen von der Einsteinschen Theorie. Heute ist alles voll gerade in der Gelehrsamkeit von der Einsteinschen Relativitätstheorie.

Aber die Leute kommen eben auch zu ganz merkwürdigen Anschauungen dabei. Ich hatte zum Beispiel einmal eine Debatte mit Universitätsprofessoren über die Einsteinsche Theorie. Ja, sehen Sie, solange man bleibt auf dem Gebiet, das ich Ihnen ja auch auseinandergesetzt habe, so lange ist die Einsteinsche Relativitätstheorie richtig; man kann nichts machen: es ist so mit dem Eisenbahnzug, mit dem Sonnensystem, mit den Bewegungen der ganzen Welt. Soweit ist sie ganz richtig. Aber nun dehnen sie die Herren auf alles aus und sagen zum Beispiel: Relativ ist auch die Größe eines Menschen; der hat keine absolute Größe, sondern nur relative. Das erscheint mir nur so, daß er so hoch ist. Er ist so hoch im Verhältnis – nun ja, wenn wir hier sind –, im Verhältnis zu den Stühlen oder im Verhältnis zu den Bäumen, aber von einer absoluten Größe kann man nicht reden. – Sehen Sie, das gilt, solange man Mathematiker bleibt, solange man es bloß mit der Geometrie zu tun hat. In dem Augenblicke, wo man aufhört, es mit der Geometrie zu tun zu haben, wenn man ins Leben kommt, da hört das Vergnügen auf, da geht das aus einem anderen Ton! Sehen Sie, wenn einer kein Gefühl hat, dann kann er aus Holz einen Kopf schnitzen, der hundertmal so groß ist wie Ihr Kopf. Dann hat er ihn. Ja, derjenige, der ein Gefühl dafür hat, wird das nämlich nie tun, weil er weiß, die Größe eines Menschenkopfes ist nicht relativ, sondern die ist im ganzen Weltenraum bedingt. Er kann etwas größer sein oder etwas kleiner sein, aber wenn einer ein Zwerg ist, so ist das eben eine Krankheit; wenn einer ein Riese wird, ist das auch eine Krankheit. Das ist nicht bloß relativ, sondern das Absolute ist da schon sichtbar. Innerhalb gewisser Größen schwankt natürlich die menschliche Größe. Aber im Weltenall ist der Mensch ganz bestimmt für eine gewisse Größe. Da kann man also auch nicht wiederum von Relativität sprechen. Da kann man nur davon sprechen, daß der Mensch sich seine eigene Größe gibt durch sein Verhältnis zum Weltenall. Es war ein einziger von dem Professorenkollegium, mit dem ich die Debatte hatte, der das zugab. Die andern waren durch die Relativitätstheorie in ihrem Kopf schon so verrenkt, daß sie sagten, auch die menschliche Größe ist nur relativ, weil wir sie so anschauen.

Nicht wahr, Sie wissen ja, wenn Sie da ein Bild haben, so kann es groß sein; wenn Sie weitergehen, wird es immer kleiner und kleiner nach der Perspektive. Die Größe dieses Bildes, die Sie sehen, ist relativ. So glauben die Relativitätstheoretiker, daß die menschliche Größe auch nur so ist, wie sie ist, weil sie überall auf einem Hintergrund gesehen wird. Aber das ist ein Unsinn. Die menschliche Größe hat schon in sich etwas Absolutes, und der Mensch kann nicht viel größer und nicht viel kleiner sein, als ihm eben vorbestimmt ist.

Nun, dieses alles denken die Leute aus, weil sie überhaupt sich gar keine Ansicht darüber verschaffen, was beteiligt ist an einem Vorgang oder an einem Ding, das auf der Erde in unserer Umgebung geschieht. Aus alldem, was ich Ihnen schon gesagt habe, werden Sie das Folgende entnehmen können: Da ist die Erde; auf der Erde ist irgendein Mensch. Nun wissen Sie aber, der Mensch ist nicht bloß abhängig von den Kräften der Erde, sondern er ist abhängig von den Kräften, die aus dem Weltenall hereinwirken. Unser Kopf zum Beispiel spiegelt das ganze Weltenall ab. Das haben wir ja besprochen. Wenn das nun gleichgültig wäre, wie groß der Mensch ist, was müßte denn da sein? Nehmen Sie an, Herrn Burles Kopf, Herrn Erbsmehls Kopf, Herrn Müllers Kopf wird aus dem Weltenall herein gebildet. Ja, meine Herren, wenn hier die Köpfe drei-, viermal voneinander verschieden sind, so müßte für jeden ein extra Weltenall da sein. Da aber nur ein Weltenall da ist, das nicht wegen des einzelnen Menschen ins Große und Kleine wächst, sondern immer da ist, gleichbleibt, so können die Köpfe der Menschen auch nur annähernd einander gleich sein. Nur deshalb, weil die Leute das nicht wissen, daß wir ja in einer gemeinsamen Welt leben, die auch geistig wirkt, können die Leute glauben, es sei gleichgültig, wie groß der Kopf des Menschen ist, es sei bloß relativ. Es ist nicht relativ, sondern es ist abhängig von der absoluten Größe, die das Weltenall hat.

Wir kommen also wieder darauf, uns sagen zu müssen: Gerade wenn man richtig denkt in bezug auf die Relativitätstheorie, kommt man in die Geisteswissenschaft hinein, nicht in die materialistische Wissenschaft.

Und wenn man dann den Menschen noch genauer betrachtet, dann sieht man, wie überall den Leuten, die so denken wie Einstein, die Gedanken ausgehen, wenn sie ans Lebendige oder ans Geistige kommen. Sehen Sie, als ich noch ein Junge war, da konnte ich teilnehmen an den lebhaften Debatten, die stattgefunden haben über die Schwerkraft. Schwerkraft – wenn ein Körper zur Erde fällt, sagt man, er ist schwer. Er fällt hinunter, weil er ein Gewicht hat, weil er schwer ist. Aber diese Schwerkraft wirkt überall im Weltenall. Die Körper ziehen sich an. Wenn da die Erde ist und da der Mond (siehe Zeichnung), so zieht die Erde den Mond an, und der Mond fliegt nicht so fort, sondern er bewegt sich im Kreis um die Erde herum, weil die Erde, wenn er gerade fortfliegen will, ihn immer wiederum an sich zieht. Nun hat man dazumal, als ich ein Junge war, viel gestritten darüber, worauf denn diese Schwerkraft eigentlich beruht.

Tafel 11

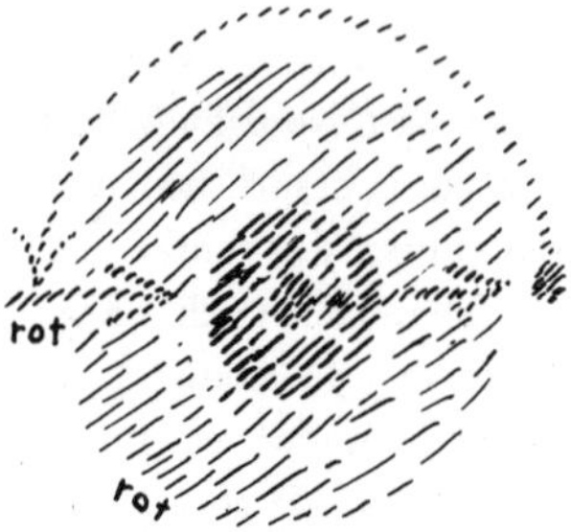

Der englische Physiker *Newton,* von dem ich Ihnen auch schon einmal erzählt habe, hat ja einfach gesagt: Die Körper ziehen einander an, der eine Körper den andern. – Eine recht materialistische Anschauung ist das nicht, denn wenn man sich vorstellt, daß der Mensch nur etwas angreifen soll und es herbeiziehen, da ist schon allerlei außer der Materie dazu notwendig. Wenn nun gar die Erde den Mond anziehen soll, so kann man das nicht gut mit einer materialistischen Anschauung vereinigen. Aber gerade in meiner Jugend blühte der Materialismus. Man könnte auch sagen, er trocknete die Menschen aus, er welkte, aber man könnte auch sagen, er blühte. Da haben die Leute gesagt: Das ist nicht wahr, die Erde kann den Mond nicht anziehen, denn sie hat ja keine

Hände, um ihn anzuziehen. Das gibt es nicht. Da haben sie gesagt: Überall ist der Weltenäther (siehe Zeichnung). Was ich also jetzt rot herzeichne, ist der Weltenäther; der besteht auch aus lauter kleinen Körnern, winzigen kleinen Körnern. Und diese winzig kleinen Körner, die stoßen hier, stoßen hier, stoßen aber da stärker als sie in der Mitte stoßen. Wenn nun da zwei Körper sind, Erde und Mond, und von außen wird stärker gestoßen als von innen, da ist es, als ob sie sich anziehen würden. Man hat also die Anziehungskraft, die Schwerkraft, durch Stoßen von außen erklärt.

Ich kann Ihnen gar nicht sagen, was mir das einmal für Erkenntnisschmerzen gemacht hat. Von meinem zwölften bis achtzehnten Jahr habe ich wirklich daran gekaut, ob nun die Erde den Mond anzieht, oder ob der Mond zur Erde gestoßen wird. Denn, nicht wahr, die Gründe, die da vorgebracht werden, sind meistens nicht gerade dumm, sondern gescheit. Aber darinnen steckt auch schon eine gewisse Relativitätstheorie. Man frägt sich: Ist da irgend etwas Absolutes drinnen, oder ist da auch alles relativ? Ist es vielleicht wirklich gleichgültig, zu sagen, die Erde zieht den Mond an, oder, der Mond wird zur Erde gestoßen? Vielleicht kann man darüber überhaupt nichts entscheiden. – Nun, sehen Sie, darüber haben die Leute viel nachgedacht. Und dasjenige, was ich eigentlich sagen will, ist: Sie sind dazumal aber doch wenigstens darauf gekommen, daß es außer dem sichtbaren Stoff noch einen Äther gibt. Den Äther brauchten sie, denn was soll denn stoßen, wenn nicht die Körner vom Äther stoßen! Als Einstein zunächst seine Relativitätstheorie begründet hat, da haben alle Leute noch geglaubt, der Äther müsse da sein. Und Einstein hat dann alles das, was er als relative Bewegung geschildert hat, in den Raum hineingedacht, der vom Äther ausgefüllt ist. Nun kam er darauf: Donnerwetter! Wenn die Bewegung bloß relativ ist, ist es gar nicht notwendig, daß der Äther da ist. Da braucht nichts zu stoßen, nichts zu ziehen. Über all das kann man nichts entscheiden. Also kann auch der Raum leer sein.

Und so gibt es im Laufe der Zeit eigentlich zwei Einsteinsche Theorien. Die sind natürlich in einer Person vereinigt. Der frühere Einstein hat alles so beschrieben in seinen Büchern, als wenn der ganze Raum der Welt mit Äther ausgefüllt wäre. Dann hat ihn seine Relativitäts-

theorie dazu geführt, zu sagen: Der Raum ist leer. Nur kommt es bei der Relativitätstheorie nicht darauf an, über den Äther irgend etwas zu sagen, denn man weiß ja nicht einmal, ob es so ist. Da werden die Beispiele manchmal ganz grotesk, die er gibt. So zum Beispiel sagt Einstein: Wenn da die Erde ist, und da ist irgendein Baum, den krabble ich hinauf; hier rutsche ich aus, falle herunter – das ist eine Erscheinung, die Sie wahrscheinlich auch schon erlebt haben; ich habe es wenigstens als Junge sehr häufig erlebt, wenn ich auf einen Baum heraufgeklettert bin, daß ich ausrutschte und herunterfiel –, da sagt man: Nun ja, die Erde zieht mich an. Ich habe ein Gewicht. Das kommt von der Schwerkraft, sonst würde ich ja in der Luft geblieben sein, sonst würde ich zappeln, wenn mich die Erde nicht anziehen würde. – Aber Einstein meint, das kann man alles nicht sagen, denn man denke sich fol-
Tafel 12 gendes: Da ist wiederum die Erde, und jetzt bin ich da auf einem Turm oben, da stehe ich; aber ich stehe nicht so, daß um mich überall herum freie Welt ist, sondern ich stehe in einem Kasten drin, und der Kasten ist oben aufgehängt. Wenn ich in dem Kasten von dem Turm herunterfalle, so bleibt da immer mein Verhältnis zu den Wänden das gleiche. Ich bemerke nichts von einer Bewegung, die Wände gehen mit. Ja, Donnerwetter, jetzt kann ich gar nicht sagen, ob von da oben das Seil, an dem mein Kasten hängt, in dem ich drin bin, heruntergelassen wird und ich unten im Kasten ankomme, weil von oben mich jemand herunterläßt, oder ob ich ankommen kann, weil der Kasten ausrutscht, weil die Erde mich anzieht. Das kann ich nicht entscheiden. Ich weiß nicht, ob ich heruntergelassen werde, oder ob die Erde mich anzieht.

Aber mit diesem Beispiel, das da der Einstein wählt, ist es ja geradeso wie mit dem andern Vergleich, der in allen Schulen immer vorkommt. Da wird den Kindern schon erklärt, wie ein Planetensystem entsteht, daß da zuerst ein Nebel ist, aus diesem Nebel heraus gliedern sich die Planeten ab. In der Mitte bleibt die Sonne übrig. Da sagt man: Das
Tafel 12 links oben kann man ja leicht beweisen, daß das so ist. Man nimmt ein kleines Öltröpfchen, das auf dem Wasser schwimmt, in der Mitte ein Kartenblatt, durch das eine Stecknadel gesteckt wird, gibt das ins Wasser, fängt an zu drehen. Dann spalten sich kleine Tröpfelchen ab von dem großen, und ein kleinwinziges Planetensystem ist da. So muß es draußen auch

sein. Einmal war da ein Nebel; die Planeten haben sich abgespalten, in der Mitte ist die Sonne geblieben. Wer könnte irgend etwas widersprechen, wenn man das am Fetttröpfchen heute noch sieht! – Ja, aber eine Kleinigkeit ist vergessen worden, meine Herren: daß ich dastehen muß und drehen, wenn ich vor den Kindern der Herr Lehrer bin und das zeige! Wenn ich nicht drehe: nichts bildet sich von einem kleinen Fett-Planetensystem! Also – müßte der Herr Lehrer den Kindern sagen – muß ein großer Herr Lehrer, ein riesiger Herr Lehrer da draußen sein, der die ganze Geschichte einmal gedreht hat. Dann ist das Beispiel erst vollständig. Und so müßte Einstein, wenn er ganz richtig der Wirklichkeit gemäß denken würde – wenn er überhaupt dazu kommt, solch einen Gedanken aufzustellen –, ja annehmen, daß da oben jemand das Seil dirigiert. Das ist da gleich notwendig. Sonst können Sie nicht sagen: Das ist ja gleich, wie ich herunterkomme, ob mich einer herunterläßt, oder ob ich purzle; es muß ja einer oben sein. Also müßte Einstein, wenn er das Beispiel ausführt, sofort daran denken: Wer ist denn da, der das Seil hält? Das tut er nicht, weil ihm das der Materialismus der heutigen Zeit verbietet. Deshalb denkt er Beispiele aus, die keine Wirklichkeit haben, die man gar nicht ausdenken kann, die unmöglich sind zu denken.

Und etwas anderes ist damit verbunden. Denken Sie sich einmal, meine Herren, hier ist ein Berg. Da ist Freiburg im Breisgau. Auf dem Berg stelle ich eine Kanone auf, so daß Sie den Schuß meinetwillen noch in Offenburg hören. Sie hören aber den Schuß später. Wenn einer feststellt auf der Uhr, wann er in Freiburg den Schuß gehört hat und wann einer ihn in Offenburg gehört hat, dann kriegt er einen Unterschied in der Uhrenstellung. Der Schall hat eine Zeitlang gebraucht, um von Freiburg nach Offenburg zu kommen. Tafel 12 rechts oben

Nun, sehen Sie, diese Geschichte ist auch ausgenützt worden für die sogenannte Relativitätstheorie. Denn man sagt: Man nehme nun an, ich stehe nicht in Offenburg und höre mir an, wann der Schall kommt, sondern ich stehe zunächst in Freiburg. Da höre ich den Schall gleichzeitig, wie er entsteht. Jetzt fahre ich mit einem Eisenbahnzug in der Richtung von Freiburg nach Offenburg. Dadurch, daß ich voranfahre, ein Stückchen weit weg von Freiburg, höre ich den Schall schon etwas später als er entsteht. Noch weiter gegen Offenburg zu, wieder etwas später; noch weiter zu, wieder etwas später.

Das dauert aber nur so lange, als Sie langsamer fahren als der Schall geht. Wenn Sie grad so schnell fahren wie der Schall geht von Freiburg nach Offenburg, was geschieht denn dann? Wenn Sie grad so schnell fahren, mit derselben Geschwindigkeit, wie der Schall geht: Sie kommen in Offenburg an, und da läuft er Ihnen davon, da hören Sie ihn noch immer nicht. Wenn Sie grad so schnell fahren, dann hören Sie ihn niemals, denn dann läuft er Ihnen davon, wenn Sie ihn hören sollen. Sie sollen ihn hören, aber da ist er schon nicht mehr. Nun sagen die Leute: Donnerwetter, das ist richtig, man hört den Schall nicht mehr, wenn man grad so schnell sich bewegt wie der Schall selber! Und wenn man sich noch schneller bewegt als der Schall, was geschieht denn dann? Wenn es langsamer geht, hört man ihn später; geht es geradeso schnell, hört man ihn gar nicht. Wenn man sich schneller bewegt, hört man ihn früher als er erschallt! Da sagen die Leute, das ist ganz natürlich, das ist ganz richtig gedacht. Wenn Sie also in Offenburg um zwei Sekunden später den Schall hören, wenn Sie sich langsamer bewegen als der Schall, so hören Sie den Schall gar nicht, wenn Sie sich mit derselben Geschwindigkeit wie der Schall bewegen. Wenn Sie sich aber schneller bewegen als der Schall, dann hören Sie ihn zwei Sekunden früher, als er in Freiburg losgelassen wird! Ich möchte Sie nur einladen, einmal zuzuhören, wirklich zuzuhören dem Schall, ehe er in Freiburg losgelassen wird! Sie können sich ja überzeugen, ob Sie ihn eher hören, selbst wenn Sie noch so schnell dahinsausen.

Der andere Einwand ist der, daß ich Sie dann fragen möchte, wie Sie dann ausschauen, wenn Sie sich so schnell bewegen oder noch schneller als der Schall!

Was folgt daraus? Es folgt daraus, daß man alles denken kann, wenn man sich nicht an die Wirklichkeit hält. Man kommt zuletzt mit dieser Relativitätstheorie darauf, daß man den Schall früher hört, als der Schuß losgelassen wird! (Heiterkeit.) Denken kann man sich das ganz gut, aber geschehen kann das nicht. Und das, sehen Sie, ist der Unterschied! Die Leute, die heute Wissenschaft treiben, wollen hauptsächlich logisch denken; und Einstein denkt wunderbar logisch. Aber das Logische ist noch nicht wirklich. Man muß zweierlei Eigenschaften in seinem Denken haben: Erstens müssen die Sachen logisch schon sein, aber zweitens müssen sie wirklichkeitsgemäß sein. Man muß in der Wirklichkeit drinnen leben können. Dann denkt man sich auch nicht diesen Kasten aus, der da auf und ab gezogen wird an einem Seil. Dann denkt man sich nicht die Uhr, die mit der Lichtgeschwindigkeit hinausfliegt in den Weltenraum und wieder zurück. Dann denkt man sich auch nicht den Kerl da, der sich schneller bewegt als der Schall und daher den Schall früher hört, als der Schuß stattfindet. Vieles von dem, meine Herren, was Sie heute in Büchern lesen als solche Erwägungen, ist sehr schön ausgedacht, aber man hat nichts davon in der Wirklichkeit.

Und so kann man sagen: Gescheit ist diese Einsteinsche Relativitätstheorie, und sie gilt auch für eine gewisse Partie der Welt, aber man kann mit ihr nichts anfangen, wenn man in die Wirklichkeit hineinsieht. Denn aus der Relativitätstheorie kommt man niemals darauf, warum ein Mensch sich so furchtbar ermüdet, wenn er nach Basel geht, da er doch gar nicht sagen kann, ob er nach Basel hineingeht oder ob Basel ihm entgegenkommt. Es wäre ja die Ermüdung gar nicht erklärlich, wenn Basel ihm entgegenkommt, und warum ich da mit meinen Füßen hantiere, wenn ich gehe; ich könnte ja still stehen bleiben, könnte warten, bis mir Basel entgegenkommt! Sie sehen, alle diese Dinge zeigen nichts anderes, als daß es noch nicht genügend ist, richtig und gescheit zu denken, sondern daß dazu noch etwas anderes gehört: Man muß im Leben drinnenstehen und muß die Sachen nach dem Leben entscheiden.

Das ist das, was ich Ihnen über die Relativitätstheorie sagen kann. Sie hat großes Aufsehen gemacht, aber die Leute verstehen sie, wie gesagt, wenig, sonst würden sie schon über die Dinge nachdenken.

Also dann am nächsten Samstag wieder.

HINWEISE

(Angaben zu bestimmten Auflagen beziehen sich auf Bände der Rudolf Steiner Gesamtausgabe)

Textgrundlage: Die Vorträge wurden von der Berufsstenographin Helene Finckh (1883 bis 1960), mitstenographiert und in Klartext übertragen. Der 3. Auflage von 1981 liegt eine vollständige Neuübertragung des ursprünglichen Stenogramms zugrunde. Textabweichungen gegenüber früheren Ausgaben sind hierauf zurückzuführen.

Zu den Tafelzeichnungen: Die Original-Wandtafelzeichnungen und -anschriften Rudolf Steiners bei diesen Vorträgen sind erhalten geblieben, da die Tafeln damals mit schwarzem Papier bespannt waren. Sie sind als Ergänzung zu den Vorträgen im Band XXVII der Reihe «Rudolf Steiner, Wandtafelzeichnungen zum Vortragswerk» verkleinert wiedergegeben. Die in den früheren Auflagen in den Text eingefügten zeichnerischen Übertragungen sind auch für diese Auflage beibehalten worden. Auf die entsprechenden Originaltafeln wird jeweils an den betreffenden Textstellen durch Randvermerke aufmerksam gemacht.

Hinweise zum Text

Werke Rudolf Steiners innerhalb der Gesamtausgabe (GA) werden in den Hinweisen mit der Bibliographie-Nummer angegeben. Siehe auch die Übersicht am Schluß des Bandes.

Zu Seite:

28 *am nächsten Mittwoch:* Am 9. Januar fand eine Aussprache statt mit den Arbeitern über Vorfälle, die zu Mißstimmungen geführt hatten. Diese Aussprache wurde am 12. und am 16. Januar fortgesetzt.

29 *Wir haben gesehen, wie das Insektengift gewisse Krankheiten wegnimmt:* Siehe den Vortrag vom 12. Dezember 1923 in «Mensch und Welt. Das Wirken des Geistes in der Natur. Über das Wesen der Bienen» (15 Vorträge Dornach 1923), GA Bibl.-Nr. 351.

31 *wie ich Ihnen gesagt habe:* Siehe den Vortrag vom 15. Dezember 1923 in «Mensch und Welt. Das Wirken des Geistes in der Natur. Über das Wesen der Bienen» (15 Vorträge Dornach 1923), GA Bibl.-Nr. 351.

ich habe Ihnen schon einmal gesagt: Siehe den Vortrag vom 16. September 1922 in «Die Erkenntnis des Menschenwesens nach Leib, Seele und Geist. Über frühe Erdzustände» (10 Vorträge Dornach 1922), GA Bibl.-Nr. 347.

35 *die tierischen Gifte – von denen haben wir ja vor kurzer Zeit einiges besprochen:* Vergleiche die beiden Vorträge vom 12. und 15. Dezember 1923 in «Mensch und Welt. Das Wirken des Geistes in der Natur. Über das Wesen der Bienen» (15 Vorträge Dornach 1923), GA Bibl.-Nr. 351.

47 *Ich habe zwar öfter über die Ernährung gesprochen:* Siehe z. B. den Vortrag vom 22. September 1923 über Ernährungsfragen in «Rhythmen im Kosmos und im Menschenwesen. Wie kommt man zum Schauen der geistigen Welt?» (16 Vorträge Dornach 1923), GA Bibl.-Nr. 350.

54/55 *wir haben auch schon davon gesprochen:* Vergleiche den Vortrag vom 8. Januar 1923 in «Über Gesundheit und Krankheit. Grundlagen einer geisteswissenschaftlichen Sinneslehre» (18 Vorträge Dornach 1922/1923), GA Bibl.-Nr. 348.

57 *daß der übermäßige Kartoffelgenuß dem Kopfe schadet:* Siehe hierzu die Ausführungen des Vortrages vom 22. September 1923 in «Rhythmen im Kosmos und im Menschenwesen. Wie kommt man zum Schauen der geistigen Welt?» (16 Vorträge Dornach 1923), GA Bibl.-Nr. 350.

85 *ein kleines Büchelchen:* L. Kolisko, «Milzfunktion und Plättchenfrage», Dornach 1921.

101 *ganz kleine Organe – ich habe sie Ihnen schon einmal in anderem Zusammenhange erwähnt:* Die Nebenschilddrüsen (Epithelkörperchen), Glandulae parathyreoideae. Vergleiche den Vortrag vom 2. Dezember 1922 in GA Bibl.-Nr. 348.

114 *Raffaelo Santi,* 1483–1520.
Leonardo da Vinci, 1452–1519.

130 *wir haben ja neulich davon gesprochen:* Im dritten Vortrag dieses Bandes (23. Januar 1924).

147 *eine interessante Geschichte:* Wiedergegeben in G. H. v. Schubert, «Die Geschichte der Seele», 2. Aufl., Stuttgart u. Tübingen 1833, S. 539.

150 *Aufsätze über mein eigenes Leben:* «Mein Lebensgang», (1923/25) GA 28.

151 *ein Artikel von Doktor Usteri:* Dr. A. Usteri, «Der Mohn», in «Das Goetheanum», 2. Jahrg., Nr. 39 vom 6. Mai 1923.

152 *Albert Einstein,* 1879–1955.

157 *ein Freund von mir:* Prof. Dr. med. h. c. Alfred Gysi, 1864–1957, Professor und Dozent am Zahnärztlichen Institut der Universität Zürich, zu dessen Mitbegründern er gehörte. Siehe eine entsprechende Stelle in «Der Wert des Denkens für eine den Menschen befriedigende Erkenntnis», GA Bibl.-Nr. 164, S. 61f. Dr. Steiner hatte im Sinn, mit Prof. Gysi ein embryologisches Werk zu schreiben.

176 *Nikolaus Kopernikus,* 1473–1543.

178 *die Sonne bewegt sich:* Vergleiche hierzu M. Wilhelm Meyer, «Die Gesetze der Bewegungen am Himmel und ihre Erforschung», Berlin etc. o. J., der sich S. 96 wie folgt äußert: «Nur so viel wissen wir ganz beiläufig, daß diese bewegende Gesamtkraft der Sterne unser Sonnensystem gegenwärtig um einige 30 Kilometer per Sekunde nach der Richtung zum Sternbilde des Herkules im Universum weiterführt, einem unbekannten, für uns unendlich fernen, dunklen Ziele entgegen.»

186 *Isaac Newton,* 1643–1727.

188 *Man nimmt ein kleines Öltröpfchen:* Hinweis auf den sog. Plateauschen Versuch, benannt nach dem belgischen Physiker J. A. F. Plateau, 1801–1883.

LITERATURHINWEIS

Zur Weiterführung und Vertiefung der Darstellungen des vorliegenden Bandes sei auf folgende Ausgaben von Rudolf Steiner verwiesen:

GA = Rudolf Steiner Gesamtausgabe / Tb = Rudolf Steiner Taschenbücher

Schriften

Einleitungen zu Goethes Naturwissenschaftlichen Schriften. Zugleich eine Grundlegung der Geisteswissenschaft (Anthroposophie) (1884–1897) GA 1 (Tb 649)

Grundlinien einer Erkenntnistheorie der Goetheschen Weltanschauung (1886) GA 2 (Tb 629)

Wahrheit und Wissenschaft. Vorspiel einer »Philosophie der Freiheit« (1892) GA 3 (Tb 628)

Die Philosophie der Freiheit. Grundzüge einer modernen Weltanschauung (1894) GA 4 (Tb 627)

Goethes Weltanschauung (1897) GA 6 (Tb 625)

Wie erlangt man Erkenntnisse der höheren Welten? (1904/05) GA 10 (Tb 600)

Grundlegendes für eine Erweiterung der Heilkunst nach geisteswissenschaftlichen Erkenntnissen (1925) GA 27 (Tb 701)

Vorträge

Wo und wie findet man den Geist? 18 Vorträge Berlin 1908/09. GA 57 (Tb 686)

Vor dem Tore der Theosophie. 14 Vorträge Stuttgart 1906. GA 95 (Tb 659)

Ursprungsimpulse der Geisteswissenschaft. Christliche Esoterik im Lichte neuer Geist-Erkenntnis. 20 Vorträge Berlin 1906/07. GA 96

Natur- und Geistwesen – ihr Wirken in unserer sichtbaren Welt. 18 Vorträge in verschiedenen Städten 1907/08. GA 98

Das Hereinwirken geistiger Wesenheiten in den Menschen. 13 Vorträge Berlin 1908. GA 102

Welt, Erde und Mensch, deren Wesen und Entwickelung sowie ihre Spiegelung in dem Zusammenhang zwischen ägyptischem Mythos und gegenwärtiger Kultur. 11 Vorträge Stuttgart 1908. GA 105

Geistige Hierarchien und ihre Widerspiegelung in der physischen Welt. Tierkreis, Planeten, Kosmos. 10 Vorträge und 2 Fragenbeantwortungen Düsseldorf 1909. GA 110

Makrokosmos und Mikrokosmos. Die große und die kleine Welt. Seelenfragen, Lebensfragen, Geistesfragen. 11 Vorträge Wien 1910. GA 119 (Tb 703)

Eine okkulte Physiologie. 9 Vorträge Prag 1911. GA 128

Die geistigen Wesenheiten in den Himmelskörpern und Naturreichen. 11 Vorträge Helsingfors 1912. GA 136

Der Zusammenhang des Menschen mit der elementarischen Welt. Kalewala – Olaf Åsteson – Das russische Volkstum. 7 Vorträge, 6 Ansprachen, 1 Fragenbeantwortung in verschiedenen Städten 1912/13/14. GA 158

Individuelle Geistwesen und ihr Wirken in der Seele des Menschen. 9 Vorträge Dornach, St. Gallen, Zürich 1917. GA 178

Entsprechungen zwischen Mikrokosmos und Makrokosmos. Der Mensch – eine Hieroglyphe des Weltenalls. 16 Vorträge Dornach 1920. GA 201

Das Verhältnis der Sternenwelt zum Menschen und des Menschen zur Sternenwelt. 12 Vorträge Dornach 1922. GA 219

Der Mensch als Zusammenklang des schaffenden, bildenden und gestaltenden Weltenwortes. 12 Vorträge Dornach 1923. GA 230

Geisteswissenschaft und Medizin. 20 Vorträge Dornach 1920. GA 312 (Tb 677)

Geisteswissenschaftliche Gesichtspunkte zur Therapie. 9 Vorträge Dornach 1921. GA 313

Anthroposophische Menschenerkenntnis und Medizin. 11 Vorträge in verschiedenen Städten 1923/24. GA 319 (Tb 630)

Das Lebenswerk Rudolf Steiners ist überliefert in den geschriebenen Werken und in den Nachschriften seiner stets frei gehaltenen Vorträge. Hinzu kommen zahlreiche künstlerische Arbeiten, von denen die beiden Goetheanumbauten weltweite Beachtung gefunden haben. Seine Ausführungen über Pädagogik, Landwirtschaft, Medizin, Nationalökonomie usw. führten zur Begründung zahlreicher Einrichtungen, die als Bereicherung des öffentlichen Kulturlebens immer mehr Anerkennung finden.

Im Auftrag Rudolf Steiners hat Marie Steiner-von Sivers die Vortragsnachschriften durchgesehen und veröffentlicht. Nach ihrem Tod (1948) wurde gemäß ihren Richtlinien von der durch sie 1943 begründeten Rudolf Steiner-Nachlaßverwaltung mit der Herausgabe der Rudolf Steiner-Gesamtausgabe begonnen. Diese wird etwa 350 Bände umfassen. In den beiden ersten Abteilungen erscheinen die *Schriften* und das *Vortragswerk,* in der dritten Abteilung wird das *künstlerische Werk* in entsprechender Form wiedergegeben.

Einen systematischen Überblick über die Gesamtausgabe (GA) gibt der Band «Bibliographische Übersicht. Das literarische und künstlerische Werk von Rudolf Steiner». Über den jeweiligen Stand der erschienenen Bände orientieren die Bücherverzeichnisse und der Gesamtkatalog des Rudolf Steiner Verlages.

Chronologischer Lebensabriß

(zugleich Übersicht über die geschriebenen Werke)

1861	Am 27. Februar wird Rudolf Steiner in Kraljevec (damals Österreich-Ungarn, heute Jugoslawien) als Sohn eines Beamten der österreichischen Südbahn geboren. Seine Eltern stammen aus Niederösterreich. Er verlebt seine Kindheit und Jugend an verschiedenen Orten Österreichs.
1872	Besuch der Realschule in Wiener-Neustadt bis zum Abitur 1879.

1879–1882	Studium an der Wiener Technischen Hochschule: Mathematik und Naturwissenschaft, zugleich Literatur, Philosophie und Geschichte. Grundlegendes Goethe-Studium.
1882	Erste schriftstellerische Tätigkeit.
1882–1897	Herausgabe von Goethes Naturwissenschaftlichen Schriften in Kürschners «Deutsche National-Litteratur», 5 Bände (GA 1a–e). Eine selbständige Ausgabe der Einleitungen erschien 1925 unter dem Titel *Goethes Naturwissenschaftliche Schriften* (GA 1).
1884–1890	Privatlehrer bei einer Wiener Familie.
1886	Berufung zur Mitarbeit bei der Herausgabe der großen «Sophien-Ausgabe» von Goethes Werken. *Grundlinien einer Erkenntnistheorie der Goetheschen Weltanschauung mit besonderer Rücksicht auf Schiller* (GA 2).
1888	Redakteur bei der «Deutschen Wochenschrift», Wien (Aufsätze daraus in GA 31). Vortrag im Wiener Goethe-Verein: *Goethe als Vater einer neuen Ästhetik* (in GA 30).
1890–1897	Weimar. Mitarbeit am Goethe- und Schiller-Archiv. Herausgeber von Goethes Naturwissenschaftlichen Schriften.
1891	Promotion zum Doktor der Philosophie an der Universität Rostock. 1892 erscheint die erweiterte Dissertation: *Wahrheit und Wissenschaft. Vorspiel einer «Philosophie der Freiheit»* (GA 3).
1894	*Die Philosophie der Freiheit. Grundzüge einer modernen Weltanschauung. Seelische Beobachtungsresultate nach naturwissenschaftlicher Methode* (GA 4).
1895	*Friedrich Nietzsche, ein Kämpfer gegen seine Zeit* (GA 5).
1897	*Goethes Weltanschauung* (GA 6). Übersiedlung nach Berlin. Herausgabe des «Magazin für Litteratur» und der «Dramaturgischen Blätter» zusammen mit O. E. Hartleben (Aufsätze daraus in GA 29–32). Wirksamkeit in der «Freien literarischen Gesellschaft», der «Freien dramatischen Gesellschaft», im «Giordano Bruno-Bund», im Kreis der «Kommenden» u. a.
1899–1904	Lehrtätigkeit an der von W. Liebknecht gegründeten Berliner «Arbeiter-Bildungsschule».

1900/01	*Welt- und Lebensanschauungen im 19. Jahrhundert*, 1914 erweitert zu: *Die Rätsel der Philosophie* (GA 18). Beginn der anthroposophischen Vortragstätigkeit auf Einladung der Theosophischen Gesellschaft in Berlin. *Die Mystik im Aufgange des neuzeitlichen Geisteslebens* (GA 7).
1902–1912	Aufbau der Anthroposophie. Regelmäßige öffentliche Vortragstätigkeit in Berlin und ausgedehnte Vortragsreisen in ganz Europa. Marie von Sivers (ab 1914 Marie Steiner) wird seine ständige Mitarbeiterin.
1902	*Das Christentum als mystische Tatsache und die Mysterien des Altertums* (GA 8).
1903	Begründung und Herausgabe der Zeitschrift «Luzifer», später *«Lucifer-Gnosis»* (Aufsätze in GA 34).
1904	*Theosophie. Einführung in übersinnliche Welterkenntnis und Menschenbestimmung* (GA 9).
1904/05	*Wie erlangt man Erkenntnisse der höheren Welten?* (GA 10). *Aus der Akasha-Chronik* (GA 11). *Die Stufen der höheren Erkenntnis* (GA 12).
1910	*Die Geheimwissenschaft im Umriß* (GA 13)
1910–1913	In München werden die *Vier Mysteriendramen* (GA 14) uraufgeführt.
1911	*Die geistige Führung des Menschen und der Menschheit* (GA 15).
1912	*Anthroposophischer Seelenkalender. Wochensprüche* (in GA 40, und selbständige Ausgaben). *Ein Weg zur Selbsterkenntnis des Menschen* (GA 16).
1913	Trennung von der Theosophischen und Begründung der Anthroposophischen Gesellschaft. *Die Schwelle der geistigen Welt* (GA 17).
1913–1922	Errichtung des in Holz als Doppelkuppelbau gestalteten ersten Goetheanum in Dornach/Schweiz. Im gleichen Zeitraum entstanden in Dornach ebenfalls nach Entwürfen Rudolf Steiners mehrere Wohn- und Zweckbauten, so das Haus Duldeck, Haus de Jaager, drei Eurythmiehäuser, Heizhaus, Transformatorenhäuschen, Glashaus, Verlagshaus u. a.
1914–1923	Dornach und Berlin. In Vorträgen und Kursen in ganz Europa gibt Rudolf Steiner Anregungen für eine Erneuerung auf vielen Lebensgebieten: Kunst, Pädagogik, Naturwissenschaften, soziales Leben, Medizin, Theologie. Weiterbildung der 1912 inaugurierten neuen Bewegungskunst «Eurythmie».

1914	*Die Rätsel der Philosophie in ihrer Geschichte als Umriß dargestellt* (GA 18).
1916–1918	*Vom Menschenrätsel* (GA 20). *Von Seelenrätseln* (GA 21). *Goethes Geistesart in ihrer Offenbarung durch seinen «Faust» und durch das «Märchen von der Schlange und der Lilie»* (GA 22).
1919	Rudolf Steiner vertritt den Gedanken einer «Dreigliederung des sozialen Organismus» in Aufsätzen und Vorträgen, vor allem im süddeutschen Raum. *Die Kernpunkte der sozialen Frage in den Lebensnotwendigkeiten der Gegenwart und Zukunft* (GA 23). *Aufsätze über die Dreigliederung des sozialen Organismus* (GA 24). Im Herbst wird in Stuttgart die «Freie Waldorfschule» begründet, die Rudolf Steiner bis zu seinem Tode leitet.
1920	Beginnend mit dem Ersten anthroposophischen Hochschulkurs finden im noch nicht vollendeten Goetheanum fortan regelmäßig künstlerische und Vortragsveranstaltungen statt.
1921	Begründung der Wochenschrift «Das Goetheanum» mit regelmäßigen Aufsätzen und Beiträgen Rudolf Steiners (in GA 36).
1922	*Kosmologie, Religion und Philosophie* (GA 25). In der Silversternacht 1922/23 wird der Goetheanumbau durch Brand vernichtet. Für einen neuen in Beton konzipierten Bau kann Rudolf Steiner in der Folge nur noch ein erstes Außenmodell schaffen.
1923	Unausgesetzte Vortragstätigkeit, verbunden mit Reisen. Zu Weihnachten 1923 Neubegründung der «Anthroposophischen Gesellschaft» als «Allgemeine Anthroposophische Gesellschaft» unter der Leitung Rudolf Steiners.
1923–1925	Rudolf Steiner schreibt in wöchentlichen Folgen seine unvollendet gebliebene Selbstbiographie *Mein Lebensgang* (GA 28) sowie *Anthroposophische Leitsätze* (GA 26), und arbeitet mit Dr. Ita Wegman an dem Buch *Grundlegendes für eine Erweiterung der Heilkunst nach geisteswissenschaftlichen Erkenntnissen* (GA 27).
1924	Steigerung der Vortragstätigkeit. Daneben zahlreiche Fachkurse. Letzte Vortragsreisen in Europa. Am 28. September letzte Ansprache zu den Mitgliedern. Beginn des Krankenlagers.
1925	Am 30. März stirbt Rudolf Steiner in Dornach.

RUDOLF STEINER GESAMTAUSGABE

Überblick über das literarische und künstlerische Werk

Erste Abteilung: Die Schriften

I. Werke

Goethes Naturwissenschaftliche Schriften, eingeleitet und kommentiert von Rudolf Steiner, 5 Bände (GA 1a–e); separate Ausgabe der Einleitungen (GA 1)
Grundlinien einer Erkenntnistheorie der Goetheschen Weltanschauung (GA 2)
Wahrheit und Wissenschaft. Vorspiel einer «Philosophie der Freiheit» (GA 3)
Die Philosophie der Freiheit (GA 4)
Friedrich Nietzsche, ein Kämpfer gegen seine Zeit (GA 5)
Goethes Weltanschauung (GA 6)
Die Mystik im Aufgange des neuzeitlichen Geisteslebens und ihr Verhältnis zur modernen Weltanschauung (GA 7)
Das Christentum als mystische Tatsache und die Mysterien des Altertums (GA 8)
Theosophie. Einführung in übersinnliche Welterkenntnis und Menschenbestimmung (GA 9)
Wie erlangt man Erkenntnisse der höheren Welten? (GA 10)
Aus der Akasha-Chronik (GA 11)
Die Stufen der höheren Erkenntnis (GA 12)
Die Geheimwissenschaft im Umriß (GA 13)
Vier Mysteriendramen: Die Pforte der Einweihung – Die Prüfung der Seele – Der Hüter der Schwelle – Der Seelen Erwachen (GA 14)
Die geistige Führung des Menschen und der Menschheit (GA 15)
Anthroposophischer Seelenkalender (in GA 40)
Ein Weg zur Selbsterkenntnis des Menschen (GA 16)
Die Schwelle der geistigen Welt (GA 17)
Die Rätsel der Philosophie in ihrer Geschichte als Umriß dargestellt (GA 18)
Vom Menschenrätsel (GA 20)
Von Seelenrätseln (GA 21)
Goethes Geistesart in ihrer Offenbarung durch seinen «Faust» und durch das «Märchen von der Schlange und der Lilie» (GA 22)
Die Kernpunkte der sozialen Frage in den Lebensnotwendigkeiten der Gegenwart und Zukunft (GA 23)
Aufsätze über die Dreigliederung des sozialen Organismus und zur Zeitlage 1915–1921 (GA 24)
Kosmologie, Religion und Philosophie (GA 25)
Anthroposophische Leitsätze (GA 26)
Grundlegendes für eine Erweiterung der Heilkunst nach geisteswissenschaftlichen Erkenntnissen. Von Dr. Rudolf Steiner und Dr. Ita Wegman (GA 27)
Mein Lebensgang (GA 28)

II. Gesammelte Aufsätze

Gesammelte Aufsätze zur Dramaturgie 1889–1900 (GA 29)

Methodische Grundlagen der Anthroposophie. Gesammelte Aufsätze zur Philosophie, Naturwissenschaft, Ästhetik und Seelenkunde 1884–1901 (GA 30)

Gesammelte Aufsätze zur Kultur- und Zeitgeschichte 1887–1901 (GA 31)

Gesammelte Aufsätze zur Literatur 1886–1902 (GA 32)

Biographien und biographische Skizzen 1894–1905 (GA 33)

Lucifer–Gnosis. Grundlegende Aufsätze zur Anthroposophie und Berichte aus den Zeitschriften «Luzifer» und «Lucifer-Gnosis» 1903–1908 (GA 34)

Philosophie und Anthroposophie. Gesammelte Aufsätze 1904–1918 (GA 35)

Der Goetheanumgedanke inmitten der Kulturkrisis der Gegenwart. Gesammelte Aufsätze aus der Wochenschrift «Das Goetheanum» 1921–1925 (GA 36)

III. Veröffentlichungen aus dem Nachlaß

Briefe – Wahrspruchworte – Bühnenbearbeitungen – Entwürfe zu den vier Mysteriendramen 1910–1913 – Anthroposophie. Ein Fragment aus dem Jahre 1910 – Gesammelte Skizzen und Fragmente – Aus Notizbüchern und -blättern (GA 38–47)

Zweite Abteilung: Das Vortragswerk

I. Öffentliche Vorträge

Die Berliner öffentlichen Vortragsreihen («Architektenhaus-Vorträge») 1903/04 bis 1917/18 (GA 51–67)

Öffentliche Vorträge, Vortragsreihen und Hochschulkurse an andern Orten Europas 1906–1924 (GA 68–84)

II. Vorträge vor Mitgliedern der Anthroposophischen Gesellschaft

Vorträge und Vortragszyklen allgemein-anthroposophischen Inhalts – Evangelien-Betrachtungen – Christologie – Geisteswissenschaftliche Menschenkunde – Kosmische und menschliche Geschichte – Die geistigen Hintergründe der sozialen Frage – Der Mensch in seinem Zusammenhang mit dem Kosmos – Karma-Betrachtungen (GA 91–244)

Vorträge und Schriften zur Geschichte der anthroposophischen Bewegung und der Anthroposophischen Gesellschaft – Veröffentlichungen zur Geschichte und aus den Inhalten der Esoterischen Schule (251–270)

III. Vorträge und Kurse zu einzelnen Lebensgebieten

Vorträge über Kunst: Allgemein-Künstlerisches – Eurythmie – Sprachgestaltung und Dramatische Kunst – Musik – Bildende Künste – Kunstgeschichte (GA 271–292)

Vorträge über Erziehung (GA 293–311)

Vorträge über Medizin (GA 312–319)

Vorträge über Naturwissenschaft (GA 320–327)

Vorträge über das soziale Leben und die Dreigliederung des sozialen Organismus (GA 328–341)

Vorträge und Kurse über christlich-religiöses Wirken (GA 342–346)

Vorträge für die Arbeiter am Goetheanumbau (GA 347–354)

Vorträge für die Arbeiter am Goetheanumbau (GA 347–354)

Dritte Abteilung: Das künstlerische Werk

Reproduktionen und Veröffentlichungen aus dem künstlerischen Nachlaß

Originalgetreue Wiedergaben von malerischen und graphischen Entwürfen und Skizzen Rudolf Steiners in Kunstmappen oder als Einzelblätter: Entwürfe für die Malerei des Ersten Goetheanum – Schulungsskizzen für Maler – Programmbilder für Eurythmie-Aufführungen – Eurythmieformen – Entwürfe zu den Eurythmiefiguren – Wandtafelzeichnungen aus dem Vortragswerk, u. a.

Die Bände der Rudolf Steiner Gesamtausgabe sind innerhalb einzelner Gruppen einheitlich ausgestattet. Jeder Band ist einzeln erhältlich. Ausführliche Verzeichnisse können beim Verlag angefordert werden.